**Rethinking
Reconstructing
Reproducing**

*

———

"精神译丛"
在汉语的国土
展望世界
致力于
当代精神生活的
反思、重建与再生产

———

*

探究 II

柄谷 行人

精神译丛·徐晔 陈越 主编

[日] 柄谷行人 著　王钦 译

探究（二）

西北大学出版社
·西安·

柄谷行人

照片由作者本人提供

目 录

中文版序 / 1

第一部　关于专名 / 1
 第一章　单独性与特殊性 / 3
 第二章　专名与历史 / 15
 第三章　名称与语言 / 27
 第四章　可能性与现实性 / 39
 第五章　关系的偶然性 / 53

第二部　关于先验动机 / 69
 第一章　精神的场所 / 71
 第二章　上帝的证明 / 89
 第三章　观念与表象 / 111
 第四章　斯宾诺莎的几何学 / 127
 第五章　无限与历史 / 139
 第六章　被动性与意志 / 149
 第七章　自然权利 / 161
 第八章　先验自我 / 171
 第九章　先验动机 / 187

第三部　关于世界宗教　/　201

　　第一章　内在性与超越性　/　203

　　第二章　犹太性　/　219

　　第三章　思想的外部性　/　233

　　第四章　精神分析的他者　/　253

　　第五章　交通空间　/　273

　　第六章　无限与无限定　/　283

　　第七章　赠予和交换　/　295

后记　/　311

"学术文库版"后记　/　314

人名索引　/　316

专名与他者——论柄谷行人《探究（二）》（代译后记）　/　321

中文版序

我差不多已经忘了《探究》这部作品。大抵上,我都会忘了自己写完的著作。毋宁说,正是因为忘却过去的工作,才能前进。然而,这次趁着写这篇"序言"的契机重读《探究》的时候,我注意到了几个重要的问题。

《探究》原本是 1985 年至 1996 年在杂志上连载的文章。具体来说,就是"探究(一)""探究(二)"和"探究(三)"。前两次连载收录在《探究(一)》和《探究(二)》这两本书中,而"探究(三)"连载到一半中断了,没有成书。在此之后,我在 20 世纪结束的时候写了《跨越性批判》,在其中提出了"交换样式"的观点。然而,我当时没有注意到的是,从实质上而言,"交换样式"的想法其实已经蕴含在"探究"之中了。

例如,我在《探究》中讨论了语言的问题,但它和迄今为止一般认为的语言理论不一样。通常来说,语言问题是从"言说—倾听"的观点得到考察的,而我则在《探究》中从"教—学"的观点来考察语言。换言之,就是通过和他者的"交换"来考察语言。在这个意义上,应该说交换样式的观点始于《探究》。

写作《探究》的时候,我在日本被称为"新学院派骑手""后现代主义者",等等。这些名称在当时就有违和感,如今再次回顾起来,我感到自己在当时已经预感到了后现代主义的未来,即预感到了将要到来的战争。

如今看来很明显的是,《探究》是在发生世界史意义上的巨大变动的时期写成的。关于这一点,我在书中完全没有涉及。但是,并不是说我没有注意到这一点。我写作《探究》的时期,正是由 1989 年苏联解体所代表的具有世界史意义的变动正在发生的时期。尽管没有在书中直接提到,但《探究》反映了这种变动。

苏联解体在当时被称作"历史的终结"(福山语),但我当时就反对这种看法。在我看来,当时失去霸权的不只是苏联,美国也一样。要言之,当时"终结"了的是第二次世界大战后暂时达到的平衡状态。实际上,在此之后,到了 21 世纪 20 年代,"历史的反复"就变得很明显了。我在这个时间点上出版了《力与交换样式》一书(2022)。在许多意义上,这本书都可以说是《探究》的延续。

柄谷行人
2023 年 6 月 22 日

第一部

关于专名

固有名をめぐって

第一章
单独性与特殊性

单独性と特殊性

一

我从十几岁的时候开始读哲学性的著作,当时总是感到,这些著作中缺少了"这个我"。哲学话语总是讨论一般性的"我"——称之为"主观"也罢,"实存"也罢,"人类存在"也罢,都是一回事。这些不过是适用于所有人的说法罢了。"这个我"在这里脱落了。我之所以没有对哲学感到亲近,并且始终对哲学感到违和,原因也正是在这里。

不过,我所要坚持的并不是"我"。而且,我也不是要说,"这个我"是特殊的。我一点儿也不特殊。我知道自己多么稀松平常。尽管如此,我还是感到,"这个我"不是其他任何人。关键在于"这个我"里的"这个",而不是作为意识的我。所以,哲学话语中缺乏"这个我",也可以说其中缺乏的是"这个东西"。

例如,当我说"这条狗"的时候,我的意思并不是"狗"这一类别(一般)中的一个特殊。譬如说,被叫作"太郎"的这条狗的"这个"性,与其外观或性质毫无关系,而仅仅是"这条狗"而已。

在此,我把"这个我"或"这条狗"的"这个"性(this-ness)称作单独性(singularity),并把它区别于特殊性(particularity)。如后文所述,单独性并不是只有一个。特殊性是从一般性出发得到的个体性；与之相对，单独性则是绝不属于一般性的个体性。例如，"我存在"（1）和"这个我存在"（2）是不同的。（1）的"我"是一般意义上的一个我（特殊），因此适用于任何一个我；与之相对，（2）的"我"是单独性，无法与其他的我进行替换。当然，这丝毫不是说，"这个我"如此特殊以至于无可替代。"这个我"和"这条狗"，哪怕再普通，哪怕没有任何特点，也仍然是单独的（singular）。

二

特殊性总是被和单独性混淆在一起。这是因为人们对于"个体"的理解方式非常暧昧。一般而言，"个体（individual）"是无法再进行分割的东西。在希腊的自然哲学那里，这被称为原子（atom）。但是，它和如今物理学所说的原子不一样。原子可以被不断分割，还没有抵达"无法再进行分割"的层面。但凡以为到头了，便会向着更小的层面发展。但是，"个体"的不可分割性与上述情形不同。一张桌子是个体，它可以被分割为各种结构和构成要素，也可以分割到分子和基本粒子的层面。但这个时候它就不是桌子了。再往下分割的话，桌子就不再是一个整体了——我们将这种整体称为"个体"。

关于我们在日常生活中所谓的 individual（个人），也可作如是观。我们可以将它视作生理性和物理性的合成，也可以将它视作各种行为和各种关系的总体。不过，在这个时候，个人的个体性就消失了。我们模模糊糊称为"个人"的，便是再分割下去就会消亡的一个整体。这并不是说，个人是一个无法被继续化约的基本单位。而且,也不是要[把问题]仅仅限定在个人,即限定在人类个体上。将某个东西视为个体,并不依赖这个东西的性质和层级,也并不与它的可分割性相矛盾。例如,分子和大脑和国家都是个体,"第二次世界大战"也是个体。

如果个体是这样的东西,那么如何区别个体的特殊性(个别性)和单独性?仅仅说个体是只有一个的东西,这样是无法[在特殊性和单独性之间]作出区别的。这一区别在于,这些个体是否属于一般性或集合。用先前的例子来说,各个国家是"国家"这一集合的元素,各个大脑是"大脑"这一类别的成员。而且,仅有一个的东西,也可以属于仅有一个成员的集合。

但是,关于"第二次世界大战",事情又如何呢?毫无疑问,它是"战争"这一集合的元素,是这一集合的特殊性。但这样一说,用专名"第二次世界大战"来称呼的那个事物的"单独性"就消失了。即使在将某物视为"个体"这一点上具有共同之处,但究竟是相对于种类、范畴、一般性来看待个体,还是从单独性出发看待个体,这里就产生了区别。这[一区别]与当前个体自身的性质无关。

例如,东大医院里保存着夏目漱石的大脑。我刚巧看到过,不是什么特别的大脑。而且,它和夏目漱石这一个体无关,更和他的文本没有任何关系。尽管如此,这个大脑无法替代为其他大脑,也不能算入一般意义上的"大脑"。这一点与如下事实有关,即人们用"夏目漱石的大脑"这一专名来称呼这个大脑。人们用专名来称呼它,不是因为它是特殊的大脑;相反,因为它被人们用专名来称呼,它便是独特(单独)的。更严格地说,这一大脑的单独性,与"人们用专名称呼它"这件事密不可分。如后文所述,特殊性与单独性的区别,最终会归结为专名问题。

三

关于某个个体的单独性与特殊性的区别,也可以如此思考。例如,某个男子(女子)失恋了,别人安慰道:"女人(男人)多得是呢。"这种安慰方式是不合适的,因为失恋的人是因这个女子(男子)而失恋,她(他)是不可替代的。这个女子(男子),绝不属于"女子(男子)"的一般概念(集合)。所以,如此安慰的人会被认为不懂"恋爱"。但是,就算懂得恋爱,或许也只能作出如此这般的安慰。因为说到底,要治愈失恋的痛苦,就得将这个女子(男子)视作仅仅是类别(一般性)中的一个个体。

不仅如此,这种忠告也大致不差。因为在"恋爱"中执着于某个个体,[其实]不是从单独性来看待这个个体,而是在一般性(理念性的事物)之显现的意义上看待他(她)。例如,有这么一种人:钻牛角尖地想着"非她不可",但下一次又对别的女子钻牛角尖。如弗洛伊德(Sigmund Freud)所说,对于这个女子的执着,是幼年期对母亲的执着的再现(回忆)。这种每次更换对象都深信"非她不可"的人,便是弗洛伊德所谓的"强迫性重复"。事实上,强迫性重复不是基尔克果(Søren Kierkegaard)所谓的重复,而是回忆,是同一事物的再现。在此,这个他者并不存在。存在的仅仅是法则性的(结构性的)再现(表象)。

因此必须指出,对于某个个体的过度执着,恰恰与其单独性无关。如柏拉图所说,爱欲是对一般性(理念)的爱。一般而言,激情的恋爱(passionate love)与单独性无关。例如,黑格尔和基拉尔(René Girard)已经阐明,欲望是他者的欲望,也即想被他者所承认的欲望。对某个个体产生欲望,是因为它是他者的欲望对象。爱上他者所爱的人,不是渴望这个人自身,而是因为得到他(她)便得到了他者的承认。所以,任何恋爱都或明或暗地以三角关系为基础。情敌消失了的话,激情的恋爱也就结束了。要言之,在激情的恋爱那里,问题不是这个[恋爱的]对方(他者),而是第三者(他者),或一般性的人。在这里,看上去执着于**这个**他者,但其实**这个**他者是彻底缺席的。

话说回来,对于失去孩子的父母,也许不能安慰说"还可以再生一个嘛"。因为死去的是这个孩子,而不是一般意义上的孩子。但是,在那种把孩子和妻子视为和家畜一样的财产的社会里,看上去上述安慰就是可能的。例如,在《约伯记》中,对于上帝的试炼而始终坚持信仰的约伯,最终得到了妻子、相同数量的孩子(七男三女)和更多数量的家畜。但为什么我们能说这是补偿呢?他并不是取回了死去的那个孩子啊。我在读完《约伯记》后感到的不合理之处,就是这里。

对于约伯而言,妻子与家畜一样是财产,所以不会产生上面这种疑虑。但是,就算是家畜,例如就算是狗或猫,爱狗和爱猫的人爱的都是这条狗或这只猫,它们都是无法替代的。养过很多猫的人肯定记得每只猫。换句话说,他们不是在特殊性的意义上,而是在单独性的意义上看待猫的。

毋宁说,这一点在基督教那里得到了强调。例如,耶稣所说的"相比于九十九只羊,要去找那只迷路的羊"的寓言,跟所谓"尊重个人和少数意见"之类的原则毫无关系。这不是数量的问题。所谓一只羊,指的不是个别的羊,而是"这只羊"。九十九只羊,各自都是"这只羊"。这只羊无法用加法,加法只有在"羊"的集合那里才是可能的。于是,可以说,基督教首次揭示了无法放进集合(一般性)的那种个体性,也即单独性。

但是,《约伯记》的重要性恰恰在于,约伯对于彼岸世界毫不关心。这个世界的问题,必须在这个世界得到解决。这里所谓的"这个"世界,不是"这个世界与彼岸世界"的对比中的"这个世界",[而是]使得这个世界与那个世界(内与外)的分割变得无效的"这个"世界、无可取代的"这个"世界。正是在这里,人们开始意识到"这个"世界的一次性或单独性。然而,正因如此,约伯的结局不得不变得不合理。因为他并没有恢复原样。的确,他变得健康了,妻子和财产都恢复了,所以同一性也回归了——如果我们不坚持"这个妻子"或"这个孩子"的话。如果只读《约伯记》,事情看上去的确如此。但是,反过来说,在《约伯记》或整部《圣经·旧约》中贯穿始终的,便是对于这种不合理性的意识。正因为不存在同一性的回归,这种一次性才在历史性(事件性)的意义上被强烈地意识到。上帝的无限性与这种一次性紧密相关。

由此,《圣经·旧约》便是一部"历史"著作。这一历史,不同于作为结构的历史、作为叙事的历史或作为法则的历史。换言之,这里揭示的是无法消解在同一性或一般性之中的、单独性意

义上的事件。① 在抬出彼岸世界与复活的基督教那里,这种不合

---

① 针对黑格尔＝马克思主义式的历史观,小林秀雄说过类似这样的话:"历史是因母亲对于已故孩子的爱念而存在的。"他想说的大概是:不能将事件视作法则和结构(同一性)或理念(一般性)中的特殊性,而必须将事件视作单独性。不过,值得注意的是,马克思其实也用了孩子的比喻,并且写道:

> 但是,困难不在于理解希腊艺术和史诗同一定社会发展形式结合在一起。困难的是,它们何以仍然能够给我们以艺术享受,而且就某方面说还是一种规范和高不可及的范本。
> 　　一个成人不能再变成儿童,否则就变得稚气了。但是,儿童的天真不使成人感到愉快吗?他自己不该努力在一个更高的阶梯上把儿童的真实再现出来吗?在每一个时代,它固有的性格不是以其纯真性又活跃在儿童的天性中吗?为什么历史上的人类童年时代,在它发展得最完美的地方,不该作为永不复返的阶段而显示出永久的魅力呢?有粗野的儿童和早熟的儿童。古代民族中有许多是属于这一类的。希腊人是正常的儿童。他们的艺术对我们所产生的魅力,同这种艺术在其中生长的那个不发达的社会阶段并不矛盾。这种艺术倒是这个社会阶段的结果,并且是同这种艺术在其中产生而且只能在其中产生的那些未成熟的社会条件永远不能复返这一点分不开的。(马克思:《〈政治经济学批判〉导言》)[译文根据《马克思恩格斯全集》(第十二卷),中共中央马克思恩格斯列宁斯大林著作编译局译,北京:人民出版社,1972 年,第 762 页。——译注]

对我们来说,能在历史性结构的意义上进行理解的东西[如今]仍然可能成为规范,这是因为它无法重复第二次。只有作为不可重复之物的重复,它才依然有生命力。不能将[这段论述]仅仅作为艺术论来解读。毋宁说,这段话正是马克思的历史认识。

理性貌似得到了解决。但是,福音书的核心处保留着这样的认识:这个世界中的这种关系,绝不可能被抹去或替代——尽管它在柏拉图主义式的神学那里被抹去了。

例如,基尔克果称为"重复"、尼采(Friedrich Nietzsche)称为"永恒复归"的东西,就和这种绝对无法替代的"单独性"(一次性)有关。他们各自反对了那种将单独性置换为特殊性的思考。[这里的要点是:]尽管有着一切不合理性,也仍然对单独性予以肯定;不把[这种单独性]作为一般性和同一性中的特殊性予以打发。

四

现代哲学从主观出发。但是,重复一遍:主观不是"这个我"。主观指的是适用于所有人的东西。事实上,"我"这一主体(主观)是在语言习得过程中形成的,它原本就是"共同主观"。换句话说,所谓的"我",属于"我"这个概念(集合)。在这种情况下,哪怕说的是"这个我",那也不过是"我"这一类别里的一个特殊。但是,单独性意义上的"这个我",不是上面这种主观。另一方面,"这条狗"也不是客观。我们无法用"主观""客观"等认识论语词来谈论这些单独性。

"这个"性或单独性并不客观地存在,也不主观地存在。无论认为事物和他者是客观存在的,还是认为它们是主观构成的,都与"这个事物"或"这个他者"无关。并且,这个事物或这个他者,都与这个我密不可分。反过来说,这个我只存在于与这个事物或这个他者的关系之中。我和他者和事物都存在,而这个我、这个他者、这个事物却不存在——这样的世界是精神分裂式的世界。

开头提到,我一直觉得哲学话语中"这个我"缺失了。我在此之上补充一句:很长一段时间内,我都抱持着一种错觉,即["这个我"]在文学那里是可能的。当时觉得,文学不是执着于"这个我"或"这个事物"吗?但是,文学致力于[展现]"这个我"或"这个事物",不过是在现代小说那里罢了,这跟文学的本性是无关的。而现代小说那里发生的事情,和现代哲学那里发生的事情并行不悖。也即摒弃"寓言"那种普遍概念先行的方式,试图把握个别事物。但是,这绝不是面向作为单独性存在的个别事物。恰恰相反,[现代小说]始终试图将单独性转化为特殊性。换句话说,即试图通过特殊的事物(个别事物)来象征一般性的事物。如本雅明(Walter Benjamin)指出的,现代小说就是这种象征(symbol)装置。例如,我们读了某部小说后,可能会产生共鸣,觉得"就是在写自己"。这种自己=我,不是"这个我"。

谁都无法书写"这个我"或"这个东西"。想要写的话,只会变成特殊性的不断堆砌。无论对于"这个我"作出怎样的说明,都仅仅是一般性事物的特殊化(限定)。我几岁、做什么工作、长什么样、正在想什么——这种信息堆砌得再多,都偏离于"这个我"。事实上,这里的问题在于,指向单独性的指示词"这个",不同于指向特殊性的指示词"这个"。

"这个我"或"这条狗"里的"这个",不同于指示某物的"这个"。指示某物的时候,"这个"将"我"或"狗"等一般存在给特殊化了(作了限定)。在这个意义上,坚持"这个我",便是主张我如何与他者不同,也即我如何特殊。不过,这么做的前提恰恰是把他者也当作"我",即一般意义上的"我"。

但是，说出"这个我"的时候，上述前提本身就被否定了。这里宣告着某种确信：适用于"我"的论述，并不适用于他者。然而，我们一旦说出来，就会意识到，在正面表述的意义上根本不存在这种差异。"这个我"里的"这个"，什么都不指示。尽管如此，还是必须得说，"这个"有所指示。它指示的仅仅是我与他者的差异（非对称性）。或不如说，这一差异让他者作为他者、让我作为我而存在。

这种差异不是从同一性（一般性）出发看到的差异（特殊性）。因此，我们也不能积极明确地谈论它。单独性意义上的"这个"，以差异——换句话说，以"其他事物"——为根本前提。因为所谓"这个"，指的是"不是其他而就是这个"。单独性不属于一般性。但是，单独性不是孤立而游离在外的东西。单独性反而以其他事物为根本前提，并在与其他事物的关系中得到揭示。但单独性不是那种不能用语言表达的深邃之物。前面已经提到，[单独性]出现于专名之中。例如，在叫作"太郎"的狗那里，它那"不是其他而就是这个"的单独性，恰恰只能体现在"太郎"这一专名之中。但是，尽管专名对于哲学而言不可或缺，它在哲学中却是最被轻视乃至被边缘化的问题。

第二章
专名与历史

固有名と歴史

一

　　现代哲学从主观出发,或从"我"这一个体出发。第二部还会谈到,笛卡尔(René Descartes)的"我思(cogito)"其实并不是这种东西,但一般而言,由于现代哲学从"我"出发,它就难免落入主观与客观的分裂和唯我论的陷阱。但是,如前所述,主观并不是"这个我"。唯我论中不存在"这个我"。应该说,现代哲学的陷阱在于:恰恰由于它从"我"出发,现代哲学便遮蔽了它对"这个我"的抹除。毫无疑问,关于"这个事物"或"这个他者",也可以这么说。它们都不是客观的。

　　例如,古代(希腊)哲学没有认识论。它不像现代哲学那样,以主观为基础。因此可以说,古代哲学反而从逻辑学的角度考察了个体的个体性。在那里,个体性指的是命题里的主语,而且是绝不能成为谓语的主语。当然,这里也缺乏单独性。因为这是仅仅将个体视作一般性的一个特殊。但是,这是自巴门尼德—柏拉图以降的倾向。例如,赫拉克利特曾说,人不能两次踏入同一条河流,他应该已经强烈意识到了"这条河流"或"这个我"的单独性(一次性)。毋宁说,哲学(形而上学)恰恰就是那种想要通过同一性和一般性来从[单独性]这里逃开的强烈意志。

　　但是,古代哲学没有现代哲学的那种错觉,即让人以为由于诉诸主观,便具有了个体性。单独性的问题无法从主观或"内面"中得到揭示,反而在那里被遮蔽起来。所以,关于个体的单独性和特殊性的考察,就不是认识论式的考察,而必须是逻辑学式的考察。

二

例如,根据三段论,"人会死,苏格拉底是人,所以苏格拉底会死"。在这种情况下,"苏格拉底"这个专名仅仅在"相对于一般的特殊"意义上被谈论。这种论述方式,可以用集合论的语言加以替换。也就是说,苏格拉底是"人类"这一集合的元素,人类是"会死的事物"这一集合的元素。因此这一推论正确。但是,在此让我们思考一下:苏格拉底仅仅是集合中的个体吗? 换言之,"苏格拉底"这个专名所指示的,难道不是那种无法放进任何集合或概念之中的个体性?

这个区别非常微妙。在某种意义上,苏格拉底的确是属于集合的一个个体(特殊)。但是,在使用"苏格拉底"这个专名的时候,它所指示的是其他任何人都无法代替的个体的个体性。这一个体性不是作为集合中的元素的那种个体性。专名一举指示了个体的个体性,而不是将[个体性]作为集合中的一个元素而揭示出来。

这一差异多少被人们感觉到了,但却未能形成对于专名之特异性的明确阐述。自从亚里士多德以来,专名总是被用来显示特殊性。例如,在中世纪以来的"普遍论争"中,关于普遍(应该称作"一般")与个别事物(特殊)哪个在先,人们有过很多争论。认为普遍在先的是实在论,认为特殊在先的是唯名论。在集合论的意义上,这一争论探讨的是:究竟先有各个事物,然后再形成集合,还是说先有集合。例如,究竟是先有各种狗,然后才形成"狗"的概念,还是说先有"狗"的概念,然后各种狗才得到揭示?

这场争论也演变为经验主义(认为感觉先行)与理性主义(认为概念先行)之间的对立。众所周知,康德(Immanuel Kant)以如下方式统一了上述对立:我们凭借感性接受世界(物自体),并通过先验形式对它加以建构。但是,到这一步,专名问题已经遭到了遗忘。唯名论者用来与一般概念对峙的,事实上不是个别事物(特殊),或者也不是感觉和经验,而是专名。在这个特定意义上,唯名论具有正当性。

在经验主义者的讨论中,专名被认为仅仅是对特殊性的指示。例如,洛克(John Locke)指出,一切存在的东西都是特殊,普通名称(general name)是通过将这些[特殊]进行抽象而得到的。在这里,他认为特殊性是通过专名而被指示的。不过,他认为,即使特殊的东西各自都可以有[自己的]名称,这也是无益的。但这里有一个错觉:那种通过专名而得到指示的个体的个体性(单独性),与被放进一般性之中的那种个体性(特殊性),在此被混淆了起来。

然而,值得注意的是,在主张个体相对于一般(概念和集合)而具有优先性的时候,洛克依然搬出了专名。事实上,在罗素(Bertrand Russell)提出逻辑专名("这"与"那")之前,论者讨论个体的时候,举出的总是"苏格拉底"这样的专名。在这个意义上,可以说罗素完成了唯名论。与此同时,他也消除了专名本身带有的谜一般的问题。

三

根据现代逻辑学的论述,存在两种用于指示个体的表达,即专名和记述(限定摹状词)。例如,"富士山"是专名,"日本最高的山"是限定摹状词。在这里,如后文所述,罗素的看法具有支配地位,即专名可以被翻译或还原为限定摹状词。归根结底,这种看法恰恰认为,通过专名指涉的个体,可以还原(翻译)为集合或集合束。这种看法之所以占据支配地位,是因为它与一种科学的志向高度一致,即试图从一般性或法则的角度看待个体。

但是,哪怕在上面这个例子中,当说到"日本最高的山"时,也还存在"日本"这个专名。就算[将"日本"]替换成地球上幅员为维度多少、经度多少的列岛,那么"地球"本身也是专名。而在某种意义上,宇宙本身、物质本身也都是专名。物理学前沿试图排除专名、揭示一般性的自然法则,但揭示的只是它[本身]属于"这个宇宙"的历史之中[的事实]而已。自然科学也属于"历史"。换言之,在根本的意义上,我们不能排除专名。仿照维特根斯坦(Ludwig Wittgenstein)的话说,并不是宇宙中存在着神秘,"这个宇宙"的存在[本身]就是神秘。

通过专名来指示的个体性,不同于在一般性(概念或集合)那里揭示的东西。如反复指出的那样,[这种个体性]绝不是要否认这一个体——例如富士山,属于"山"这个集合。并且,通过专名来指示的单独性,也不是"仅有一个"的意义上的单独性。因为就算只有一个,我们也未必会用专名来称呼它。只有当我们用专名来称呼某物的时候,它的单独性才出现。

专名并不单单是对个体的命名，它关系到如何看待"个体"。例如，对于饲养几千头牛的人来说，每头牛都不过是"牛"这个集合的一个元素。但是，就像在但马牛①那里一样，对于家里饲养一头或几头牛的人来说，情况也许就不是这样。我不知道他们是否真的会给牛取名字，但哪怕是将这些牛称为"牛"，这个称呼也仍然可能是专名。我有个朋友以懒惰著称，他就管自己养的猫叫"猫"。"牛"和"猫"是不是专名，这一点无法在语词的层面上作出判断。用反例来说，过去曾是专名的"濑户物"，现在是一般陶瓷器的名称了（在英语里，陶瓷器被称为 china，漆器被称为 japan）。也就是说，某个语词是不是专名，取决于我们对于个体的态度。

换句话说，我们不能在语词和句子的层面思考专名问题。语言学家要么对专名漠不关心，要么带有敌意。这是因为，专名[被认为]是那种偏见——即将语言视作给事物赋予的名称——的源头，同时也是那种将语言和指涉对象（referent）相结合的思考方式的源头。关于这一点，下文还会进行讨论。一般而言，人们认为，语言中处理指示对象问题的，不是语义学，而是语用学（pragmatics）。但即使是在这里，专名也消解在了一般性的"指示"之中。也就是说，如果用迄今为止的语言学方法，我们无法对专名问题作出思考。

让我们暂时从现象学的立场考虑一下这个问题。泷浦静雄指出，胡塞尔（Edmund Husserl）对专名提出了独特的观点。在胡塞尔看来，专名是有意义的符号，"它在与对象的关系中绝不是一

---

① 产地为兵库县，神户牛肉即来自但马牛。——译注

个指示性标记"。换言之,胡塞尔洞察到,专名具有不同于单纯记述的目的和功能。对胡塞尔来说,重要问题在于,在专名的使用中,有一种作为前提而暗含在内的"知识"。也即,从个体的个体性角度,一举将个体予以提示。反过来说,正因为个体无法还原为有关个体的记述总和,人们才用专名来称呼它。胡塞尔辨认出了专名中的某种"普遍性"。

泷浦静雄着眼于胡塞尔有关专名的看法,对此进行了批判性的探讨:

> 但是,人们或许会说,这种个体作为个体本身的提示,正是根据以专名为之命名而作出的,专名作为"个体性意义(individuelle Bedeutung)的实现"的说法也正是在那里成立。胡塞尔指出:"科隆这个专名,正是在其固有意义(Eigenbedeutung)之中,'直接'意指(meinen)如其所是的科隆市本身。"但是,这里需要注意:这种将个体作为个体的假定,不是由名称本身作出的,而是由使用该名称的我们借助这个名称而作出的。正因如此,如果是对我们来说完全未知的事物,其专名并不向我们展现任何东西。对于个体的统一性把握位于我们自身内部,专名对于个体的意指(meinen),不过意味着我们通过专名中介来指示(meinen = mean = refer)个体而已。(《专名的意义——看待胡塞尔语言论的一个视角》《现象学年报1》,1984年)

也就是说,并不是专名指示个体,而是我们经由专名的中介而指示个体。但必须注意的是,某个语词能成为专名,不单单是因为我们以它来指示个体的个体性,而是因为它指示[个体的]单独性。从胡塞尔的课题来看,这种区别无关紧要。他并没有区分个体性(特殊性)与单独性。换句话说,胡塞尔没有看到,仅仅指示个体性时的"意指",与指示单独性时的"意指"是有区别的。在他后来讨论他者时所遇到的困难中,这个问题清晰地呈现了出来。

在胡塞尔看来,他者首先作为单纯的个体出现,然后再被建构为"他我"。但是,譬如说我对他者进行感知和认识,与我用专名来称呼这个人,这是不同的事情。前者仅仅是个体意义上的他者,后者则是单独性意义上的他者。而如果没有后者,我们也不可能遇到"他我"。

在我看来,专名不仅仅涉及对象意义上的个体,也涉及"他我"意义上的个体。如胡塞尔认为的那样,他者不是回溯性地揭示和建构的,而是通过专名体验到的。事实上,关于"我",同样可以这么说。"我"的单独性只能通过我的名称(他者所命名的名称)揭示出来。"我"的单独性,与"我"的社会性密不可分。

四

对于用专名称呼牛的人来说,屠杀牛想必是一件困难的事。这不是"人道主义"的问题。如果这个人是士兵,想必可以心安理得地杀人。这是因为,敌人的士兵是"敌人"这个集合的一个人,不带有专名。换句话说,这里的问题与作为个体的对象"是什么"没有关系。也就是,与是人还是牛没有关系。更进一步,这与用专名来称呼的东西是个人还是集体没有关系。重要的是[用专名来称呼的]"是谁"。

列维纳斯(Emmanuel Levinas)指出,当看到他人的"面庞"时,就无法杀害他。恐怕他通过对于胡塞尔的内在批判,揭示了单独性意义上的——而不仅仅是个体性意义上的——他者。因此,可以认为,列维纳斯通过"面庞"想说的便是个体的单独性。不过,"面庞"这个隐喻不正确。因为怎么看这都是[将他者]限定在人类身上了。毋宁说,应该这样论述:当我们意识到某个事物(个体)的"面庞"、也就是其单独性的时候,我们就会以专名来称呼它。

我把单独性问题作为专名问题来处理,其中一个原因是想将它和"存在主义"区别开来。事实上,例如在基尔克果那里,基督不是问题,耶稣才是问题。"基督"是一个概念,因而黑格尔认为在耶稣那里,概念得以在个体性(特殊性)中具象化。但是,基尔克果区分了类别中发现的个体性和"耶稣"这个专名中指示的单独性。如果将此称为存在主义,那么它恰恰跟所谓的"存在主义"没有关系。

例如,存在主义者萨特(Jean-Paul Sartre)曾说:"所谓犹太人,便是被他人视作犹太人的人。"与之相对,阿伦特(Hannah Arendt)则认为,犹太人是历史上实际存在的。乍看之下,萨特强调了某种无法放入"犹太人"这个类别(集合)的实存,或并不具备某种"规定(本质)"的实存,看上去萨特否定了反犹主义。但是,在萨特的说法中,[其实]任何东西都可以代替"犹太人"一词。他的话适用于所有歧视。这不仅把纳粹的反犹主义和自古以来的反犹主义等同起来,而且把它跟所有歧视等同起来。换句话说,根据萨特的想法，犹太人问题成了普遍事物的一个个例。

阿伦特说道："即使只是粗略地了解犹太历史，知道自从犹太人被驱逐出巴比伦以后，他们的中心问题一直是如何在全面分散的困境下争取生存，也就应该打破这样一种最近的迷思——这是萨特以'存在主义'观点解说这些由别人来看待和下定义的犹太人之类，在知识界颇为流行的迷思。"①虽然如此，她所主张的并不是"犹太人历史"的**特殊性**。相反，她向我们阐明了，我们所知道的反犹主义其实是19世纪后半叶"民族国家"的形成所伴随的特殊历史现象。

确实，看上去似乎萨特着眼于一个个的实存（个体），而阿伦特则仅仅将各个犹太人和反犹主义者视为历史结构之中的项。但是，着眼于个人的人，未必就能看到个体的单独性。萨特所谓的"自为存在"或"他者"，基本而言都不带有专名。或者说，[在他那里]缺少将专名揭示出来的维度。另一方面，阿伦特虽然没有关注每个个人，但她专注思考"犹太人"这个专名所指示的单独性。换言之，在这里"犹太人"不是范畴，而是个体。就此而言，她的思考恰恰是具有历史性的。

历史性与专名有关。消去专名的历史就是"科学"。或者，如黑格尔所说，就是"逻辑学"。但是，如前所述，自然科学也无法抹去专名，而黑格尔的"绝对知"也恰恰无法抹去"黑格尔"这个专名。

在萨特那里，专名始终缺失。他后来对历史作出讨论，而即

---

① 译文根据阿伦特：《极权主义的起源（第二版）》，林骧华译，北京：生活·读书·新知三联书店，2014年，第9页。——译注

使是在那里,萨特作出的也是"一般性"的议论,诸如个体如何在结构中形成,又如何超越结构,等等。他的《辩证理性批判》和康德的"批判"一样,是非历史性的。这是因为,萨特和康德一样,没有关注单独性意义上的实存。

要言之,单独性的问题和个体"是什么"没有关系。例如,如果我们在单独性的意义上理解某个大脑,我们会把它称为"夏目漱石的大脑";[同样,]如果不从结构和互文性织物的意义上,而是从单独性的角度来看待某个文本,我们会把它称为"夏目漱石的文本"。正是在这个特定的意义上,我们与"历史性"相遇了。这与夏目漱石这个"个人"或夏目漱石这个"作者"无关,也跟其历史无关。批评作为科学,试图抹去这种专名。但是,这么做相当于想通过记述来翻译专名。当然,不是说不能这么做。毋宁说,只有这么做了,我们才能吊诡地与单独性问题相遇。

第三章

名称与语言

名と言語

一

相对于柏拉图,亚里士多德认为真正存在的事物(实体)是个别事物(个体)。并且,在他看来,这种[实体]投影在句子或逻辑的结构之中。所以,亚里士多德的形式逻辑学与本体论密不可分。于是,所谓形式逻辑学就还没有彻底被"形式化"。罗素系统性地进行了这种"形式化"。但是,将逻辑学从本体论那里切割开来的做法,或将句子结构从实在那里切割开来的做法,反而需要某种[特殊的]"本体论"。

在古典逻辑学那里,位于主语位置的是个体、实体。例如,在"苏格拉底是人"这句话里,主语"苏格拉底"是实体,谓语"人"是偶性。但是,在"人是会死的"这句话里,"人"成了主语。因此,亚里士多德将"苏格拉底"称为"第一实体",将"人"称为"第二实体"。由于将"人"这样的概念看作实体,上述做法就被认为是柏拉图主义的残渣。但是,这不过是由于将那种主张"只有个别事物才存在"的本体论跟"主语—谓语"的句子结构结合在一起而产生的困难罢了。对亚里士多德来说,始终只有主语——绝不能作为谓语的主语——才是实体。

需要注意,作为实体的个别事物——也就是不再能成为谓语的主语——只能用专名才能表达。在古典逻辑学中,根本的主语是专名。正是专名,为那种认为只有个别事物存在(只有个别事物是实体)的看法奠定了基础。如后来的洛克所说,人们认为任何个体(特殊)都潜在具有被用专名来称呼的可能性。

这种情况其实包含着困难,因为专名可能指示许多个体。例如,叫"苏格拉底"这个名字的人有很多,所以不能用"苏格拉底"来表现个别事物。对此,罗素把"这个是苏格拉底"这句话里的"这个"看作真正的专名(逻辑专名)、看作根本的主语。罗素所谓的"这个",是一个 x(变量)。正确的说法应该是"存在 x,x 是苏格拉底",此时"苏格拉底"成了谓语。从外延来看,它是许多个"苏格拉底"的集合;从内涵来看,它是"苏格拉底"这一属性。

把除了"这个"以外的所有主语都看作谓语的逻辑学,被称为"谓语逻辑"。想要完成这一逻辑,前提便是将普通专名替换为记述(限定摹状词)。例如,把富士山替换为"日本最高的山"。罗素认为,日常语言中的专名看似指示特定的个别事物,[其实]它们是"省略或缩略了的记述"(《论指称》,1905 年)。这就是罗素的"摹状词理论"。

这种做法,拿走了专名曾经具备的例外性特权(即专名作为基础,绝不能成为谓语)。专名必须受到和其他谓语一样的对待。但是,专名带有的奇妙性质并不因此消解。事实上,罗素也并没有否认专名,而是在探求真正的专名时发现了"这个"。的确,专名为那种认为个体意义上的对象实际存在的想法奠定了基础。前面也提到,可以说亚里士多德正是从专名出发,对于作为实体的个体作出了思考。这一点与(例如)认为叫作苏格拉底的个体[确实]存在的想法是相关的。但是,罗素说"这个存在"的时候,这种本体论和亚里士多德的本体论有着决定性的差别。

二

　　罗素所谓的"这个"究竟是什么？"这个"是我直接注意到的东西，也即感觉内容(percepts)。很多人都叫苏格拉底，但作为感觉内容的"这个"，每次都仅仅指示一个[特定]事物。也就是说，"这个"是在私人性的"内省"中被发现的。事实上，对专名进行消解，便是将个别事物看作是私人(private，罗素语)意识中的现象。很明显，这是现代哲学框架内的看法。罗素对于逻辑学的形式化，是在现象学式的框架内进行的。或不如说，一般而言，与看上去的情况相反，形式化其实只有在"内省"中才成立。

　　关于索绪尔(Ferdinand de Saussure)对于语言学的形式化，也可以作如是观。这种形式化是通过如下方式进行的，即不从外部，而从"主体"的体验中把握语言。我在《探究(一)》中已经表明，[这种形式化]最终只会带有私人性质以及共同体的性质，而要摆脱这种局面，"态度变更"就是不可或缺的。罗素的形式化是从所谓"内省"开始的，这一点不太为人注意。

　　对象客观存在，我们并不是对它进行感知，[毋宁说]我们所发现的对象已经被语言所分节化了，也即不存在语言的"外部"——这种看法如今已经成为"常识"。由此还产生了那种"神秘主义"，即认为只要改变这种分节化的方式，世界也会为之一变。相比起来，罗素的思考方式似乎只是朴素的实在论。但是，哪怕对罗素而言，percepts 意义上的"这"既不是感觉，也不是实在。"这个"已经是语言，percepts 已经被语言所中介了。

　　对此，黑格尔的说法更细致："当我们一开始或直接地把某种只是当作我们的对象时,这种知识本身只能是一种直接的知识,一种对于直接事物或存在者的知识。"这种感性确定性"对于它所知道的东西,它所说出的仅仅是:'这东西存在着'"。"我在感性确定性中仅仅是纯粹的这一个我,而对象同样仅仅是纯粹的这一个东西。"

比如,对于"这时是什么?"这个问题,我们回答道:"这时是夜晚。"为了检验这个感性确定性的真理,一个简单的尝试就足够了。我们把这个真理写下来,一个真理既不会因为被写下来,也不会因为被保存下来而丧失。这时,这一个中午。然而当我们再来看看那个记录下来的真理,那么必须说,它已经变质了。"这时",作为夜晚,被保存下来,也就是说,它被当作它所标榜的东西,被当作一个存在者来对待。但是它表明自己其实是一个非存在者。"这时"诚然保留下来了,但却不是作为夜晚保留下来。同样,尽管这时是白天,但当"这时"保留下来之后,也不再是白天,换言之,任何"这时"都是一个否定性的东西。所以,保留下来的"这时"并不是一个直接的"这时",而是一个经历了中介活动的"这时"。①

换言之,将某物理解为"这个"的时候,它的直接性已经被抛弃,它已经是中介性的了。于是,当罗素把"这个"作为主语提出

---

① 译文根据黑格尔:《精神现象学》,先刚译,北京:人民出版社,2013年,第61,62,63页。——译注

来的时候,绝不是把语言的外部给搬出来了。相反,他说的是,一切都在语言的内部才有可能。

罗素说到"这个存在"(x 存在)的时候,他不是从语法角度,而是从意识=语言的角度揭示这一点的。现代逻辑学的基础是私人性的"内省",虽然表面上看不出来。维特根斯坦对罗素进行了批判,而维特根斯坦将焦点放在唯我论上,理由也正在这里。我们不能从"语言是共同性的制度"的意义上理解维特根斯坦的批判。所谓唯我论,意思并不是只有我存在,而是指下述想法:即认为"我"适用于任何一个我。而唯我论的支撑,恰恰就是认为"我"是语言、是共同性的[存在]。

我们无法通过诉诸语言来否定那种从主体开始的思考。这些都处在唯我论的内部。所以,对于唯我论的批判,不仅仅是狭义的认识论问题,而涉及对于一般意义上的"形式化"的根本批判。这是因为,将指示对象放进括号的形式化,必定只能由各个"主体"来实现。

这个"主体"(主观)不是任何一个"谁"。例如,"这个我"归根结底说的是"这个是我"。存在的是"这个",而"我"不过是谓语(概念)罢了。"这个我"并不作为指示对象而存在。"这个"存在,仅此而已。罗素在这个意义上不承认主体。但是,这一点意味着:将此理解为"这个"的主体,是一种并非任何人的主体,因而是类似于黑格尔所谓的"精神"的东西。所谓"谁",说的是专名。不具有专名的主体不是任何一个"谁",因此对任何一个"谁"都适用。现代哲学的主观,就以这种方式被揭示出来了。(古典哲学不具有主观,是因为个体总是作为"某人"〈专名〉而实际存在着。反过来说,古典哲学是基于专名的实在论。)

因此,在现代哲学那里,对于专名的化约是一个不可或缺的前提。我对罗素进行批判,正是因为他明确展现了这个问题,反而向我们提示了专名的重要性。

话说回来,罗素是否认为自己在"这个"那里确保了语言与其外部或指示对象之间的关联?可是,如果指示是对他者作出的,那么罗素的"这个"就不是指示。譬如说,就算我指着黑板说"这是黑的",对方也许会认为"黑"说的是"黑板",也许会认为它指的是黑板上写的文字。换言之,"这个"的个体领域并不明确。

所以,如罗素自己所说,他所谓的指示是私人性的(private)。严格意义上的指示必定是向他者作出的指示。也就是说,这个问题只能在交流的层面上来思考。"这个"作为指示无法指示个体;与之相对,专名则一举将个体作为个体指示出来。因此,专名是支撑我们日常性常识的根据——即存在着语言的外部。而对于想要颠覆这一常识的人来说,专名就成了需要消解的东西。

确实,专名对于个别事物的指示是不充分的。例如,很多人或土地都有着相同的名称,所以才产生了那种认为逻辑专名("这个")才是真正的专名的想法。但专名存在于一个无法被消除的维度上。专名是语言的一部分,位于语言内部。然而,对语言来说,它却是外部性的。如后文所述,专名不仅无法翻译为外语,就算在本国语言中,专名也无法翻译。换言之,专名无法被收编进一个差异体系(语言)之中。在这个意义上,专名是语言内部的外部性。

正如罗素通过将专名化约为记述而实现逻辑学的形式化,索绪尔对语言学的形式化是通过完全无视专名[的存在]而进行的。结果,语言学被封闭在杰姆逊(Fredric Jameson)所谓的"语言的牢笼"之中。但是,我们不能急着从指示对象那里寻找这个牢笼的出口。出口恰恰在被罗素和索绪尔化约了的专名那里。如后文所述,语言中专名的外部性,意味着语言无法被化约为某个封闭的规则体系(共同体),也即意味着语言的"社会性"。

三

专名受到论者的攻击,是因为它为下述看法提供了源泉,即认为语言是事物的名称。但是,所谓"通名"不是名称。罗素所谓的逻辑专名也不是名称。"名称"原本仅仅是专名。通名不过是将[专名]不正确地进行扩张的结果。"通名"这种叫法,不仅产生了将语言视作事物名称的看法,事实上也让人看不到专名的特性。当人们试图将语言从事物名称那里,进而从对象那里切割开来,他们忘了追问:"名称"到底是什么?

在这里,我将名称和语言区分开来。当然,这是方便起见所作的区分。因为我的意图在于从专名的角度重新审视语言,而不是将两者分离开来。让我们暂且将上述区分写作"这是谁(叫什么)"(1)和"这是什么"(2)这两个问题的区分。例如,对于它们的回答可以是这样的:

这是苏格拉底。(1)

这是苏格拉底。(2)

乍看起来,两者毫无区别。但是,正是因为消除了"谁(叫什么)"和"什么"这两个问题的差异,我们才得到了这种同一性。海德格尔(Martin Heidegger)写道:

48

> 生存论性质与范畴乃是存在性质的两种基本可能性。与这两者相应的存在者所要求的发问方式一上来就各不相同:存在者是谁(生存)还是什么(最广义的现成状态)。只有在已经澄清的存在问题的视野上才能讨论存在性质的这两种样式的联系。①

换言之,他所强调的"存在性质"的差异,可以说是"这个存在"(生存论性质)与"这个是"(范畴)之间的差异。不过,这正是罗素强调过的问题。罗素由此认为,专名(谁)可以用通名(范畴)来代替。同样,海德格尔所谓的"谁"也不是专名,在他看来,专名属于范畴。

海德格尔将"存在"视为根本[问题],将它作为"实存"而提出来。所以,实存就是"无名"的。但是,我们所说的"谁"(专名),说的是"叫什么"而非"是什么"。(在这种情况下,不能将"谁"与"什么"理解为人和物的区分。即使是对于物〈事〉,也可能作出"谁"和"什么"的区分。换言之,当我们用专名称呼某个物〈事〉的时候,我们问的是:它是"谁";而当我们用通名称呼的时候,我们问的是:它是"什么"。)

49

从我们的上下文来看,海德格尔所做的可以说是将作为主语的"谁"变成任意的 x,给谓语赋予优先地位。某种意义上,这跟罗素很相似。弗雷格没有区别专名和单称名词。也就是说,他将

---

① 译文根据海德格尔:《存在与时间》,陈嘉映、王庆节译,熊伟校,北京:生活·读书·新知三联书店,2006 年,第 53 页。——译注

专名和"仅此一个"的对象结合在一起。与此相对，罗素则在两者之间作出了区别。换句话说，他区分了"谁"和"什么"。但是，他将"谁"变成"这个"，也就是变成了任意的 x。这样一来就消除了"谁"，也即消除了专名。

海德格尔强调指出，此在(实存)是一种共在：

> 即使他人实际上不现成摆在那里，不被感知，共在也在生存论上规定这此在。此在之独在也是在世界中共在。他人只能在一种共在中而且只能为一种共在而不在。独在是共在的一种残缺样式，独在的可能性恰是共在的证明。①

但是，尽管强调了"各自性"，上面的论述中却没有出现单独性意义上的实存。在某种意义上，海德格尔的论述和下面这种思考如出一辙：即认为"这个我"只有在"我"这一语言共同性的内部才能成立，也只有在"我"这一语言共同性的内部才能成为个别（特殊）的［存在］。但是，之前已经说过，"这个我"的单独性只有在专名之中才能被揭示出来。

对此，列维纳斯提出了"实词化(hypostase)"的说法。西谷修认为，hypostase 一词与 substance（实体）有相同的词根，本来两者没有区别。但列维纳斯则认为，这个词"指的是哲学史上的一次事件，即通过动词表现出来的行为，变成实词所指示的存在"。列

---

① 译文根据海德格尔：《存在与时间》，陈嘉映、王庆节译，熊伟校，第140页。——译注

维纳斯借助"实词化"一词,指出了无名的"实存"变成"实存者的实存",也即某个"谁"的实存。"主体的真正的实体性在于其'实词性',换言之,主体不仅仅作为普遍存在的一部分而无名地存在着,而是作为具备名称的存在而存在着。""'瞬间'斩断了普遍存在的匿名性。"(《从存在到存在者》)

很显然,列维纳斯批判的是海德格尔。海德格尔否定主体(主观)之类的实体,着眼于无名的、共在意义上的实存。可以说,这便是从存在者迈向存在的道路。与之相对,列维纳斯试图恢复主体的"实体性"。事实上,这无非是说,实存是被赋予了专名的。重要的是,实存的这种实词化之所以可能,取决于他者作出的命名。这不是"共同存在",而是"社会性"的存在。无论在罗素那里,还是在海德格尔那里,专名或命名的"社会性"都被消除了。

第四章
可能性与现实性
可能性と現実性

一

克里普克(Saul Kripke)用模态逻辑(可能世界语义学)批判了罗素的摹状词理论(专名可以被替换为限定摹状词)。在克里普克看来,"可能世界"不是科幻小说里想到的那种东西,也不是一般所谓的复数世界理论。可以认为,迄今为止的复数世界理论基本可以分成两类:一类以莱布尼茨(G. W. Leibniz)的单子论为代表。在那里,众多单子被认为各自"表现"或"投影"了同一个世界。这跟投影几何学类似,在后者那里,同一个物体根据视点的不同而[呈现出]各式各样的不同:

> 同一座城市从不同侧面看总是呈现出异样,犹如从多个视角所作的描绘;同样,由于单一实体无限众多,似乎便存在着同样多的不同世界,这些世界也无非是对唯一宇宙之从不同视角进行的观察,各因每一个别单子观点的不同而异。(《单子论》)①

---

① 译文根据莱布尼茨:《神义论》,朱雁冰译,北京:生活·读书·新知三联书店,2007年,第492页。——译注

另一种观点则是缺乏这种同一性的复数世界。这种观点以库恩(Thomas Kuhn)以来的科学哲学为代表,认为世界是由现在和过去的诸多世界——具有不同语言体系和范式的诸多世界——构成的,并且认为不存在能够超越或贯穿这些世界的世界(宇宙)。在那里,出现了交流或理解的可能性问题(不可译性或不可通约性)。这个问题不得不将人们引向相对主义或怀疑主义的结论。

但是,克里普克的可能世界理论和上面两种观点都不同。无论是乐观主义(它要揭示超越复数世界的同一性)还是怀疑主义(它认为不可能发现这种同一性),都和克里普克无关。在克里普克那里,只有从"现实世界"出发,我们才能思考可能世界:

> 我们可以指称一个对象,并问在它身上可能会发生什么事情。这样,我们就不是以世界为起点(这些世界被假定是真实的,但是我们所能感知的不是它们的对象,而是它们的性质),然后再提出关于超世界的同一性的标准问题;与此相反,我们以对象为起点,我们在实际世界中不仅拥有这些对象,而且还能识别它们。这样我们就可以问,是否有某些事物对于这些对象来说是真的。①

可能世界指的是"某个事态有可能并非如此"的世界。"'可

---

① 译文根据克里普克:《命名与必然性》,梅文译,涂纪亮校,上海:上海译文出版社,1988年,第54页。——译注

能的世界'则是'世界可能会采取的各种方式',或是整个世界的状态或历史。"①在此需要注意的是:第一,只有从现实世界或现实中存在的世界出发,我们才能思考可能世界;第二,可能世界不是极其遥远的世界。

例如,让我们思考下述可能性:夏目漱石(金之助)不是作家,而是建筑家。这就是可能世界。用克里普克的话说,可能世界"不是用强力望远镜发现(discover)的东西,而是约定(stipulate)的东西"。

而所谓限定摹状词,则是将夏目漱石理解为"写了《我是猫》的小说家"。这样的人只有一个。所以,摹状词理论将专名等同于单称命题判断。在现实世界范围内来看,这样做没什么问题,专名能够被置换为限定摹状词。

但是,如果引入可能世界,上述置换就不成立了。例如,让我们假定一种情况(世界),即漱石不是作家。那么可以说,"漱石没写小说"。但是,能说"写了《我是猫》的小说家没写小说"吗?从这种可能性或可能世界的角度考察现实世界,专名和限定摹状词的差异就很明显了。例如,"写了《我是猫》的小说家写了小说"是必然的;与之相对,"漱石写了小说"则是偶然的。

由于专名在所有可能世界中都成立,克里普克将它称作"固定指示词(rigid designator)"。不过,在这一语境下需要注意的是,"指示固定"是就可能世界而言的。例如,哪怕漱石不是作家而是建筑家,在可能世界的问题上,我们也仍然可以使用"漱石"这个

---

① 译文根据克里普克:《命名与必然性》,梅文译,涂纪亮校,第 18 页。——译注

专名。[也就是说,]无论在可能世界中"漱石"这个人在现实中带有的属性如何变化,我们都把他叫作"漱石"。关于《我是猫》这个专名,也可作如是观。例如,就算它的内容发生变化,或它是由其他作家所写,或没有被写下——当我们设想这些情况(可能世界)的时候,我们已经将《我是猫》这一专名(固定指示词)作为前提了。

因此,克里普克说:"我所反对的是,一件特殊事物只是'一堆特性',无论这可能意味着什么。"①换言之,这意味着专名与对个体性质的记述无关,而是直接将个体作为个体指示出来。不过,为了主张这一点,为什么需要可能世界理论?如前所述,克里普克的可能世界理论的特征在于,它定位在"现实世界"上。但这难道不是朴素的实在论吗?关于这些疑问,后文会进行讨论。

二

关于专名,克里普克的另一个论点是:专名作出的指示固定不可能是私人性的,而是有赖于社会性的传播链条。换言之,在这个语境下,克里普克是通过现实世界来思考指示固定的问题:

> 在一般情况下,我们的指称不光依赖于我们自己所想的东西,而是依赖于社会中的其他成员,依赖于该名称如何传到一个人的耳朵里的历史以及诸如此类的事

---

① 译文根据克里普克:《命名与必然性》,梅文译,涂纪亮校,第53页。——译注

情。正是遵循这样一个历史,人们才了解指称的。

对一种理论的粗略陈述可能是这样的:举行一个最初的"命名仪式"。在这里,对象可能以实指的方式来命名,或者这个名称的指称也可以通过某个摹状词来确定。当这个名称"一环一环地传播开来"时,我认为,听说这个名称的人往往会带着与传说这个名称的人相同的指称来使用这个名称。如果我听到"拿破仑"这个名称,并且觉得它可以成为我养的玩兽土豚的一个蛮不错的名称,我就没有满足这个条件。①

乍看起来,这似乎是非常平庸的见解。但在我看来,克里普克提出了一种与许多论者接受的观点不同的论述。

三

第一,克里普克称作"现实世界"的,不仅仅是经验世界。如上一章所述,罗素并没有摒弃专名,而是将"这个"视作真正的专名。但是,"这个"与专名不同。"这个"每次都是对私人性意识而言存在的东西。由于是私人性的,它就不具备成为"指示"的条件。关于这个问题,下文还会讨论。在这里,问题在于,"这个"是每一次情况下的"这个",而不具有"这个"以外的可能性。确实,

---

① 译文根据克里普克:《命名与必然性》,梅文译,涂纪亮校,第 96,97—98 页。——译注

"这个"看起来是经验性的、现实的。罗素将"这个"视作感觉材料或percepts。但是,我们必须相对于可能性来思考"现实性"。

例如,帕斯卡尔(Blaise Pascal)说:"为什么我在这里而不在那里?"大概帕斯卡尔想强调现实事物的偶然性。不过,现实性本来就与这种偶然性密不可分。正是在"也可能在那里(不是这里,而是其他地方)"的可能性中,"在这里"这一现实性方才成立。

然而,罗素的"这个"就仅仅是"这个",不带有"这个"以外的其他事物的可能性。但与此相对,["这个"指的是]"不是其他而就是这个"①(这个这个)。当我说"不是其他"的时候,已经将"其他(或多个)"作为前提了。专名与这种"不是其他而就是这个"有关。专名所指示的"这个",是在"其他=多个"的可能性中被揭示的。换句话说,克里普克作为出发点的"现实世界",不是单纯的经验世界,而已经是在可能世界之中被揭示的世界。

他并不是在下述意义上思考"可能世界"的,即唯有经验世界是现实的,其他都是想象的。相反,恰恰在诸多可能世界或诸多可能性中,才能思考现实世界或现实性。从现实世界出发思考"可能世界",事实上相当于说,已经从可能世界出发来思考"现实世界"了。将专名置换为限定摹状词,会在可能世界中产生不合逻辑的情况——这就说明:专名所涉及的现实性,已经是包含了可能世界的现实性。

例如,夏目漱石这一"这个","不是其他而就是这个"。换言之,在有可能是其他的"可能性"之中,["夏目漱石"]作为"不是其他而就是这个"["的"这个"]而固定下来。所以,[这个专名]能

---

① 原文为「他ならぬこれ」。——译注

在可能世界中得到固定,是理所当然的事情。"写了《猫》的作家"这个限定摹状词(单称名词)则不是这样。上述差异,譬如在可能世界里,明显表现为"漱石没写小说"和"写了《猫》的作家没写小说"之间的差异。换言之,一旦引入可能世界,像罗素那样将现实性视作经验性事物的想法就变得不合逻辑了。

事实上,可以说当克里普克引入可能世界语义学时,他用反证法向我们阐明:罗素的"这个"不同于专名;换言之,专名与"不是其他而就是这个"相关。专名在任何可能世界里都具有指示固定的性质,反过来也可以这么说:当一个事物被用专名指示的时候,它是在其他=多个的可能性中,作为"不是其他=多个的'一个事物'"而被指示的。

克里普克的可能世界理论和最初提到的复数世界理论之间判然有别,这一点现在已经清楚了。在此,没有任何让人迷惑或炫目的东西。与其说这是"可能世界理论",不如说是"现实世界理论"。当克里普克从现实世界出发思考可能世界的时候,这一现实世界不是朴素的经验世界,而已经是从可能性那里看到的现实性的世界。这里存在着一种循环。克里普克的批判者指出了这种逻辑循环。但是,这种循环说的不过是:脱离了"可能性",我们就无法思考"现实性"。最初提到的复数世界理论那里缺少的,正是这种现实性。

四

在指示个体的时候,哲学家(包括莱布尼茨)用到的是专名。只能用专名来指示个别事物,这话不错。但是,这不是因为专名指示的是仅此一个的事物,而是因为专名指示了只有在与"其他事物"的关系中才作为"不是其他"而存在的"一个事物"。因此,它可以在所有反事实的可能世界中将指示"固定"下来。所谓固定,指的是对"其他事物"的排除,但同时也是以排除的形式实现的对于"其他事物"的保存。

当然,"不是其他而就是这个"还不是专名——还仅仅是说,我们对专名的考察,发现的不是"这个",而是"不是其他而就是这个"。但是,专名不单单指示对象,也包含了与"其他事物"的关系。在另一个意义上,这也可视作克里普克关于专名问题提出的第二个论点。

罗素认为,"这个"是指示。但是,"这个"始终是私人性的,对"他者"而言不具有指示性。对此,我们可以设想如下的批判。例如,"这个"已经是语言,已经是共同主观性的。指示在共同主观性的语言内部才有可能。这是因为,无论要指涉什么,如果不是已经习得了语言,那么就无法成为指示。不仅如此,当我感知到"这个"(某物)的时候,就已然经过了语言的分节化……

假如认为克里普克在先前的引文中对于"共同体"的强调,[仅仅]重复了上面这种陈词滥调,[那就搞错了。]虽然看上去确乎如此,但这也是毫无生产性的想法。值得注意的是,在将名称一环一环传递下去的"因果链条"中,交流的关系是"世代性"的,也即非对称的。用我在《探究(一)》中的说法,这是一种"教—学"关系。(在这个意义上,我们就能理解为什么克里普克在《命名与必然性》之后写了《维特根斯坦的悖论》。)

例如,克里普克说,我听到"拿破仑"这个名字并想把它作为我养的土豚的名字,我就"没有满足"下述"条件":即"接受名称一方在学习名称的时候,必须抱着和传达名称一方相同的指示来使用这一名称的意图"。但我也可以这么说:传达名称的人,无法拒斥我[把土豚叫"拿破仑"]的行为。要言之,名称传达者和接受者的关系(遭遇)是外部的、偶然的。也就是说,这是与"其他事物"之间的关系。

指示的"固定"不是所谓共同主观性的东西,它包含着与"其他事物"之间的外部和偶然的关系。刚才说到,专名在"不是其他而就是这个"的固定中,通过排除的形式而保存了其他=多个事物的可能性。在这里的语境下,也可以作出类似的论述。专名之所以可以固定指示,反倒是因为它带有无法在共同规范的意义上被内在化的那种关系的外在性。例如,各地都有没有名字的山川。也许过去人们曾用名字来称呼它们,但之后的世代不再用这些名字,它们的名字就断绝了。不同于"山"或"川"等普通名词,专名可以固定指示——这也意味着,在和他者的交流中,关系的外在性和非对称性是无法消除的。换句话说,专名问题也是交流意义上的语言的问题。

五

就算专名所指的东西并非实际存在,专名也是"现实的"。当我们从下述可能性——即名称的接受方可能不会[用这个名称来]指示名称传达方所指的那个东西——来看问题的时候,我们就能揭示专名的"现实性"。在这里,我们有必要对"现实性"稍作思考。黑格尔在经验实在的意义之外思考了现实性(Wirklichkeit)。他批判了通常人们将现实和理想(理念)对立起来的想法,

并写道:

> 从刚才所提及的误认那直接看得见摸得着的为现实的通常看法那里,我们也可以进一步找出关于柏拉图哲学与亚里士多德哲学的关系问题上很流行的成见的来源了。依这种成见,柏拉图与亚里士多德的区别,在于前者承认理念并且只承认理念为真理,反之,后者否认理念,而与现实保持接触,因此被认作经验主义的奠基人和领袖。但须知,现实无疑是亚里士多德哲学的基本原则,不过他所谓现实不是通常所说的当前直接呈现的材料,而是以理念为现实。亚里士多德批评柏拉图之点,确切点说,仅在于他认为柏拉图的理念是一种潜能,而亚里士多德与柏拉图都共同承认唯有理念才是真理,他所不同于柏拉图之处,即在于人为理念本质上是一种动力,换言之,是完全发扬于"外"的"内",因而是内外的统一或现实,也就是这里所说的加重意义的,名副其实的现实。①

黑格尔指出,"内在性"(也即可能性)是现实性的环节。换言之,他从可能性的方面看待现实性。但同时,他也驳斥了可能性,认为它"只是现实性的单纯的内在性":"可能性既只是现实性的单纯内在性,正因为这样,它又只是外在的现实性或偶然性。

---

① 译文根据黑格尔:《小逻辑》,贺麟译,北京:商务印书馆,1980年,第296—297页。——译注

偶然性一般讲来,是指一个事物存在的根据不在自己本身而在他物而言。"①

由此,黑格尔指出,现实的就是合理的(理念的),不能用想到的现实性之外的空洞可能性来否定现实性。这未必就是"现实的正当化",但看起来确乎如此。例如,如果我们感到现实的东西外在而疏远,这仅仅是因为我们所想的是空洞的可能性吗?当我们说"这就是现实",这句话同时包含了"为什么是这样而不是那样"的念头。而在历史的问题上,设想的其他可能性就仅仅是空洞吗?历史是现实的,这不仅仅是因为它是"事实",而是因为它是在诸多可能性之中的事实。

在我看来,所谓现实性,是对诸多可能性的"挑选和排除"。某事物是现实的,这话是说,它有可能是别的样子,但它[现实]则是这样。换句话说,现实性在排除"其他事物"的同时,将它们包含进来。黑格尔说道:"现实性和必然性,真正讲来,绝不是指仅仅为他物而存在的形态或样式,事实上恰与此相反,必然性和现实性也是设定起来的,但它们不是抽象地设定起来的,而是自身完成的具体的东西。"②

但是,如果将偶然性视作和其他事物之间的关系的外在性,那它就绝不能被内在化为一个项。黑格尔的逻辑要抹去与其他事物之间的关系,也就是说,要抹去他异性或差异性。例如,这相当于将"卖方与买方"或"教授者与学习者"的关系性(他异性和非对称性)收编进某一方的立场之中。现实性不是像黑格尔所说

---

① 译文根据黑格尔:《小逻辑》,贺麟译,第301页。——译注
② 同上,第297页。——译注

的那种"自身完成的具体的东西",而恰恰保持着与其他事物的关系的外在性和偶然性,绝不能被收编进自身的内部。

例如,现实中讲某句话时,这是在除此之外的表达可能性之中作出的。索绪尔最重要的考察,便在于这一点(语言的线性)。在这里,语言(langue)是可能性的总体,言语(parole)总是建立在"挑选与排除"的基础上。所以,不能单单看待某句话本身。一句话的现实性,恰恰在于对诸多可能性的排除以及通过排除进行的保存。索绪尔说语言有价值,意思是不把实际的说话或表达直接和意义或对象结合起来,而是在和"可能世界"的关系中看待它们。

恐怕称得上"结构主义"的,也正是这一姿态:不是将当下存在的事物仅仅看作经验事实,也不是像黑格尔那样将它们必然化,而是在多个序列和可能性中看待它们。换句话说,这是重新揭示"现实性"。因此,这就要求我们重新考察模态(modality)的问题。事实上,这个问题和形而上学问题息息相关。

第五章
关系的偶然性

関係の偶然性

一

专名指示的是"不是其他,正是这个"。"不是其他"不单单是"不是别的",更带有"可能是别的[样子],但现实中就是这样"的意思。因此,要谈论专名,就必须对可能性、现实性、偶然性和必然性等模态(modality)作出考察。克里普克为了批判罗素的摹状词理论(将专名还原为记述),提出了"可能世界理论"。在那里,他大致说了两点:专名在所有可能世界中都固定了指示;专名是通过社会性(非对称性)关系而传承的。

可能世界理论是莱布尼茨提出的。如后文所述,对莱布尼茨哲学作出批判的代表人物,正是罗素。(事实上,克里普克的专名理论包含了对两者的批判。)这里有几个疑问。首先,为什么莱布尼茨会设想可能世界理论?这和他的单子论有什么关系?

在唯名论那里,被视为实体的个体,即可以被专名指示的东西。对于经历了现代认识论和逻辑学的人们来说,[这种论述]看起来颇为奇妙。首先我们就会将"实体"(基体)这种语言作为形而上学予以排斥。我们会认为,这些说法不过是在本体论的层面思考由命题形式(主语和谓语)所衍生出来的问题而已。但是,对"个体"进行思考,绝不是空洞的问题。因为这恰恰是在对每个个人进行思考。"人类"或"日本人"显然不是个体。但是,一个个的人,或一个个的日本人,或一个个的女人,也不是唯名论意义上的个体。他们不过是"人类"或"日本人"或"女人"等类别(集合)的元素而已。在唯名论看来,这种类别是从特定个体出发思考得到的概念。而关于特定个体,如果要指示它们,就只能依靠专名。莱布尼茨称作"单子"的,正是这种个体,而不是集合的一员。因此,单子是复数性的,彼此各不相同。

但是,在形而上学那里,人们并不认为个体意义上的实体以专名为基础。个体意义上的实体,被揭示为主谓命题中无法成为谓语的主语。换言之,[形而上学认为,]首先存在个体意义上的实体,然后人们用专名称呼它,仅此而已。关于莱布尼茨,同样可以这么说。他们在谈论个体的时候提出专名,仅仅是因为不得不然罢了;他们从来都认为,就算没有专名,个体也是存在的。从这种观点看,倒不如像罗素那样把"这个"视为真正的个体(实体)。在这种情况下,通常的专名可以被置换为限定摹状词。通过这种彻底化,就可以避免专名和由此而来的形而上学的唯名论了。

然而,可以说莱布尼茨的思考始终是以专名为基础进行的。换言之,他所谓的个体性实体(单子),是这个世界中存在的、现实的"这个个体"。莱布尼茨那里的"大原理"是:"谓语被包含在主语之中。"所以,个体(主语)中包含了谓语,也即包含属性和关系。莱布尼茨将谓语被主语所包含的命题称作"分析命题"。这和康德所谓的分析命题不一样。例如,对康德来说,"黑鸟是鸟"这一判断是分析性的,"乌鸦是鸟"则是综合性的。然而,莱布尼茨认为,一切真命题都是"分析性的",在那里,谓语被包含于主语之中。

但是,莱布尼茨认为,"主语"不是"乌鸦"之类的[语词],而是"这个乌鸦"之类的个体,也即带有专名的个体。例如,在"恺撒"这个个体中,就必定包含和他有关的一切事情。在"恺撒渡过了卢比孔河"这个命题中,谓语被主语(恺撒)所包含。这便是**分析**命题。但是,这并不意味着一切命题都具有必然性。"我认为,在真命题那里,主语的观念中包含了它的一切谓语,也就是说,必然的谓语、偶然的事情、与过去相关的事情、与现在相关的事情、与未来相关的事情,都包括在内。"(《形而上学绪论》)

莱布尼茨所区分的,并不是分析命题与综合命题,而是必然真理和偶然真理。这是因为莱布尼茨把主语视为可以用专名指示的个体性实体,他也正是在这个特定意义上[作出上述区分的]。正是在这种情况下,莱布尼茨引入了可能世界。所谓必然真理,就是在所有可能世界中都适用的真理,而所谓偶然真理,便是只有在这个世界中适用的真理。

需要注意的是,莱布尼茨所谓的单子,是"恺撒"这样的个体,是(与可能性相对的)现实的个体。当然,在他看来,现实的事物是偶然的。因为存在恺撒没有渡过卢比孔河的可能性(可能世界)。必须从所有可能世界那里来看待现实的事物。在这种情况下,莱布尼茨认为,上帝从所有可能世界中进行选择。他指出,上帝的选择是自由的,但他根据"最佳选择的原则"来行事。

这种论述之所以可能,正是因为[莱布尼茨]始终将主语视作可以用专名进行指示的个体。拿掉专名后的个体性实体,便不具有"不是其他而就是这个"的意义了。它不过就是语法上(命题上)考虑的那种主语。"谓语被主语所包含"的想法,在亚里士多德和阿奎那(Thomas Aquinas)那里也有。但是,莱布尼茨并不仅仅继承了他们的见解。例如,这和他开创的微分法也有关系。单子不仅仅是静止的点,而且是无限小的点,这种生成性的、"质性"

的点可以说包含着力与方向。换言之,这个经过微分=差异化(differentiate)的点,在内部"表现"了连续性意义上的生成和运动。反过来说,微分法是其单子论的产物。单子是经过微分=差异化的一个点,这话是说,它是与各个其他[点]都不同的个体。这一论断相当于认为,用专名称呼的个体是单独的个体。并且,与微分法一样,可以认为各自相异的单子"表现"的是同一个世界。

但是,这里的"差异化"仅仅是所谓的"不是别的"。并没有出现"可能是别的,但[现实中]它就是如此"的一面。原因在于,单子在这里不是具有专名的个体,而被视为在此之前就已经存在的个体性实体。因此,一般对于单子论的批判,会从单子与其他单子的关系或"交通"(莱布尼茨语)的角度进行。换句话说,批判会围绕那里"他异性"或"单独性"是否可能而展开。

二

不同于斯宾诺莎(Baruch Spinoza)的唯一实体(上帝=自然),莱布尼茨的实体(个别事物)是复数性的、个别性的。但是,各个单子以各种方式表现同一个宇宙,各个单子"没有窗户",却以同一个宇宙为中介相互交通。并且,这里存在着"预定和谐"。为了具体理解这一点,让我们尝试以(古典经济学眼中的)货币经济为例。在那里,商品与商品之间无法[直接]交换。换言之,各个商品那里"没有窗户"。但是,各个商品通过与货币进行交换,结果就与其他商品发生了"交通"。在这里,亚当·斯密(Adam Smith)所说的那种"看不见的上帝之手"(预定和谐)就发挥着作用。各个商品各自"表现"着共同本质(劳动时间)。

然而,上述看法其实丧失了复数性和多元性。结果,复数性和多元性被归结为单一性。这是因为,商品和商品的关系被还原为商品和货币的关系。换句话说,多个关系项的诸关系,被内在化为与一个事物的关系。用罗素的话说,这便是将出现多个主语的"关系命题"置换为"主谓命题"。关于如何真正确保单子的复数性,罗素进行了思考。单子论直接关系到"谓语被主语所包含"的想法。为了对此作出批判,罗素认为,只要提出无法还原为"主语—谓语"形式的命题就可以了:

> 不可如此还原的最明显的例证是那些运用数学观念的命题。所有关于数目的论断,例如"有三个人",本质上都断言了主项的复多性,虽然它们也可以把一个谓项给予这些主项中的任何一个。这样的命题就不能被看作是若干主—谓命题的纯粹的总和,因为这个数字只能从这个命题的单一性产生出来。例如,有三个命题,其中每一个都断言某个人的存在,如果我们把它们并置起来的话,"三"这个数字就会消失。再者,我们也必须承认,在某些情况下,主项之间也存在着某些关联,如位置的关系、大小的关系、整体与部分的关系等。要说明这些是不可还原的,那就需要一个很冗长的证明……
> (《莱布尼茨的哲学》)①

---

① 译文根据罗素:《对莱布尼茨哲学的批评性解释》,《罗素文集》(第一卷),段德智、张传有、陈家琪译,陈修斋、段德智校,北京:商务印书馆,2012年,第40页。——译注

除了"有三个人"之外,罗素还举出了"甲比乙大""甲是乙的一部分"等例子,这些也就是关系命题。将莱布尼茨的"谓语被主语所包含"原理运用到关系上,主语(实体)所具有的关系便都可以在主谓命题内部得到表达,但关系在这里就被化约掉了。罗素认为,为了避免这一点,至少在关系规定的问题上,就必须拒斥"谓语被主语所包含"的原理。在这里,罗素提出了一个原理,也就是"关系无法还原为实体"的原理。这个原理是对莱布尼茨式原理(即"谓语被主语所包含")的部分否定,意味着承认主谓命题中的关系命题。

但是,石黑ひで对罗素作出了批判,认为莱布尼茨并不是要把关系命题还原为主谓命题(非关系命题)。"所罗门是父亲""我喝"之类的主谓命题,包含了"大卫的父亲""喝酒"等"关系"。换言之,一个命题是否是关系命题,无法从其外观上的句法形态来决定。莱布尼茨试图将这些谓语的关系性质改写为明确的逻辑形式,而不是将它们还原为主谓命题。相反,莱布尼茨表明,关系性的属性是无法消除的——以上便是石黑的主张(《莱布尼茨的哲学》)。

但是,罗素并不是想说,莱布尼茨不明白弗雷格以后的那种(将关系命题符号化的)命题逻辑学。[罗素想说的是,]在莱布尼茨的单子论那里,单子与单子的关系(交通)的外在性被消解了。罗素对此作出批判,不仅仅是为了攻击莱布尼茨。他原本是从布拉德雷(F. H. Bradley)那样的黑格尔主义出发的,而后转为对它的批判立场。在他看来,黑格尔主义意味着莱布尼茨时代的斯宾诺莎。在那里,多个个体只是同一个事物的"体现"。在这一点上,罗素对莱布尼茨评价颇高,并试图从中消除那些会归结为斯宾诺莎式一元论的要素。①

在《真理的一元论》(1907年)这篇短论中,罗素把自己的关系论称为"外在关系的理论",并把它和布拉德雷等黑格尔主义者的"内在关系的理论"相对峙。所谓"内在关系的理论",指的是认为关系被包含在关系项(实体)之内的看法。在这种情况下,关系本身被消除了,复数性本身归结为单一性。这样一来,为了真正确保复数性(多元性),就只能认为世界是由多个实体和多种关

---

① 能否将斯宾诺莎单纯理解为一元论的决定论,这里存在疑问。类似的疑问还有:能否将马克思理解为一元论的决定论。毋宁说,比起莱布尼茨,我更想从斯宾诺莎那里揭示给多元论(复数性)奠基的可能性。例如,比起黑格尔,早期马克思遵从的是费尔巴哈的逻辑,因而接近莱布尼茨所说的"表现"论。譬如说,每个人各自"表现"了"类本质"。阿尔都塞(Louis Althusser)根据与这种表现=异化论的断裂来理解后期马克思,他从斯宾诺莎那里寻找依据。换言之,他在斯宾诺莎那里看到了"结构论的因果性"。换一种说法,这也就是"多重决定"(多元决定)[在汉语学界,"surdetermination"一词往往被译为"多元决定"。阿尔都塞用这个来自弗洛伊德的术语表示处于一个具体历史时刻中的矛盾结构所呈现的无法化约的内部力量关系和不均衡性。依据"精神译丛"所收录的阿尔都塞著作集的译法,将这个词译为"过度决定"更为合适。但考虑到原文如此,故保留这个译法。——译注]。这个词是对overdetermination的翻译,就像联立方程组中未知数多于常数时的情况那样,它的意思是"过剩决定",也即无法决定。斯宾诺莎的决定论是根据多个关系来决定,而将它(像莱布尼茨的充足理由那样)进行还原的想法,则恰恰是一种"想象"(意识形态)。将莱布尼茨放在和先行者斯宾诺莎的关系中来考察,这一点谁都做得到;不过,反过来则很少有人指出,斯宾诺莎也许已经对莱布尼茨作出了批判。

系构成的。

竹内康二指出,罗素就此隔断了莱布尼茨滑向斯宾诺莎式一元论的道路,认为自己可以在理论上进一步发展莱布尼茨式的多元性概念:

> 一元论指的是只承认唯一实体的理论;但与之相对,单单主张多个实体的存在并不能克服一元论,也未必就和一元论相矛盾。如果这些实体具有某种关系——认为没有关系的想法是非现实的——而这些关系又以实体的本性为基础,那么实体的多元性就如布拉德雷所说,就算经过关系的中介,也很容易被统合(全体化)为一个实体。
>
> 所以,将实体——也可以是个人或集体——予以多数化,未必与一元论相矛盾。罗素非常了解"内在关系的理论"的逻辑威力,所以他没有单纯地相对于一元论而主张实体的多元性。他在实体之外,设定了无法还原为实体的关系,并将这些关系多数化。罗素认为,由实体和关系构成的世界才真正能被称为多元性的世界。(《为什么存在多个单子——莱布尼茨那里的多元性概念》,法政大学大学院社会科学研究科政治学专攻委员会,1987年3月)

但是,仅仅强调关系的外在性,恐怕还是不够的。在我看来,关系的外在性必须可以置换为关系的偶然性。罗素的个体是被称作"这个"的东西。因此,"这个"作为任意的可变项 x 而处于关系之中。然而,莱布尼茨写下这段话的时候,个体性实体无论如何都是被专名指示的个体,也即"现实的"个体:"个体性实体的概念,包含其所有变化和所有关系,而且包含一般被认为是外在性的关系;也即[包含]由于一般意义上事物之间相互关系的联结,一个事物带有的与其他事物的关系,也包含一个事物由于以自身立场表现整个宇宙而带有的关系。"(《致阿尔诺的信》,1688 年 7 月 14 日)

换言之,莱布尼茨想说的是,从可能性关系的总体来看,现实的关系是偶然的。在此,可能世界理论就出现了。罗素将个体视为"这个",将专名置换为限定摹状词;克里普克则通过可能世界理论对此作出批判,原因就在于此。前面说过,莱布尼茨的问题在于,他一方面以专名为基础,另一方面又将这种个体视为先于专名而存在的实体。可以说,莱布尼茨将"不是其他而就是这个个体"置换成了"单纯的个体"。

专名指示的是"不是其他而就是这个个体",就此而言,被专名指示的单子各个彼此不同:这一点很明确。单子的单独性,恰恰意味着单子的复数性。不过,这是就[单子]被专名指示的情况而言的。因此,我们应该考察的不是个体性实体,而是专名本身。克里普克为了批判罗素而搬出了可能世界理论。但是,这不是为了像莱布尼茨那样说明上帝的"最佳选择原则",而是为了表明:如果将专名还原为限定摹状词,就会在可能世界理论中陷入不合逻辑的困难。并且,这也是为了表明,专名作为"不是其他而就是这个",已经包含了可能性在内。但是,关键在于,专名取决于专名传递方与接受方之间的关系的外在性和偶然性。换言之,个体性实体(单子)的交通问题,[在这里]转化为字面意义上的交通

(交流＝交换)问题。

专名无法还原为记述,就是说专名无法在一个语言体系中被"内在化"。这也是专名无法被翻译为外语的原因。但是,从其他观点来看,这也是说,专名所包含的外在和多数的诸关系无法被纳入单一的关系体系。

个体的复数性并不因各自"不是其他"的这种差异性而得到保证。并且,关系的外在性并不因主张关系相对于关系项的独立性而得到保证。例如,我们可以看一下主张关系先于关系项的那种"关系主义";或者,看一下主张语言或关系结构之优先性的"结构主义";再或者,看一下强调复调性或"外部"的论者。到头来,这些都是"内在关系的理论"。换言之,都是在一个封闭体系的内部进行思考的结果。就算这些论者主张"外部",那也不过是一个包含这种"外部"的体系而已;就算主张复数性(多声部性),最终还是一个体系。

毫无疑问,这种体系得以成立,靠的是将"外在性"(关系的外在性)予以内在化。① 但是,为了否定这种做法,即使重新主张"关系的外在性"也是无效的。那么,绝对无法被内在化的那种"关系的外在性"是什么样的东西? 它是这样一种关系:[它表明,]这一关系无非是"偶然的"。而这一偶然性最终归结为关系在交通中的非对称性。个体性实体(单子)的相互交通,必须在字

---

① 在《探究(一)》中,我称作"唯我论"的就是这种"内在关系的理论",它也可以说是单子论。在那里给予的保证是:适用于"我"或"一个集体"的论述,也适用于所有个人或集体。在这种理论中,个人也好,集体也好,关系的外在性都已经被内部收编了。

面意义上的交通（交流＝交换）那里得到考察。

三

在《探究（一）》中，我试图把"卖—买"和"教—学"等非对称关系视为绝对无法被内在化的"关系的外在性"的模型。换言之，我试图在单子与单子的"交通"（交流＝交换）中考察["关系的外在性"]。

例如，马克思在对前面说到的那种古典经济学的单子论世界作出批判时，他的出发点是"单纯、个别或偶然的价值形态"及其"扩大的价值形态"。在此，由于不具备"共同本质"，两者的关系只能是外在的；由于存在"也许不被交换"的可能性，两者的关系只能是偶然的。

相反，似乎一般价值形态（货币形态）让各个商品与作为一般等价物的某个商品关联起来，从而消除了外在的、偶然的关系。但是，商品与货币的交换（卖），已然无法摆脱关系的外在性和偶然性。换言之，"卖"与"买"是非对称的。就算这种关系的外在性似乎被内在化了，那也不过是马克思所谓的"惊险一跃"（关系的偶然性）的结果而已。

古典经济学无视了这一点。古典经济学家认为，所有商品都各自"表现"了共同本质（劳动时间）。或者说，他们认为各个商品都内在具有一种"力"。毫无疑问，在对这种古典经济学进行批判时，马克思事实上批判了黑格尔的逻辑学。而归根结底，[马克思的批判说的是，]复数性的诸关系（社会性的关系）——换言之，即关系的外在性和偶然性——不可能被还原到单一的关系体系之中。正是在这里,个体的复数性才得到保证。这不同于认为,关系无法在一个[关系]项(实体)的内部被内在化。关系和关系项哪个在先的讨论,毫无意义。

重要的是单子与单子之间关系的偶然性和外在性。当然,不能将这种偶然性和量子理论的偶然性混淆起来。这一关系的偶然性,始终都必须在"交通"的层面上进行考察。

九鬼周造从三个观点考察了偶然性。这三个观点对应于黑格尔所谓的"定言判断""假言判断"和"选言判断",它们显示的是主语和谓语的同一性(谓语被主语所包含)得以达成的几个阶段。九鬼所说的三种偶然性,指的都是无法在这种"同一性"内部被内在化的"谓语的外在性"。

第一,"定言偶然"指的是与本质相对的、非本质的表征。例如,相对于"三角形"这个一般概念,[具体]某个角多少度是"偶然的"。进一步,九鬼列举了康德所谓的与分析判断相对的综合判断。因为在分析判断中,主语和谓语是相同的;而在综合判断中,两者的关系则是"偶然的"。并且,他提到了与全称判断相对的特称判断、与法则相对的例外:"说到底,定言偶然的核心意义可以归结为与一般概念相对的'个别事物与个别现象'。"

第二,存在着被称为"假说偶然"的[偶然性]。这是所谓经验性的偶然,与理由性(理由和后果)或因果性(原因和结果)有关。无法纳入理由和后果、原因和结果的必然性(同一性)的东西,便是[这里所谓的]偶然性。例如,如果一个东西和另一个东西的相遇是偶然的,那么,尽管两者在各自的因果序列中是必然的,由于两者相互独立,它们的相遇便是偶然的。九鬼认为,"假说偶然"归根结底可以归结为"一个序列与另一个序列的邂逅"。

第三,"选言偶然"是从可能性角度看到的偶然。换言之,从"可能是那样,也可能是这样"的可能性选项来看,"现在是这样"是偶然的。九鬼指出:"选言偶然是这样一种偶然性:在选言结构中,各个可能性选项相对于可能性选项之整体所具有的同一性而呈现出偶然性。"在此,核心意思是"'无'的可能性"。

九鬼进而指出,这三种偶然性事实上不可分离:

> "个别事物和各个现象"的核心意义在于"一个序列与另一个序列的邂逅",邂逅的核心意义在于也可能不会邂逅,也即在于"'无'的可能性"。由此,对所有这些作出根本规定的偶然性的本源性意义在于,设定相对于作为"一者"之必然性的"他者"。所谓必然性,正是同一性,或"一者"的模态。当"一者"和"他者"的二元性存在的时候,偶然性方才存在。(《偶然性的问题》)

由上述考察可以说,偶然性不外乎就是关系的外在性。① 并且可以说,偶然性存在于与他者的关系之中。但是,九鬼自己谈论了"偶然性的内在化",也就是他者的内在化,并将它作为结论。

---

① 黑格尔认为,偶然性指的是自我位于其他事物内部。例如,在这个意义上,一个商品的价值只能根据其他商品的使用价值来表示,这一形态是"偶然的"。然而,在货币形态那里,这种偶然性(他在性)没有被消解掉。它仅仅转化为商品与货币的关系(卖)的偶然性。即使货币转化为资本,最终"同一性"(必然性)在那里也无法实现。在这个意义上,马克思的黑格尔批判恰恰体现在《资本论》之中。

我们要思考的则是那种绝对无法内在化的、关系的外在性和偶然性。

在九鬼所说的三种偶然性中,最常见也最重要的是第二种"假说偶然",也即相互对立的两个序列的邂逅。从一种穿透这两个序列的视点看来,它们的邂逅就不再是偶然的。于是,对于这种穿透式的视角(黑格尔的"精神"一般的视角)的否定,恰恰就是对于偶然性的恢复。马克思在《德意志意识形态》中批判了黑格尔并强调了"交通",理由正在于此。马克思的论述正是对偶然性的恢复。当然,马克思说的并不是事件相对于历史理念和法则的偶然性(定言偶然性)。所谓交通,指的是独立的多个序列的相遇。

只有在不存在同时穿透两个序列的视角的情况下,两个序列才能独立。并且,[这种独立]必须是哪怕"上帝"也无法看透的东西。这不是说不存在上帝视角,也不是说人类无法采取上帝视角。例如,黑格尔曾说:"通过结果理解本质。"如果我们通过"结果"来观察,无论多少序列都会呈现为一个序列。所以,在黑格尔看来,历史是一个序列。对此,单纯主张复数性是没用的。如何才能确保多个序列[的独立性]——说得更简单些,如何才能确保两个序列的独立性?

只有在两者的关系中,只有在无法同时立足于两者或无法同时立足于前后的那种关系中,上述独立性才是可能的。换言之,这正是"卖—买"或"教—学"等非对称关系。在这里,不存在"结果"的优先性。克里普克承认,这里有一种全知的上帝也无法看透的不透明性。由此,个体(单独性)的问题是专名问题,而专名则与偶然性(可能性)相关。根本而言,这一问题可以归结为社会性(非对称性)的交通的问题。

第二部

关于先验动机

超越論的動機をめぐって

第一章
精神的场所

精神の場所

一

我们已经听惯了对于笛卡尔和据说由他开启的现代哲学框架(精神与身体、主观与客观)的各种批判。但是,大多数批判都和笛卡尔没什么关系。例如,精神与身体的二元论等,不仅在笛卡尔之前就存在,而且位于我们的日常思考(语言表达)之中。将它归咎于笛卡尔,属于搞错了对象。因为对笛卡尔来说,"精神"恰恰存在于对这种二元论的拒斥之中。笛卡尔所谓的精神,与意识或所谓主观没有关系。正因如此,试图超越主客分离的各种神秘主义都提到笛卡尔的名字,真是莫名其妙。若要批判笛卡尔的"二元论",本来应该搞搞清楚,他所说的"我思(cogito)"到底是什么意思。

"我思"不同于一般我们所谓的"我思考"。据说,"我思故我在"这句话早在中世纪哲学那里已经被人使用了。笛卡尔的"我思"不同于迄今为止的——或如今也会日常使用的那种"我思"。它看上去是内省性的,实则不然。为了说明这一点,让我们以列维-斯特劳斯(Claude Levi-Strauss)为例,他搬出卢梭(Jean-Jacques Rousseau)来批判笛卡尔的"我思":

他在谈到同时代人时说:"看哪,他们都出现了,异乡人,陌生人,总之对我毫无意义的人,因为他们希望如此!但是,脱离了他们和一切的我本人又是谁?这就是我还要探索的东西。"(《第一次散步》)当民族志学家初次思考他所挑选的野蛮人时,他或许可以套用卢梭的话,喊道:"看哪,他们都出现了,异乡人,陌生人,总之对我毫无意义的人,因为**我**希望他们如此!但是,脱离了他们和一切的我本人又是谁?这就是我**首先必须探索**的东西。"

原因在于,一个人要想在他人当中接纳自己——这是民族学家给人类知识规定的目标——首先必须拒绝自己。

这个原则的发现应当归功于卢梭,它是人文科学赖以建立的唯一原则。但是,上述原则那时必定是难以企及和无人理解的,只因从"我思故我在"出发的哲学一直占据统治地位,它在关于自我的所谓证据当中故步自封,甚至只有放弃建立一门社会学乃至生物学方能憧憬建立一门物理学。这是因为,笛卡尔相信从人的内心出发可以直接及于外部世界,他没有看到这两极之间横亘着社会和文明,即众多的人类世界。卢梭如此令人信服地引用第三人称谈论自己(有时甚至到了将第三人称分裂的程度,他的《对话》即为一例),从而预告了"我即他人"的著名公式(民族志经验在着手说明他人即我之前,应当责无旁贷地予以证实),这也说明他是这一彻底的客观化的伟大发明者,因为他在《第一次散步》里为自己规定的目标是"阐明我的灵魂的种种改变及其后续情形"。他接着说:"我在某个方面将对自己施行的操作,跟物理学家为了检验空气的日常状况而对后者施行的操作一样。"因此,卢梭的意思是——这是一条令人震惊的真理,尽管心理学和民族学已经让我们很熟悉它——存在着一个在我当中从事思维的"他",并且使我首先对思想者是否就是我产生怀疑。对于蒙田的问题"我知道什么?"(从而引发了一切),笛卡尔以为可以回答说:既然我在思维,我就知道我是存在的。卢梭对此用一个没有确定答案的"我是什么?"予以反驳,因为这个问题是以解决另一个更为本质的问题为先决条件的:"我存在吗?"然而内心体验所提供的只有卢梭所揭示并清醒地展开探讨的这个"他"。(《关于人的科学的奠基人让-雅克·卢梭》)①

但是,列维-斯特劳斯在此不过是策略性地将笛卡尔描绘成反面角色。换言之,他意识到的[其实]是法国的笛卡尔主义后裔(尤其是萨特)。在我看来,《谈谈方法》正是以卢梭的观点写成的著作。在笛卡尔那里,"我是否存在"的问题同样是在"我是谁"的深刻问题之下发出的。笛卡尔的回答——"我存在"——并不是仅仅根据"我思"之类的理由而作出的。笛卡尔写道:

的确,我在专门考察别国风俗的阶段,根本没有看

---

① 译文根据列维-斯特劳斯:《结构人类学(2)》,张祖建译,北京:中国人民大学出版社,2006年,第504—505页。强调为原文所有。——译注

到什么使我确信的东西,我发现风俗习惯是五花八门的,简直同我过去所看到的那些哲学家的意见一样。所以我由此得到的最大的好处就是大开眼界,看到有许多风俗尽管我们觉得十分离奇可笑,仍然有另外一些大民族一致赞成采纳,因此我懂得不能一味听从那些成规惯例坚信不疑,这样,我就摆脱了许多错误的看法,免得我们天然的灵明受到蒙蔽,不能听从理性。可是,我花了几年工夫像这样研究世界这本大书、努力取得若干经验之后,终于下定决心同时也研究我自己,集中精力来选择我应当遵循的道路。这样做,我觉得取得的成就比不出家门、不离书本大多了。①

作出这种论述的笛卡尔,与其说是思辨式的哲学家,不如说是列维-斯特劳斯所谓的"人类学家"。如果上面这段话是《忧郁的热带》的作者所写,我们也不会觉得奇怪。确实,笛卡尔关心的不是旅行获得的"多样性"本身。然而,列维-斯特劳斯不也说过"我讨厌旅行和探险家"吗?他进而说道:"为了达到研究的目的,需要付出如此巨大的努力和无谓的消耗,毋宁说这应该视作我们工作的缺点,丝毫不是值得称道之事。我们跑这么远去寻求的真理,只有在去掉这些废料之后,才能显出价值。"(《忧郁的热带》)

《忧郁的热带》的回想式风格本身与《谈谈方法》很相似。和

---

① 译文根据笛卡尔:《谈谈方法》,王太庆译,北京:商务印书馆,2000年,第9—10页。——译注

笛卡尔一样，列维-斯特劳斯"跑这么远去寻求的真理"，需要去掉旅行和探险所发现的多样性才能显现。和笛卡尔一样，他找到的武器是数学(结构主义)。针对多种多样的婚姻形态和神话，列维-斯特劳斯辨认出了那里存在着的普遍"理性"。如此说来，列维-斯特劳斯如果将卢梭视为人类学家的先驱，从中揭示"这里才有的、可以为人文科学奠定基础的原则"，那么不如说，其实他引用笛卡尔会更为合适：

> 我在游历期间就已经认识到，与我们的意见针锋相对的人并不因此就全都是蛮子和野人，正好相反，有许多人运用理性的程度与我们相等，或者更高。我还考虑到，同一个人，具有着同样的心灵，自幼生长在法兰西人或日耳曼人当中，就变得大不相同；连衣服的样式也是这样，一种款式十年前时兴过，也许十年后还会时兴，我们现在看起来就觉得古里古怪，非常可笑。由此可见，我们所听信的大都是成规惯例，并不是什么确切的知识；有多数人赞成并不能证明就是什么深奥的真理，因为那种真理多半是一个人发现的，不是众人发现的。所以我挑不出那么一个人我认为他的意见比别人更可取，我感到莫奈何，只好自己来指导自己。①

赞成者人数众多，这算不得什么有效的证明。列维-斯特劳斯也许会完全同意这一点。据说自然科学可以进行实验，而人文

---

① 译文根据笛卡尔：《谈谈方法》，王太庆译，第14页。——译注

科学则不能。也就是说,[人文科学]只是数据的收集和归纳性的理论化而已。但是,对笛卡尔而言,实验无非是一种"探索",目的是找出基于演绎而提出的诸多假设之间的差异:

> 可是我也必须承认,自然界的势力是非常之大、非常之广的,那些本原是非常简单、非常一般的。因此我发现,几乎任何一个特殊结果,开头我都觉得可以用许多不同的方式从那些原因推出来,我通常遇到的最大困难就是不能决定它究竟依靠其中的哪一种方式;为了解除这个困难,我认为没有别的好办法,只有安排一套实验,根据实验结果不同来决定该用哪一种方式来解释。①

列维-斯特劳斯的"困难"也在这里。他所揭示的"未被意识的结构"是演绎性的东西,已经遭到了许多实证主义人类学家批判。但是,对他来说,验证假说模型是否妥当的最终标准,在于它是否具备"自己内部不带矛盾"的那种"更高的说明价值"。而对此进行考察,便是"实验"。与那些倾向于从收集经验数据开始进行归纳性理论化的人相比,这种"方法"具有决定性的差异。也就是说,这是笛卡尔式的方法,它不能被狭义的"自然科学"所限定。

列维-斯特劳斯的"方法"作为结构主义而成为划时代的知识革命,这是因为他将感觉、经验和意义进行还原,以公理性(形式性)为出发点。福柯(Michel Foucault)指出,我们恰恰应该把"结

---

① 译文根据笛卡尔:《谈谈方法》,王太庆译,第51页。——译注

构"理解为从形式性的现代数学那里"输入"的概念。也就是说，只有在排除了内容（意义），能够仅仅"将要素和关系的形式集合提取出来"的情况下，才能得到"结构"。"因此，结构主义分析产生了新的方法论精神，这在'意义'问题上是重大的革命。"（《结构与输入——从数学到神话》）

必须指出，结构主义的始祖不是索绪尔或马克思，更不是卢梭，而是笛卡尔。并且，笛卡尔不是从数学"输入"概念，而是自己改变了数学。也就是说，他的解析几何学将依存于感知的几何学图形转化为数的组合（坐标），由此摆脱了古代的欧几里得几何。当然，从那种试图将"数"也进行形式化的做法中，可以看到现代数学的公理主义——也有对这种形式化的不可能性的证明（哥德尔），但至少来说，这种做法的开山鼻祖正是笛卡尔本人。

那么，姑且不说那些主张"人文科学"的独特性的人——他们的这一主张正是基于"精神与身体"的二元论——为什么列维-斯特劳斯也非得如此批判笛卡尔呢？这位在卢梭身上使劲想读出"其可能性的中心"的人，对于笛卡尔却如此充满偏见，实在是奇妙。

二

如前所述，列维-斯特劳斯的笛卡尔批判是策略性的。因为存在一个无论如何都必须对笛卡尔作出攻击的话语场。反过来说，我在这里要讨论笛卡尔的"可能性的中心"，也恰恰是因为他是众矢之的。正如开头所说的那样，笛卡尔的"我思"既是内省性的，同时又不是内省性的。这是因为，他身处于一个奇特的"场所"之中。

这个场所,现实中就是荷兰:

> 整整八年,我决心避开一切可能遇到熟人的场合,在一个地方(荷兰)隐居下来。那里在连年烽火之后已经建立了良好的秩序,驻军的作用看来仅仅在于保障人们享受和平成果,居民人口众多,积极肯干,对自己的事情非常关心,对别人的事情并不注意。我住在那些人当中可享受到各种便利,不亚于通都大邑,而又可以独自一人,就像住在荒无人烟的大沙漠里一样。①

笛卡尔住在当时最发达的商业都市。重要的是,当时那里是"市场"。但是,他并非内在地属于那里。荷兰和"荒无人烟的大沙漠"是一样的。一个既不属于法国,也不属于荷兰的"场所"。正确说来,这个场所不是地理空间,而恰恰是话语体系的空=间。没有这个"场所","我思"就是不可能的。

如先前引用的那样,列维-斯特劳斯说道:"异乡人,陌生人,总之对我毫无意义的人,因为**我希望他们如此**!但是,脱离了他们和一切的我本人又是谁? 这就是我**首先必须探索**的东西。"这正是笛卡尔的"我"。我不是任何人,正因如此,"我是否存在"的问题才会出现。"我疑故我在"——笛卡尔的这句话必须在这个语境中来理解。人们根据各自的"习惯"(体系)而感知和思考事物。所以,"我是否存在"之类的问题——暂且撤去"习惯"性的

---

① 译文根据笛卡尔:《谈谈方法》,王太庆译,第25页。——译注

怀疑主义——就没有被提出的必要。笛卡尔所发现的"我",不同于这种体系内部的"思维"。所谓**发现**,就是说[被揭示的东西]**存在**。但是,[这个"我"]与"存在"的意义距离何其遥远!毋宁说,它并**不**"存在"。因此,它必须依靠"上帝"的支持。只有上帝才能提供支持,这相当于是说,没有任何东西可以提供支持。

在笛卡尔主义者那里,"我思"仅仅是内省性的东西。当然,笛卡尔说过:"思维是我们意识到的、在我们内心产生的一切,这种意识意味着我们内心存在的所有东西。所以,在这里,思维不仅和知觉、意志、表象一样,而且和感知也是一样的。"(《哲学原理》)但是,根据这种说法,人人都可以说"我在思考"。而这是不可能的。

笛卡尔的"我"所怀疑的,是他生长其中的法国和欧洲的共同体内部的"思维"本身。正是因为这种怀疑,这个"我"才存在。也正是在这个特定意义上,"精神"才存在。意识或自我意识不是"精神"。相对于意识或自我意识,"精神"存在于"外部"。当然,既然它也是意识,所以它也在"内部"存在。但如果将"我思"视为内在的东西,那么笛卡尔的"我思"的特征便在于其外部性。笛卡尔主义者也好,批判者也好,都没能理解这一点。

如果笛卡尔的"我思"仅仅是"思维",恐怕他就没必要大费周章地如此立论。而且,他应该也就不会将"自然科学的基础"按下不表:

> 如果发表我的物理学原理,那一定会惹出许多事情,耽误我的时间。因为尽管这些原理几乎每一条都十分明确,只要懂了就不能不相信,而且我认为没有一条

不能加以证明,可是别人的意见是五花八门的,我这些原理不可能符合每个人的看法,所以我预料到一定会引起种种反驳,经常使我分心。①

如果是谁都无法反驳的不言自明的原理,那么应该公开了也没关系;但笛卡尔却认为,与他人达成一致是不可能的。这是因为,"我思"不单单是"思维",而是要将迄今为止"习惯"(体系)内的思维统统放进括号中。要求他人做到这一点是不可能的。[因为]这并不是对谁来说都不证自明的事情。

"我思"的"外部性"被消除之际,笛卡尔哲学就成了所谓的现代哲学。他认为必须为之奠定基础的"自然科学",作为客观真理,被认为仿佛存在于"意识"之外。要求笛卡尔为此承担责任,是不恰当的。例如,可以认为,胡塞尔在"现象学还原"的意义上重新践行了笛卡尔的方法性怀疑。但是,如后文所述,如果消除了先验性"我思"的"外部性",那么结果还是一样的。

三

笛卡尔在《第一哲学沉思集》的序言中写道:"这本书要证明上帝的存在,以及精神和身体的不同。"暂且不论"上帝的存在",为什么笛卡尔必须证明"精神和身体的不同"?事实上,这一点无法证明。"精神"并不存在于"我在思考"之中,它只存在于一种怀疑之中,即怀疑"我在思考"是否不过是"习惯"而已。换言之,

---

① 译文根据笛卡尔:《谈谈方法》,王太庆译,第53页。——译注

这种怀疑本身便是"精神"的证明。

笛卡尔对于"精神"的论证,要求读者具备"精神"。他说,自己的论证"要求一种完全从先入之见中解放出来的精神,要求一种能轻易将自己从感官上的混杂中分离开来的精神"(《第一哲学沉思集》)。笛卡尔想说的是,即使主张我们具有心灵和精神,也无法成为对"精神"的证明。这种意识或自我意识,可以说[恰恰]是"身体"。

笛卡尔怀疑说:也许我在做梦,也许我看到的是幻影。但是,笛卡尔作为"人类学家",也可能进行如下怀疑:我貌似是在思考,但我难道不是仅仅在各自共同体的习惯(制度和体系)内部被动地思考而已吗?换句话说,我难道不是在清醒的状态下做梦吗?但是,要说这是幻想或意识形态,不是一件容易的事。能让我们将幻想称为幻想的根据何在?如果能说出科学性的客观事实,那就省事了。而笛卡尔所追求的正是这种"客观性"的根据:

> 因为梦中的思想常常是生动鲜明的,并不亚于醒时的思想,我们又怎么知道前者是假的、后者不是假的呢?这个问题,高明的人可以尽量钻研,爱怎么研究就怎么研究。我相信,如果不设定神的存在作为前提,是没有办法说出充分理由来消除这个疑团的。因为首先,就连我刚才当作规则提出的那个命题:"凡是我们十分清楚、极其分明地理解的都是真的",其所以确实可靠,也只是由于神是或存在,神是一个完满的是者,我们心里的一切都是从神那里来的。由此可见,我们的观念或看法,光从清楚分明这一点看,就是实在的、从神那里来的

东西,因此就只能是真的。①

能让我们将幻想称为幻想的根据,只有"上帝的存在"——笛卡尔的这个证明值得深思。笛卡尔所谓的"上帝",不是那种人们各自信奉、为此相互杀戮的神明。这种神明恰恰是幻想。换句话说,那种认为其他人只是在做梦,所以必须唤醒他们的人,也就是将自己视为站在"超验性"立场上的人,恰恰是在做梦而已。笛卡尔避免混入这样的人群中言说"真理",因为他作出怀疑的根据,仅仅在于那个不属于任何共同体(体系)的空＝间。这个[空＝间]绝不是将种种真理均视为幻想的"元层级"。

即使一个人在梦中意识到自己在做梦,他在做梦这个事实也不会有任何变化。笛卡尔不认为人能完全醒来(迈向梦境的外部)。换言之,他拒斥那种**超验性**的立场。用康德或胡塞尔的话来说,笛卡尔的方法是**先验性**的。只有用先验性的方法,才能将幻想视作幻想,反过来说,只有这样才能为真理奠定基础。所谓先验性,指的并不是向上或向下,而是所谓横向移动。当然,无论用何种说法,关键在于,只有在那种绝不是任何立场的立场、那种作为"外部性"的立场那里,笛卡尔的"方法性怀疑"才是可能的。重复一遍:如果将它作为一种立场而确定下来,那就完了。

关于笛卡尔的"上帝的存在证明",我们会另作讨论。当然,我会避免"上帝"这个语词。不过,在我看来,比起"交互主观性"(胡塞尔语)等说法,笛卡尔那里"上帝"一词的含混性更能激发思考。

---

① 译文根据笛卡尔:《谈谈方法》,王太庆译,第 31—32 页。——译注

四

笛卡尔所谓的"精神"仅仅作为一种怀疑而存在,它怀疑的是那种习惯意义上的体系(制度也罢,结构也罢)内部的"思维"。除此之外都是"身体"。换言之,"身体"也包括上述意义上的"思维"。但是,"怀疑"本身并不是"精神"。

笛卡尔写道:"若要探求真理,就应该在一生中对一切事物都尽可能怀疑一次。"但是,如果我们模仿笛卡尔,重复他的做法,那么这就不再是"怀疑"了。毋宁说,现代哲学将"怀疑"收编进了自身内部。笛卡尔本人在经院哲学内部对经院哲学进行怀疑。但重复这种做法就不是怀疑了。

主张感知的不可靠,这是自古以来就有的怀疑论。笛卡尔并没有在这个意义上进行怀疑。"我这并不是模仿怀疑论者,学他们为怀疑而怀疑,摆出永远犹豫不决的架势。因为事实正好相反,我的整个打算只是使自己得到确信的根据,把沙子和浮土挖掉,为的是找出磐石和硬土。"①

维特根斯坦指出,"怀疑"因语言游戏而得以可能,它是语言游戏的一部分。维特根斯坦也否定"为怀疑而怀疑"。不过,作出如此主张的时候,维特根斯坦[恰恰]**怀疑道**:"怀疑"难道不是语言游戏的一部分吗?[他恰恰怀疑道:]哲学的历史难道不是一种语言游戏,而正是这种名为"怀疑"的语言游戏在不断形成"问题"吗?当然,他没有像笛卡尔那样,认为进行怀疑的"我"确确实

---

① 译文根据笛卡尔:《谈谈方法》,王太庆译,第 23 页。——译注

实存在。但是,当维特根斯坦说存在各种语言游戏、我们无法走到语言游戏的外部时,恰恰是在这个特定的意义上,他确确实实站到了语言游戏的外部。

当然,这并不意味着维特根斯坦站在一个俯瞰一切的立场上。语言游戏中不存在这种"元层级"(**超验性**的层级)——这是维特根斯坦的核心主张。尽管如此,无可怀疑的是,存在着对此进行怀疑的立场,存在着[进行怀疑]的"我"。然而,这种"无可怀疑性"(明证性),恰恰是维特根斯坦所谓"不可言说"的东西。

109　　维特根斯坦将怀疑论作为"语言游戏的一部分"而予以否定;与此同时,他对私人语言进行攻击,并否定了"内在体验"的明证性。这些都说不上是"反笛卡尔"的论述。我们称为"思维"或"内面"的,不过是社会性的"习惯"(语言游戏)而已。"我在思考"丝毫不具有<u>私人性</u>。内在性彻头彻尾是社会性(制度性)的。这是笛卡尔所谓的"身体",不是"精神"。说到底,维特根斯坦在批判"内在体验"的明证性时,要求的正是"精神";他对于私人语言的批判,正是从"私人"性的实存出发进行的。当维特根斯坦主张世界是语言游戏而语言游戏没有外部的时候,他的实存是外在性的。不用多说,这种外在性在语言游戏论者那里消失了。

不过,关于这个问题,我们下次再讨论。在这里,我想就笛卡尔的"精神与身体不同的证明"再作一些思考。前面已经提到,我们必须在更宽泛的意义上理解笛卡尔所说的"身体",它包含制度、结构、体系、规则(游戏)。

在笛卡尔看来,身体和自然没有区别,它们都是"机械"。同样,心理的东西、文化的东西(精神性的东西),也都是"机械"。浪漫派反对笛卡尔,主张生命(有机体)的独特性。但是,如今越来越显然的是,当初反对的一方错了。确实,笛卡尔在"机械"问题上,具体想到的仅仅是钟表。但重要的是他的"方法",而不是方法的模型。也就是说,这个"方法"乃是用相同的原理来说明被认为性质上不同的事物。如今的机械论(系统论)已经抹去了物质与生命之间的任意性区别,这和笛卡尔对于"自然科学"的设想是一致的。

有机体是控制论意义上的机械。遗传基因的自我再生产机制是机械;生物界的生态是机械;"思维"也是机械性的。[于是]"思考"也不是什么特别的事态。图灵(Alan Turing)认为,"思考"和"计算(compute)"是一样的。人工智能就是在"思考"。当然,机械不是"精神"。然而,这并不是说机械无法成为"精神",而仅仅是说,"精神"不是机械。

笛卡尔在语言中发现了"人和动物之间的某种差异"。即使动物能说话,也"不能证明它们说的是心里的意思"。"这就证明禽兽并非只是理性不如人,而是根本没有理性。"①但是,"语言能力是天生的"仅仅意味着,人和动物是不同的"机械"。哪怕这是"精神"的条件,它也不是"精神"。"精神"的条件与"精神"有着决定性的区别。所以,语言或语言能力也无法成为"精神"存在的"证明"。

我们在某个语言体系之中说话,这样的语言体系是机械,文化是机械。拉康(Jacques Lacan)说"无意识是像语言一样结构起来的",如果他是正确的,那么这种无意识也是机械。避开"机械"一词而改用"结构""关系体系"等说法,反而是一种欺骗。因为

---

① 译文根据笛卡尔:《谈谈方法》,王太庆译,第46页。——译注

［这些说法］那里仍然附着着某种"精神性"的色调。

　　笛卡尔明明主张"精神"的自律性，人们却认为他的机械论威胁到了精神，这实在奇怪。其实那些攻击笛卡尔的"二元论"的人才是二元论者。"精神"要求我们立足于自己所属的体系的外部。但这是"私人性"的，无法具备任何依据。作为"精神"而存在，既非容易之事，也非可欲之事。陀思妥耶夫斯基（Fyodor Dostoevsky）说，人们并不渴望"自由"；同样，人们也并不渴望"精神"。就像**那帮**说着众人皆醉我独醒的家伙一样，人们其实渴望的是做梦。

第二章

上帝的证明

神の証明

一

在很多场合下,笛卡尔在下述意义上使用"思维(cogitatio)"一词,即将它理解为与感知和想象对立的知性。但与此同时,他也在更宽泛的意义上使用这个词:"那么我究竟是什么呢?是一个在思维的东西。什么是一个在思维的东西呢?那就是说,一个在怀疑,在领会,在肯定,在否定,在愿意,在不愿意,也在想象,在感觉的东西。"①

当然,并不是说这些都和狭义的思维一致。笛卡尔将外在于我的意识的东西放进括号,仅仅关注意识中的现象;在那里,思维成了"意识作用"(胡塞尔语)一般的东西。康德曾经将笛卡尔的"我思"称为"思考作用的先验主观,也即 X"(《纯粹理性批判》)。可以说,这是任谁都可以揭示出来的、基础性的(自我)意识。

用笛卡尔的话来说就是:

> 因为,就像我刚才说过的那样,即使我所感觉和想

---

① 译文根据笛卡尔:《第一哲学沉思集》,庞景仁译,北京:商务印书馆,1986 年,第 27 页。——译注

象的东西也许绝不是在我以外、在它们自己以内的,然而我确实知道我称之为感觉和想象的这种思维方式,就其仅仅是思维方式来说,一定是存在和出现在我心里的。①

可以认为,正如胡塞尔将自己的工作称为"一种新笛卡尔主义"那样,上述认识是"先验现象学"的先驱。不过,在这个特定意义上,(从胡塞尔的角度看)这种认识似乎就是不彻底的。但我在此不得不停下脚步。究竟能否认为"怀疑""不过是思维的某种方式"?

确实,当我们把一切外在的东西进行还原的时候,可以说"怀疑"也"不过是思维的某种方式"。但"怀疑"不同于单纯的"思维"。在笛卡尔看来,"怀疑"是意志的运作,不是知性的运作。不过,这个意志来自哪里?它是任意的,还是必然的?笛卡尔的怀疑必须走到如此地步。

在《谈谈方法》中,笛卡尔写道:

> 我早就注意到,为了实际行动,有时候需要采纳一些明知很不可靠的看法,把它们当成无可怀疑的看待,这是上面说过的。可是现在我的目的是专门寻求真理,我想做法就完全相反:任何一种看法,只要我能够想象到有一点可疑之处,就应该把它当成绝对虚假的抛掉,看看这样清洗之后我心里是不是还剩下一点东西完全

---

① 译文根据笛卡尔:《第一哲学沉思集》,庞景仁译,第34页。——译注

无可怀疑。……既然如此,我也就下决心认定:那些曾经跑到我们心里来的东西也统统跟梦里的幻影一样不是真的。可是我马上就注意到:既然我因此宁愿认为一切都是假的,那么,我那样想的时候,那个在想的我就必然应当是个东西。我发现,"我想,所以我是"这条真理是十分确实、十分可靠的,怀疑派的任何一条最狂妄的假定都不能使它发生动摇,所以我毫不犹豫地予以采纳,作为我所寻求的那种哲学的第一条原理。①

但是,我们在此却无法"毫不犹豫"。笛卡尔的怀疑直到"上帝的证明"才结束。确实,"我怀疑"在此也突然变成了"我思考"。因此,人们满足于从这里找出与心理性自我不同的、存在于所有人那里的"先验自我"。

但是,笛卡尔的"我怀疑"绝不是所有人基底处存在的"我思考",它是一个私人性的"决断"。如果不是这样的话,笛卡尔恐怕就不会在《谈谈方法》里写道:"也许我是错的。"他还写道:"为了使大家能够评判我打下的基础够不够结实,在某种意义上,我觉得不得不谈一下这个问题。"②在何种意义上?在"我思"的明证性那里,换言之,在谁都无法反驳的确定性那里,笛卡尔仍然感到它是"私人性"的。这并不是说,他被无理取闹的论敌所包围。这种"私人性"(也即"单独性"),始终伴随着笛卡尔意义上的"怀疑"。

---

① 译文根据笛卡尔:《谈谈方法》,王太庆译,第26—27页。——译注
② 同上,第26页;稍有改动。——译注

116　　　笛卡尔不是怀疑论者。也就是说,对他而言,怀疑不是任意的行为。刚才说到"怀疑"是意志,而笛卡尔的意志不是任意的。也就是说,这里的"意志"不是"自由意志",因为笛卡尔的怀疑是"在某种意义上不得不"作出的。上一章已经谈到,笛卡尔并不是像怀疑论者那样,在共同体(梦境)内部摆出怀疑的姿态,而是有意立足于共同体的外部,并且不得不站到共同体的外部去。"我思故我在"不是三段论或推论。如斯宾诺莎所说,这句话相当于"我在思维中存在(ego sum cogitans)"(《笛卡尔哲学原理》)。但是,就算如此,为什么笛卡尔一定要说"我在"呢?康德认为,笛卡尔的"我思""还只是完全没有内容的表象('我')",所以从此得出"我在"的结论乃是一种谬误。

　　　然而,如果是"我疑故我在",事情就不一样了。在这种情况下,"我在"意味着迈向共同体的外部,也即意味着实存。要言之,我想说的是:对笛卡尔而言,"怀疑之我"无法被一般性的我(主观)所消解。在共同体内部,无论哪一个我,都已经是社会性(共同体)的了。事实上,"我"是根据语言习惯而成立的,本来就带有共同主观性。而在心理性自我的基底处发现的,也是[这种"我"]。

117　　　但是,对笛卡尔来说,"怀疑之我"仅仅是私人性、单独性的。笛卡尔为什么会被逼入这样的"场所"?说到底,他为什么要"怀疑"?《谈谈方法》的特点在于,他不断追问自己这个问题。笛卡尔一方面"毫不犹豫"地从"我思"的明证性出发,另一方面却如此继续说道:

　　　　　　因为首先,就连我刚才当作规则提出的那个命题:

"凡是我们十分清楚、极其分明地理解的都是真的",其所以确实可靠,也只是由于神是或存在,神是一个完满的是者,我们心里的一切都是从神那里来的。由此可见,我们的观念或看法,光从清楚分明这一点看,就是实在的、从神那里来的东西,因此就只能是真的。①

换言之,笛卡尔说的是:如果无法证明上帝的存在,那么也就无法将"我思"的明证性作为前提。在笛卡尔那里,上帝的存在证明的"必要性",与笛卡尔之前的情况截然不同,没有任何的护教论意味。

在笛卡尔之前,上帝的存在证明是对异教徒或无神论者作出的。后者与其说位于基督教圈外,不如说位于基督教圈内。具体来说便是希腊哲学。中世纪西欧的哲学家经由伊斯兰而继承了希腊哲学,另一方面则不得不针对后者来为基督教作出辩护。对一般大众来说,不需要什么"证明"。但是,发端于希腊式知识的哲学,基本上都会反对基督教式的"上帝",所以哲学家本人就有必要在哲学的范围内对上帝进行"证明"。

与此相对,康德试图做到纯粹的"哲学"。想从理论上(理性地)对上帝进行证明的做法,被康德作为"理性的越权行为"而予以拒斥。笛卡尔的上帝证明也是康德攻击的靶子。另一方面,康德将"上帝"视为实践理性的问题。换句话说,康德将阿奎那试图调和的"理性与信仰"彻底分离开来。和康德相比,胡塞尔更为"哲学",他已经不需要"上帝"了。所以,无论从康德还是胡塞尔

---

① 译文根据笛卡尔:《谈谈方法》,王太庆译,第32页。——译注

的视角来看,笛卡尔作出的上帝证明似乎不过是一种愚蠢。但是,在笛卡尔那里,上帝的证明绝不是"护教式"的。并且,理论和实践[在笛卡尔那里]并没有分离开来。

二

我们不能认为,由于搬出了上帝,笛卡尔[的论述]就带有宗教或基督教的性质。因为他已经将共同体(教会)的上帝放入括号中了。确实如他自己所说,他曾经是基督徒;不过,他在论述中搬出上帝,却和这件事没什么关系。这种信仰可以说是"习惯"的问题,而笛卡尔并不否定"习惯"本身。他所设想的"上帝"是位于"习惯"外部的"上帝",而不是共同体(教会)的上帝——何况后者已分成诸派相互杀戮。用斯宾诺莎的说法,上帝必须是那种既非表现亦非知觉的"观念"。

帕斯卡尔曾说:"若有可能,笛卡尔想要在他的论述中撇开上帝。"(《沉思》)但是,帕斯卡尔虽然操弄着普遍性的口吻,实则是党派性(共同体)的。笛卡尔立足于这种诸神之争的外部。将他带向那里的,正是"怀疑"。尽管如此,他在那里还是没能"在论述中撇开上帝"。因为他必须追问:自己为什么"怀疑"?为什么"怀疑"不是任意的,而是不可避免的?笛卡尔所谓的上帝,已经不是想象或概念的对象了。

总之,让我们看看他的证明:

> 然而,我回头再看我心里的一个完满的是者的观念时,却发现这个观念里已经包含了存在,就像三角

形的观念包含着它的三个角等于两直角、球形的观念包含着球面任何一点都与球心等距离一样,甚至于还要更明确。由此可见,神这个极完满的是者是或者存在,这个命题至少同几何学上任何一项证明同样可靠。①

这一论述在《第一哲学沉思集》(第五沉思)中有着更为详细的展开,它被称为"本体论证明"。康德对此作出了批判,说道:"所以,在对一个最高存在者的存有从概念来进行的这个如此有名的(笛卡尔派的)本体论证明那里,一切力气和劳动都白费了,而一个人想要从单纯理念中丰富自己的见解,这正如一个商人为了改善他的境况而想给他的库存现金添上几个零以增加他的财产一样不可能。"②

但是,上帝的"本体论证明"原本是安瑟姆(Saint Anselm)想出来的,不是笛卡尔独有的。笛卡尔独有的是下面这个部分:

> 下了这个结论之后,我接着考虑到,我既然在怀疑,我就不是十分完满的,因为我清清楚楚地见到,认识与怀疑相比是一种更大的完满。因此我想研究一下:我既然想到一样东西比我自己更完满,那么,我的这个思想是从哪里来的呢?我觉得很明显,应当来自某个实际上

---

① 译文根据笛卡尔:《谈谈方法》,王太庆译,第30页。——译注
② 译文根据康德:《纯粹理性批判》,邓晓芒译,杨祖陶校,北京:人民出版社,2004年,第478页。——译注

比我更完满的自然。①

这是在《第一哲学沉思集》(第三沉思)中得到详细论述的所谓"根据结果进行的证明",它与迄今为止的"证明"不是一个层面的东西。毋宁说,它不应该被称为"证明"。如刚才所说,"我思故我在"往往被认为是三段论,换句话说,往往被看成仿佛是对于"我在"的证明。但如果这种看法有误,那么"根据结果进行的证明"也不是证明。"我疑故我在"是"我在怀疑中存在"。或者也可以这么说:正是在将"怀疑中存在"作为不可避免之事而确认的过程中,[我]才存在。

那么,为什么这是不可避免的?我之所以怀疑,是因为有东西让我可以作出怀疑。这个东西便是笛卡尔意义上的上帝。如笛卡尔自己所说,在"怀疑"中,首先存在的是差异意识。历史和空间的差异性将笛卡尔带向"怀疑"。或者说,作为差异的场所,将人带向怀疑。这种差异不是我们生产出来的东西。并且,这一差异也不是从同一性的角度看到的东西。例如,在众多文化体系彼此相异的情况下,我们会潜在地将共同的、所谓客观的世界作为前提。但是,在笛卡尔那里,这种客观世界本身必须得到奠基。可以说,上帝恰恰就是迫使他作出"怀疑"的差异——绝对的差异或差异的决定性。

换句话说,从一开始,"怀疑"中就潜藏着"其他事物"也即"他者的他异性"。这一他者,不是心理或人格层面上的他者。但是,它也不是胡塞尔从先验性"我思"那里"建构"的那种他者。

---

① 译文根据笛卡尔:《谈谈方法》,王太庆译,第28页。——译注

用列维纳斯的话说,"怀疑"中隐藏着"他者的痕迹"。另一方面,在"思维"那里,这种痕迹就被消除了。

我们应该注意笛卡尔在上帝问题上谈到的"完满性"和"无限性"。例如,"无限性"说的不是没有边界,"完满性"说的也不是并非不完满。换言之,它们是不能通过否定性来规定的。但是,就如斯宾诺莎所说,一旦试图对它们加以定义,就会变成上面这种表达方式。

当我们说"完满而无限的上帝"时,一般都会像这样来思考:即如笛卡尔所说,会"像我们那样,从各种各样的活动来设想一个无所不能的人,认为上帝就是那个样子"。然而,笛卡尔所谓"完满而无限的上帝"不是这种东西。所雄章这样写道:"上帝的全知或全能,不是我们从自己身上发现的知识和力量的所谓无(界)限的扩大,而应该理解为与我们自己的知识和力量全然相异的东西。"(《笛卡尔》,劲草书房)

如果要"在论述中撇开上帝",我们就可以说,笛卡尔的上帝便是"全然相异"的"他者"。重点在于,这一"他者"始终萦绕着笛卡尔的怀疑＝我思,并且,后者是对这一"他者"的确认。笛卡尔非但没有陷入唯我论,而且根本和唯我论无关。

三

对于笛卡尔,一般人们会这样理解:根据他的"心物二元论",一方面存在着先验主观性,因而另一方面,所有存在者都被理解为广延(客观)。但是,这样一来就会错失"他者"这一存在者。换言之,这种[理解]无法发现作为另一种主观性的他者(他我)。

这被视为先验还原所难以摆脱的困境。

胡塞尔与之缠斗的,也是这个问题。也即如何在先验主观性的内部"建构"他者。在这个问题上,胡塞尔没有成功。例如,他首先从"自我代入"——代入到那个在物体(身体)意义上显现出来的东西之中——的角度来说明他我的建构:

> 他我只能被设想为我自身的相似者。由于他我的意义像上面所说的那样构成,那么必然地,他我就会作为一种"意向性的样态变化"而显现——也即我的那个被客观化了的最初自我的"意向性的样态变化",或者说,我的原初世界的"意向性的样态变化"。也就是说,在现象学的意义上,他我作为我的自我的样态变化而显现。(《笛卡尔式的沉思》)

结果,他我无非就是"自我的样态变化"而已。胡塞尔从先验性自我的内部的自我差异化(自我与非我的区别)那里,发现了"其他事物"。但是,在那里,很显然绝不会出现他者的他异性。一切都产生于先验性自我的内部:

> 先验性自我在其固有性内部,并通过它固有的东西,构成了对自我而言作为其他事物之全体而存在的客观世界,并在这一客观世界的最初阶段,构成了具有"他我"样态的其他事物。(同上)

胡塞尔认为,他的唯我论首先是方法性的,可以通过单子与单子的共同化，也即通过共同主观性而得到克服。但是，毋宁说胡塞尔的缺陷在于，他认为先验性自我是"唯一的自我"，而没能看到"其他事物"先于这个先验性自我而存在，或者说，没能看到"其他事物"是作为差异性而存在的。如此一来，胡塞尔在根本意义上就无法摆脱唯我论。这是因为，在自我所建构的他者那里，不存在他异性。

在某种意义上，可以说胡塞尔带有笛卡尔主义色彩，试图从中摆脱却未能成功。但是，笛卡尔的"我思"并不是胡塞尔所说的那种单子（个体）。认为"他我"问题始于笛卡尔，这不过是个误解。笛卡尔将他者的他异性揭示为"上帝"。并且，在他那里，"我思"是私人性（单独性）的，并不是一般性的。所以，我们无法从"我思"出发建构他者。不同于胡塞尔的唯我论式的"我思"，笛卡尔的"我思"处在与他者的非对称关系之中。列维纳斯如此论述道：

> 实际上，在第三沉思的结束部分，我们发现笛卡尔的我思是支撑在作为无限的神圣实存的确定性上的。正是相对于这种无限的神圣实存，我思的有限性或怀疑才能被设定和设想。这种有限性不可能不求助于无限——就像在现代人这里，比如从主体的必死性出发——而得到规定。笛卡尔的主体获得一个外在于它本身的视角，由此视角出发，主体才能掌握自己。如果说在第一步中，笛卡尔获得了一种不可以由自身怀疑自身的意识，那么在第二步——对反思的反思——中，他便认识到了这种确定性的条件。这种确定性就在于我

思的清楚分明——但是,这种确定性之所以能被寻找到,是由于无限在这种有限思想中的呈现。如果没有无限的这种呈现,有限思想就不会知道它的有限性:"……我明显地看到在一个无限的实体里面比在一个有限的实体里面有更多的实在性,因此我以某种方式在我心里首先有的是无限的概念而不是有限的概念,也就是说,首先有的是上帝的概念而不是我自己的概念。因为,假如在我心里我不是有一个比我的存在体更完满的存在体的观念,不是由于同那个存在体作了比较我才会看出我的本性的缺陷的话,我怎么可能认识到我怀疑和我希望,也就是说,我认识到我缺少什么东西,我不是完美无缺的呢?"①

列维纳斯想说的是,康德也好,胡塞尔也好,海德格尔也好,都试图从有限来建构无限;与之相对,笛卡尔则试图从无限来把握有限。"如果胡塞尔在我思中看到一种在其外部没有任何支撑的主体性,那么这个我思就在构造无限观念本身,并把它作为客体给予自己。而无限在笛卡尔那里的非构造性则留下一扇打开了的门。有限我思对于上帝之无限的参照,并不是对上帝的简单的主题化。对于一切客体,我都由我本身来说明,我包含它们。

---

① 译文根据列维纳斯:《总体与无限:论外在性》,朱刚译,北京:北京大学出版社,2016年,第196—197页。——译注

对于我而言,无限观念并不是客体。"①列维纳斯想说,试图将笛卡尔主义彻底化或试图超越笛卡尔主义的思想家,都从笛卡尔所打开的地点后退了。② 例如,认为黑格尔超越了笛卡尔的主观—客观结构,或者,认为黑格尔继承了笛卡尔的主观性结构(观念论结构),都同样扯淡。这是因为,用列维纳斯的话说,黑格尔属于那个认为一切都可以被建构的"总体性"的哲学谱系,另一方面,笛卡尔则是发现了绝对无法建构的外在性(无限)的哲学家。

如开头所说,对笛卡尔的误解始于"怀疑"和"思维"的同一化,这便是"笛卡尔主义"。"怀疑"包含了他异性(差异性)和我的单独性;与此相对,"思维"则是对谁而言都存在的"意识作用"或"自我意识",它是中性的、一般性的。我们应该把哪一方称为"精神"?毫无疑问是前者。但是,一般人们却把后者称为精神。

"怀疑"无法被纳入"思维"之中。被纳入其中的怀疑,已经不是"怀疑"。所有人都可以进行"怀疑",但这不过是一种可能

---

① 译文根据列维纳斯:《总体与无限:论外在性》,朱刚译,第197页。——译注

② 最初以上述方式解读笛卡尔的人,正是斯宾诺莎。遵循笛卡尔的做法,斯宾诺莎将上帝视为"观念"而非对象或表象。斯宾诺莎对于笛卡尔的批判在于,笛卡尔经常将上帝作为对象来看待。我们应该沿着斯宾诺莎的线索来阅读笛卡尔。但是,与此同时,我们也应该沿着笛卡尔的线索来阅读斯宾诺莎。这是因为,和笛卡尔主义的情况一样,斯宾诺莎主义忽略了笛卡尔=斯宾诺莎所共有的、"我思"的外在实存性。也可以将这一点称为伦理性。他们第一次提出了这样的问题:将什么作为"根据",才能在"共同体"的外部存在?

性。作为一种意志,"怀疑"意味着迈向共同体(体系)或同一性的外部,它是单独的、外在的实存。尼采或许会把这种意志称为"权力意志",它绝不是狭义的方法,可以说,它是伦理。斯宾诺莎的《伦理学》便是在这个意义上的笛卡尔的延长线上写就的。

重复一遍:如果"我思故我在"不是证明,那么"无限(上帝)存在"也不是从"我思"的明证性那里推导而来的证明。相反,正因为存在无限,"我思"(外在性的实存)才是可能的;"我在"说的是"在无限中,我以怀疑的方式存在着"。

四

之前说过,在笛卡尔那里,理论与实践(伦理)并不分离。但是,在康德那里,笛卡尔的"我思"则被区分为理论的主观性和实践的主体性。康德所谓的主观,指的是在每个心理性主体的基底处活动着的构造作用。在日常语言中,"主观性"的意思是任意性。但是,对康德来说,主观是在每个经验自我基底处活动着的普遍自我。世界是"主观地"建构的,这绝不是说世界是由每个人任意地把握的;相反,只有在这种[主观建构]中,对所有人都适用的"客观"世界才成立。

不过,为什么一定要假定这种主观?这与现代科学的方法有关。例如,亚里士多德"物理学"的基础是对事物的经验观察和分类。但是,现代科学则通过基于假说的实验,提取出经验上不可见的那种"关系"。例如,在我们的经验看来,重的东西比轻的东西下落速度更快。伽利略颠覆了这种认知,而他阐明的仅仅是

$h = \frac{1}{2} G t^2$ 这一"关系",这是通过假说和实验而发现的。客观性不是通过我们的感觉,而是通过与我们感觉相反的方式得到揭示的。换言之,可以说客观性是由主观性所建构的。

具体而言,康德认为,人们以科学的方式认识这个世界,便是[人们的]"主观"在建构这个世界。这种"主观"是一般性的,所以改叫人类或众人也许容易理解一些。在黑格尔那里,这被称为精神。这些说法都是为了把握现代科学的能动性,后者提出了假说的先行性,发明了实验。

事实上,笛卡尔就提倡过这么做。不过,他所谓的"我思"不是康德所谓的"主观",[笛卡尔的"我思"]从头到尾都是私人性(单独性)的。我们不能从康德出发回望笛卡尔。另一方面,"我思"也不是康德所谓实践理性意义上的"主体"。在康德看来,由于主体性(自由)不依赖于任何东西,那么其实主体本身就包含着"无"。主体由上帝来奠定基础,换句话也可以说,没有什么能为之奠定基础。由此,人们从康德式的分离开始往前追溯,在笛卡尔那里,一方面发现了现代认识论,另一方面则发现了存在主义的肇始。但是,这不过是时间错乱的误解而已。在笛卡尔那里,不存在理论理性与实践理性的区别,也不存在认识论主观与伦理性主体的区别。换言之,无论是仅仅从认识论的方面理解笛卡尔,还是仅仅从存在主义的角度来理解,都是错的。

例如,subjektivität 一词,在日本分别被译为"主观性"和"主体性"。这是因为在 subjektivität 一词的"用法"上,存在着巨大的变化。"主观性"最初是作为新康德主义的认识论术语被翻译进来的,现在这个词也跟认识论有关。另一方面,"主体性"则是在西田哲学的系统中运用的译法,现在这个词也在本体论或伦理性和实践性的意义上被运用。在日常使用中,这两个词的区别很明显,以至于甚至很少有人知道它们同出一源。因为事实上,"主观性"[往往]被用来表达否定,而"主体性"则被用来表达肯定。

subject 的上述歧义性,产生于笛卡尔的"我思故我在"。在这里,如果强调"我思",那么就变成"主观性";如果强调"我在",那么就变成"主体性"。例如,从胡塞尔的先验现象学向海德格尔的本体论的转变,可以说就是从"主观性"向"主体性"的转变。海德格尔批判了胡塞尔那里的认识论姿态,在本体论的意义上重新阐述了"主体性"。

但是,笛卡尔的"我思"以歧义的方式包含了上述双重含义。无论是现代的认识论,还是存在主义,都与笛卡尔的"我思"没有关系。反过来说,认识论问题也好,存在主义的问题也好,都必须在笛卡尔内部得到重新考察。例如,当我把"我思"称为外部性的实存时,我的意思并不是所谓存在主义。所谓的存在主义,就像海德格尔那里的情形那样,最终的归结只能是共在(共同体)。这是因为,存在主义那里的实存,缺乏与共同体(体系)相对的外部性。换句话说,这里缺少的是认识论的面相。相反,站在认识论角度进行讨论的人则没有看到,与体系相对的外部性,是一个与实存有关的问题。

五

在笛卡尔那里,"怀疑"不是寻常之事。他对各个共同体认为的真理提出怀疑,但这个时候,他并不掌握如今我们暗中假定的那种"客观世界"。例如,如今我们会若无其事地谈论种种文化或语言,谈论各种彼此差异的体系。当我们进行这种讨论的时候,我们暗中将一个"客观世界"当作前提——这个"客观世界"超越了共同体的差异,它对谁来说都是存在的。在笛卡尔那里,没有这种前提。这个前提本身是必须被创造出来的东西。笛卡尔的怀疑和在笛卡尔以后的世界里进行的"怀疑",有着根本区别。

如前所述,"客观性"并不依赖于感知,倒不如说它与感知相反。例如,根据我们的感知,月球比火星大。月球或火星的"客观"大小,只能在"关系"中进行把握。我们用数学处理这个问题,因为数学是仅仅处理关系的学问。而这之所以可能,是因为[数学]假定了一个均质的空间(广延),它救平了月球和火星或太阳和地球等事物的"质的"区别。

需要补充的是,自然科学的优势并不在于其数学性。笛卡尔的方法未必依赖于数学,他也并不认为数学就是真理。关于数学本身,他也尝试了同样的[怀疑]。

换言之,笛卡尔试图将数学从"感知"那里解放出来。他通过将图形变成点的结合(坐标),实现了几何学的代数化。解析几何学是将图形解析(分析)为点,然后重新将它们进行综合。后来的集合论基本上也基于笛卡尔式的方法。笛卡尔试图将数学从感知和表象中解放出来。从这个想法来看,数学甚至不必是数量性的。因为但凡存在关系的规则性的地方,数学都有可能存在。

莱布尼茨将笛卡尔的上述方法予以扩展,试图构建"普遍数学"。并且,他希望在这种"普遍数学"那里,找到能把各种文化和体系都统合起来的逻辑。这似乎比笛卡尔更具有"普遍性",[因为]笛卡尔试图将普遍性建立在私人性的"我思"那里。但是,如后文所述,在(由斯宾诺莎纯化的)笛卡尔的观念看来,莱布尼茨的"普遍性"不过是所谓的"一般性"。

话说回来,在现代科学得到普及的时代,笛卡尔试图为之奠定基础的"客观世界",被人们视为是自明的东西。例如,我们会认为,客观上火星比月球大,感知所具有的是错误的表象。胡塞尔将这种认识称为"自然主义"。他从中看到了"欧洲学问的危机",认为必须重新用笛卡尔的方式将"客观世界"或科学(知识)的客观性、一切外在性都放进括号,然后再从那里的生活世界出发来奠定基础。也就是说,[胡塞尔要做的是]将自然态度予以还原,从先验性"我思"的明证性出发来"建构"共同主观性,并以此为"客观世界"奠定基础。不过,前面已经指出,这种做法看似与笛卡尔相似,实则不然。

这是因为,笛卡尔是从上帝的观念中揭示客观性的。例如,他将广延作为上帝的属性之一而提出来。正如上帝是"观念"那样,广延也是"观念"。关键在于,如今被认为从笛卡尔肇始的主客二元论中的"客观",并不以任何客观对象为基础。只有在作为观念的上帝那里,"客观"才成为可能。

如今的科学哲学家指出,客观世界从来都不过是范式(认识论框架)所建构的东西而已。他们也会谈论不同体系之间的"不可通约性"。不过,在笛卡尔的《谈谈方法》中,这一点已经得到了论述,即笛卡尔对于诸多共同体的习惯的讨论。如今的科学哲学家,有的陷入相对主义和怀疑主义,有的则对此作出批判。但是,双方的共同点是,都把笛卡尔当作元凶而予以驳斥。然而,困扰当今科学哲学家的许多"问题",看上去跟笛卡尔所驳斥的那种"怀疑主义"颇为类似。

当论者在形式上讨论不同体系之间的"可通约性"问题时,就已经在不经意间陷入了怀疑主义。这种时候,论者所占据的是一个可以俯瞰多个体系的视点。这里没有笛卡尔的怀疑所具有的迫切性。譬如说,下面这种"怀疑"——难道我们不是内属于某个体系(范式)之中吗——从何而来?当然,它来自诸多体系之间的差异。如果没有差异,或者说,如果没有"其他事物",我们就不会产生怀疑。但笛卡尔所寻求的,不是超越诸多体系的那种一般性。他所谓的上帝,不是一般性的概念。他所揭示的[上帝],是让我们能够开始"怀疑"的、绝对差异性意义上的上帝。也正是在这一点上,笛卡尔揭示了作为无限性的上帝。

当我们怀疑自己是否处在某个体系内部,我们便站在了外在于该体系的某个"场所"之中。但是,这个"场所""哪里也不是"。它不是"元层次",也不存在这样的"立场"。如果真的存在,那也不过是另一个体系。正是在所谓一切"立场"或"元层次"都无效的地方,笛卡尔呼唤无限＝上帝的观念。我们绝对无法超越的、我们始终仅仅是其一部分的那种无限＝上帝的观念,在这里得到揭示。不过,将这一点推进到底的不是笛卡尔,而是斯宾诺莎。

第三章

观念与表象

観念と表象

一

关于笛卡尔的"我思故我在(cogito ergo sum)",斯宾诺莎指出,这句话不是三段论式的证明,而是"我在思维中存在(ego sum cogitans)"。换言之,"我思"不是思考主体或主观,而是某种外部性的意识,或外部存在(实存)。但是,我们无法指出这种"外部"位于哪里,也无法将它视为一个积极明确的立场。

"我思"不是康德所谓的"主观"。康德所谓的主观是一般性的。但是,"我思"(的我)则是单独性的。"我在思考中存在"的明证性,仅仅是像这样在外部作为单独者而存在的明证性。笛卡尔试图在上帝那里寻求这种外部性实存的"依据"。这里的上帝,绝不是教会(共同体)的上帝。因为[后者]不过是习惯而已,只需看看各地信仰的不同神明,就知道我所表象的上帝绝不是绝对的。上帝必须是既非表象亦非感知的"观念"。

笛卡尔对于上帝的证明是这样的:自己会进行怀疑,说明自己是有限的,而之所以有这种有限性的意识,恰恰是因为存在着无限(上帝)。但这不是证明。如果像斯宾诺莎所说,"我思故我在"不是证明,那么"存在着无限"也不是由"我思"的明证性推导出来的证明。相反,正因为存在着无限,"我思"(外部性实存)才是可能的;"我在"可以说就是"在无限中,以思维的方式存在"。

这是斯宾诺莎论述的出发点。为批判笛卡尔而将他与斯宾诺莎对峙起来的人们必须注意:斯宾诺莎恰恰以反对笛卡尔的方式来阅读笛卡尔,并在笛卡尔的可能性的中心进行思考。斯宾诺莎那里的"外部实存",比笛卡尔更为彻底。他不像笛卡尔那样只是暂时的流亡者——基督教教会自不必说,犹太教教会也革除了斯宾诺莎的教籍,他生活于哪里都不是的"间隙"。或者说,他以"间隙=差异"本身为世界。借用中世纪经院哲学家胡果(Hugues de Saint-Victor)的话说,无论在世界的何处,都可以将那里当成故乡——斯宾诺莎所生活的,就是这样的"世界"。

对于斯宾诺莎来说,上帝就是这个"世界"。但是,我们不能用浪漫的笔触去联想这位在双重意义上被共同体流放的人的一生。斯宾诺莎最终选择这样的一生,最大的原因就是受到了笛卡尔方法的震撼。他最初出版的那部令他声名鹊起的著作,便是将笛卡尔哲学"以几何学方式建立起来"的《笛卡尔哲学原理》。在那里,斯宾诺莎进一步打磨了笛卡尔的观念。换句话说,他澄清了观念和表象(想象性知识)的区别。例如,上帝就是这个"世界",它只能作为观念被揭示。人们设想的存在于这个"世界"之外的上帝,不过是表象而已。笛卡尔揭示了这样的上帝=世界,另一方面却仍然将上帝再现为超越于[世界]的人格。斯宾诺莎没有忽视这里的混乱。

例如,任何世界(共同体)都存在外部。也就是说,与井然有序的、有限定的(明确的)内部(cosmos)相对,存在着广袤的、无限定的、可怕的外部（chaos）。基督教的共同体也好，犹太教的共同体也好，都存在这种外部。在这里，让我们回想一下，笛卡尔提出的"广延"观念，也即均质空间的观念，[在当时]是多么新鲜。当人们将各种文化和意识形态视为"幻想"的时候，肯定会以超越于所有这些的客观"现实"为前提；但这是因为人们忘记了，[这个"现实"]恰恰就是笛卡尔所揭示的、名为世界的"观念"。在笛卡尔的时代，用什么才能对幻想或共同幻想作出批判呢？批判的依据绝不是眼睛看到的现实。那么，批判的依据就必须是明确清晰的"观念"。

不过，对于笛卡尔那里无限定地扩展下去的"广延"观念，斯宾诺莎提出了异议。在他看来，这同样是表象（想象性知识）。主张世界是无限的，就必定意味着：世界没有更多的外部，因而是封闭的。关于这种无限性的几何学意义，下一章会进行讨论。在这里，需要指出的是，斯宾诺莎对于表象＝意识的批判，正是通过彻底推进笛卡尔所谓的观念才得以可能。

二

在斯宾诺莎那里，重要问题是表象与观念的区别，或概念与观念的区别。例如，欧几里得所定义的"没有大小的点"就是观念。我们在纸上描画或想象的"点"，已经有了大小。没有大小的点是一个不存在于任何地方的观念，它在欧几里得那里表现为一个定义。换言之，观念虽然是我们无法在经验上表象的东西，但不能因此就说它不存在。在斯宾诺莎那里，上帝在这个意义上是"观念"，他将上帝作为"定义"而予以提示。

当然，上述区别始于笛卡尔。他不仅数学性地进行思考，而且数学性地思考了数学本身：

> 至于古代人的分析和近代人的代数，都是只研究非常抽象、看来毫无用处的题材的，此外，前者始终局限于考察图形，因而只有把想象力累得疲于奔命才能运用理解力；后者一味拿规则和数字来摆布人，弄得我们只觉得纷乱晦涩、头昏脑涨，得不到什么培养心灵的学问。就是因为这个缘故，我才想到要去寻找另外一种方法，包含这三门学问的长处，而没有它们的短处。①

143　在笛卡尔看来，迄今为止的数学都被"想象力"（表象）所束缚，他的目标是用符号来还原表象性。解析几何学将几何学代数化，也就是把数学从图形（表象）那里解放出来。这个时候，点就成了数的组合（坐标），并且，代数（符号）的意思不是特定的数，而仅仅表示不变的关系（方程式）。这是把数学从"表象"中解放出来。莱布尼茨进一步推动了这个方向，构想了将逻辑学本身"代数化"的那种"普遍学"。

斯宾诺莎不是笛卡尔和莱布尼茨那样的数学家。但是，在表象与观念之区别的问题上，可以说他做得最为彻底。斯宾诺莎对笛卡尔的批判，正在于后者经常混淆表象与观念。例如，笛卡尔怀疑道：上帝有可能欺骗我。但这是以人类的方式来表象上帝。

---

① 译文根据笛卡尔：《谈谈方法》，王太庆译，第15页。——译注

斯宾诺莎认为,这是对上帝不具有"真正观念"[的表现]。他举出了如下例子:对三角形没有任何观念的人,无论是设想三角形的三个角之和等于两个直角之和,还是设想两者不相等,都是很容易的。但是,如果具有三角形的观念(定义),就无法如此设想了。

如果计算实际上画出来的三角形的内角和,那么它未必会等于两个直角。因为本来我们就无法完全按照定义画出三角形,而其内角和等于两个直角,也不是"证明"的问题。同样,上帝的存在不是证明的问题。提出上帝是否存在的问题,不过是因为不具备上帝的观念罢了。斯宾诺莎写道:

> 当我们考虑神的观念时(我们假定我们现在已经发现了这观念),我们就不能认为神是骗子,正如在考虑三角形的观念时我们不能认为它的三内角之和不等于两直角。其次,虽然我们不知道我们本性的创造者是否欺骗我们,我们还是可以形成这个三角形观念;同理,虽然我们怀疑我们本性的创造者是不是在一切方面都欺骗我们,我们也可弄清楚神的观念,使它历历如在眼前。不管我们用什么方式得到神的观念,只要我们具有这种观念,则如上所述,它就足可以摒除一切怀疑。现在我要答复人们提出的一个疑问:的确,我们不能相信任何东西,但是这不是由于神的存在是我们所不知道的(现在并不是说这个),而是因为我们对神没有清楚而且明

晰的观念。①

由此,斯宾诺莎的《伦理学》从下述定义出发:"神,我理解为绝对无限的存在,亦即具有无限'多'属性的实体,其中每一属性各表示永恒无限的本质。"②通过诸多这样的定义和公理,《伦理学》以演绎的方式展开。

但是,如今让《伦理学》的读者困惑的是,为什么斯宾诺莎要从上帝的观念开始。事实上,在笛卡尔那里也有这个问题。关于《谈谈方法》,人们则不会去思考,为什么上帝的证明是不可或缺的。然而,上帝是观念而不是表象或概念——对于斯宾诺莎进行的表象(意识形态)批判来说,这是一个不可或缺的前提。

三

观念和概念往往被混为一谈。但是,对于斯宾诺莎来说,这一区别具有决定性的重要意义,因为概念属于"表象"。斯宾诺莎将概念规定为"人们通过抽象把握事物而形成的"东西,并且写道:

---

① 译文根据斯宾诺莎:《笛卡尔哲学原理》,王荫庭、洪汉鼎译,北京:商务印书馆,1980年,第50页。——译注

② 译文根据斯宾诺莎:《伦理学》,贺麟译,北京:商务印书馆,1997年,第3页。——译注

> 用同样的方式可以证明心灵中没有认识、欲求、爱好等等的绝对能力。因此这些能力和类似这些的能力,如其不是纯粹想象性的东西(表象),便是形而上学式的存在,或是我们所习惯于从个别事物所形成的普遍概念。(《伦理学》第二部分·命题四十八·附释)①

在这里,"形而上学式的存在"和"从个别事物所形成的普遍概念"虽然被分别列出,但它们都不过是一种想象性的东西(表象)。所以,斯宾诺莎的"表象"批判包含了对于普遍概念(形而上学式的存在)的批判。他进而写道:

> 但是,为了我可以知道从事物的许多观念中找出什么观念能推知对象的一切性质,我只注意一点,即该事物的观念或界说应当表现它的动因(causa efficienti)。例如,为了研究圆的性质,我问,从圆这个观念,即圆是由无数的直角组成,我是否能推知所有它的性质,我就是说,我研究这个观念是否包含有圆的动因。既然它不是这样,那么我就找寻另一个观念,即圆是由一端固定另一端活动的直线所描绘的空间,既然这个界说表现了动因,所以我知道我能从它演绎出圆的所有性质,等等。再,当我把神界说为无上圆满的实

---

① 译文根据斯宾诺莎:《伦理学》,贺麟译,第 87 页;稍有改动。——译注

体,既然这个界说不表现动因(因为我认为动因可以是内在的也可以是外在的),所以我就不能从它得知所有神的性质。但还是当我把神界说为绝对无限的实体等……(参阅《伦理学》第一部分界说六)(《斯宾诺莎书信集》第六十封)①

换言之,"观念或定义"能够推导出某个事物的一切性质。用斯宾诺莎的例子来说,"上帝是无上完满的实体"这个定义是概念,而"上帝是无限实体"这个定义则是观念。

或许斯宾诺莎的意思如下:譬如说,就像从各个猫那里提取"猫"这个一般概念、从各个人那里提取"人"这个一般概念一样,"神性"的概念是从诸多神明那里提取出来的。如此一来,就提取出了一般性的存在(神)。亚里士多德所谓的神,就是这样的一般性存在。然而,这种普遍概念是"通过抽象把握事物而形成的",换言之,即基于表象而形成。

一般认为,概念是对所有人都通用的同一性,而观念则是某个人心中想到的东西,因人而异。概念的同一性根本上依赖于语言,严格来说,它依赖于语言的规则体系(共同体)的同一性。在这个意义上,人们认为,笛卡尔以后的哲学试图从观念出发阐明概念,换句话说,试图从每个人的内省出发确保共同性(同一性)。也就是说,人们认为,[笛卡尔以后的哲学]由于依据的是个人的

---

① 译文根据斯宾诺莎:《斯宾诺莎书信集》,洪汉鼎译,北京:商务印书馆,1993年,第239页;稍有改动。——译注

观念,所以陷入了各种各样的困境和唯我论。① 与之相对,莱布尼茨可以说直接面向概念本身。也就是说,他没有面向意识=观念,

---

① 观念与概念的上述区别意味着什么? 例如,饭田隆写道:"观念是在某人内心浮现或被某人把握的东西,在这个意义上,观念必定是某人所具有的观念。不在任何人内心浮现,也不为任何人所把握的、自足地存在的观念是不存在的。"(《语言哲学大全 I》)饭田认为,笛卡尔以后的现代哲学致力于从这种观念的角度出发来阐明概念。但是,观念因人而异,达不到概念的同一性。由此就产生了各种各样的困境("他我"问题)。饭田认为,为了避免这些困境,就不能从观念中,而必须从规则的同一性那里,发现概念的同一性:"在概念所适用的种种场合下,人们遵从一定的规则:在这里能发现概念的同一性。离开了这样的规则,就无法谈论概念的同一性。""分析哲学的基调是,通过采取下述立场——即如果不阐明概念的语言表达,就不可能阐明概念——而与这种'观念之道(Way of Ideas)'彻底诀别。我们具有某个概念,无非是说我们能够使用某种语言表达。而使用语言表达,就是遵从一定的规则。对这种规则进行阐明,就是阐明概念的必由之路。"

但在我看来,这个图式似乎太简单了。例如,在维特根斯坦那里,"语言游戏"理论不仅仅是规则体系的共有。我们必须始终在与不共有规则的人(他者)的关系中来思考"语言游戏"理论。并且,维特根斯坦对于"这个我"和"这个世界"的问题表达了强烈的关切。"私人语言"那里的"私人",与"这个我"相去甚远。维特根斯坦之所以攻击罗素的"私人语言",不是因为他重视社会性,而是因为罗素那里缺少了"单独性"。毫无疑问,单独性与社会性是直接相通的,它们和个体或共同体处于不同的层面上。把笛卡尔的"我思"视为思考主体是通常的看法。同样,从规则体系(共同体)的优先性观念看待维特根斯坦的语言游戏,也是通常的看法。让俗常之见彼此争论的,也是俗常之见。当然,我并非意在主张笛卡尔或维特根斯坦的"真意"如何。关于马克思,也是这样。如果认为我只是在说自己的一家之言,那也没关系。不过,没有将我指出的问题考虑在内的讨论,无论多么细致,都非常无聊。

而是面向语言＝概念,试图将它作为符号来处理。因此,莱布尼茨被评价为现代逻辑学或分析哲学的鼻祖。

但是,如前所述,笛卡尔的"我思"不是这样的个人,而是"这个我"。它与唯我论毫无关系。如《探究(一)》所强调的,唯我论毋宁说是这样一个前提:对我适用的东西,也对所有的"我"都适用。这样一来,以"概念"进行思考,毋宁说就是唯我论式的。因为它以规则的共同性为前提,并在其中将"他者"——作为不共有规则之人的"他者"——排除出去。笛卡尔或斯宾诺莎强调"观念",便是因为他们试图在概念＝语言的同一性的外部进行思考。

重复一遍:笛卡尔从"我思"出发,并不意味着从个人的意识出发。能够摆脱语法(逻辑学以语法为基础)束缚的,是"观念"。在主谓句(命题)那里,考察的是个体与一般性存在,或者说考察的是"存在"。我们暂且有必要从[语法]中摆脱出去。斯宾诺莎也写道:

> 并且我首先要劝告读者,必须仔细注意心灵的观念或概念与由想象形成的事物的形象二者之区别。其次必须注意观念与用来表示观念的名词间之区别。(《伦理学》第二部分·命题四十九·附释)①

在这里,我们不能追问,是否存在并非通过语词表达的"观念"。斯宾诺莎必须通过观念来确保这样一个视角;通过这个视角,语言＝语法所强加的概念和表象都能被如其所是地理解。换

---

① 译文根据斯宾诺莎:《伦理学》,贺麟译,89页。——译注

句话说,如第一部已经阐明的那样,要求具备这种[视角],是为了摆脱特殊(个体)——一般(类别)的回路。

例如,德勒兹(Gilles Deleuze)关于基尔克果的"重复"写道:"重复是独特事物的普遍性,它的对立面是作为特殊事物之一般性的一般性。"(《差异与重复》)换言之,德勒兹把特殊性(个体)——一般性(类别)的对子和单独性—普遍性的对子对立起来(参见下图)。

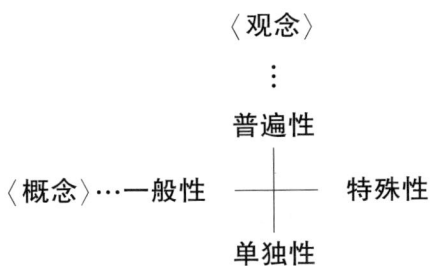

但正如已经阐明的那样,这与斯宾诺莎对于概念和观念所作的区别基本一致。(不过,德勒兹在《斯宾诺莎——实践哲学》中没有关注斯宾诺莎的这组区别,而是强调了"共同概念"。)

德勒兹认为,特殊性与一般性的结合要求中介或运动;与之相对,单独性与普遍性的结合则是直接的(非中介的)。关于斯宾诺莎的上帝观念,也可以作如是观。它是"直接知识"。因为在斯宾诺莎看来,"在无限中,我以思考的方式存在"不需要任何证明(中介),也不是要证明的事情。

如果可以从斯宾诺莎中读出"重复"的主题,那么就得关注他关于自因的、生产性的自然(上帝)的想法。在那里,我们可以发现"自然本身之中的真正的重复"(《差异与重复》)的想法。毋宁说,如果不这样来理解,那么对斯宾诺莎而言上帝的观念便徒有其表,仅仅是恩格斯所谓的"遮遮掩掩的唯物主义"。换句话说,[上帝的观念]便会被自然法则(自然科学)所取代。那样的话,我们就会错失斯宾诺莎作为单独者而怀揣着的对于上帝的紧张意识。对斯宾诺莎来说,上帝的永恒性(eternity)是观念,它不是概念的那种永恒性(permanence)。它绝不是静止的东西,而是不断的"重复"。

在笛卡尔主义那里,笛卡尔的"我思"仅仅是个体,是作为实体的精神。然后它成了"主观"。康德和胡塞尔苦苦钻研的问题是,如何从所谓个体(特殊性)推导出一般性。譬如说,"如何建构共同主观性"这样的问题便由此而来。

但是,笛卡尔——至少是斯宾诺莎所理解的笛卡尔——与上述方向完全不同。他的目标是上帝(普遍性),而不是共同主观性(一般性)。这是因为,笛卡尔的"我思"不是个体,而是单独性。斯宾诺莎将涉及单独性的普遍性称为"观念"。毫无疑问,这不同于"无上圆满的实体"意义上的上帝的"概念"。

如前所述,斯宾诺莎称之为无限实体的上帝的观念,不是这种一般性的概念。例如,他写道:

> 其次是关于我在《几何学方式证明笛卡尔原理》一书附录里所给出的证明,即神只能很不恰当地被叫作单一的或唯一的。对于这点,我的回答是:一个事物只就其存在而言,而不是就其本质而言,才能叫作单一的或唯一的,因为我们除非把事物归到一个共同的类上去,否则是不能用数目来设想事物的。例如,某人身边有一个便士和一块银圆,他不会认为这是两个数,除非他用

了同一个名称如钱或硬币来称呼便士和银圆,那样他可以说,他有两个钱或两个硬币,因为他把便士和银圆同称为钱或硬币。因此,显然可见,一个事物,除非某些别的事物首先被认为(像已经说过的)是与它同类的,否则我们就决不能称它为单一的或唯一的。但是,既然神的存在就是神的本质,我们对于神的本质不能形成任何一般的观念,所以,称神为单一的或唯一的人对于神没有真观念,他不恰当地讲到神,是确定无疑的。①

　　斯宾诺莎说的并不是:上帝是"一"。因为"一"是与"多"对应的。例如,对于各个桌子,存在着"桌子"这"一个"概念;对于诸多神明,可以想到"一种"神性。换言之,"一个上帝",说的是上帝的概念。那么,斯宾诺莎究竟想说什么? 他想说的是,**这个上帝(世界)存在**。维特根斯坦曾说:"世界中没有神秘,世界的存在才是神秘。"这个世界存在,这才是神秘的事情。"这个"不是一般性,也不是个别事物。换言之,"这个"位于个体性——一般性的圆环外部,也即与单独性—普遍性的圆环相关。海德格尔说,笛卡尔以后,世界成了基于主观的表象。但是,笛卡尔=斯宾诺莎呈现的是**这个**世界、**这个**我。而只有这样才能批判作为表象的世界。

　　斯宾诺莎没有谈论"我思"。确实,作为思考主体的"我思",作为实体的"我思",遭到了彻底的排除。斯宾诺莎的几何学叙述

---

① 译文根据斯宾诺莎:《斯宾诺莎书信集》,洪汉鼎译,第 205 页。——译注

将"我"本身排除在外。但他的《笛卡尔哲学原理》以"我思"为出发点,而如果没有单独性意义上的"我思",上帝＝普遍性的"观念"也是不可能的。

第四章
斯宾诺莎的几何学

スピノザの幾何学

一

斯宾诺莎关于观念与表象的区别很重要,因为他的工作——一言以蔽之——就是批判表象(想象性知识),而且这一批判之所以可能,依靠的是"无限实体"意义上的上帝的"观念"。作为表象的上帝,不同于作为观念的上帝。斯宾诺莎以观念为根据,来批判作为表象的上帝。如下文所述,这一点至关重要。

但是,事实上,只有当我们以上帝=无限为对象的时候,我们才能将观念作为观念揭示出来——换言之,才能将观念作为不同于"人们通过抽象把握事物而形成的概念"的东西而揭示出来。我们无法像看待一件事物一样看待无限。因此,我们就会抽象地想象无限。我们通常设想的无限是没有边界,即无边界,但这是一个表象,这不过是"人们通过抽象把握事物而形成的概念"而已。

笛卡尔的"广延"也是可能性意义上的无限,即无边界。例如,笛卡尔的解析几何学将图形变换为数的组合(坐标)的时候,就产生了现代数学要面对的诸多问题。古希腊人注意到了无理数,但禁止谈论它。他们只把数理解为自然数之比(analogia)。但是,如果像笛卡尔那样将线段转化为数,我们就不得不设想紧密联系在一起的那种实数,而不是自然数。如果将连续的线段置换为数，那么就形成了类似古代芝诺悖论的问题。数与数之间总是可以找到更多的数，它们彼此连续倒颇为奇怪。莱布尼茨的微分法试图从代数的角度来解决上述问题。他离开了作为表象的数，从符号上将无限小理解为 dx/dy 之比。

例如，切点作为曲线中的无限小，本身是一（点），但同时也包含着方向，"表现"了整条曲线。无限小意义上的点，就是"形而上学的点"。它不能再进行分割，也不含有部分。并且，它"表现"着全体。用比喻来说，这就是莱布尼茨所谓的单子。如果像笛卡尔那样认为物体是广延，那么其根本性的要素——不可分割之物（individual）就是不可能的。莱布尼茨并没有将无限理解为没有边界，而是在积极意义上从一（点）那里揭示无限。由此，无限性或这样的个体（单子）就是在个体自身内部被发现的。因此，在莱布尼茨那里，微分法和单子论是密不可分的。

微分法使得以符号的方式处理"无限"的问题得以可能。人们认为，莱布尼茨的独创性在于积极地将"无限"符号化。下村寅太郎写道：

> 在亚里士多德和经院哲学的逻辑学中，无限推理是一种诡辩推理。甚至在笛卡尔那里，无限也只是被消极地理解为"无限定（indefinitum）"。斯宾诺莎也说"一切限定都是否定"。关于"无限"问题，到头来笛卡尔和斯宾诺莎都还没有采取积极性的立场。但是，自伽利略以来，无限的概念事实上已经在天文学和力学中作为现代学问的基础概念而发挥作用了。为上述近世数学奠定基础的众多成果，也是将这些天文学、力学的问题作为

直接动机,在和曲线或曲面测定计算等实际问题的关联中成立的。问题在于它们的原理性确立。说到处理"无限"问题的普遍性方法及其对于原理的自觉,实现这一点的是莱布尼茨的微分法。因此,微分法为近世学问的基本概念奠定了基础,同时作为其形式性的形成,微分法确立了近世数学。(《莱布尼茨》)

的确,莱布尼茨的微分法在数学史上具有划时代意义。但是,问题在于这种"对于原理的自觉",在于所谓形而上学式的奠基。在将全体予以"表现"的"一"(单子)的设想那里,"无限"是在积极的意义上被把握了吗?与此相反,莱布尼茨将无限变成了"全体性"。在这里,出现了再次将个体与类别(特殊性与一般性)结合起来的新型逻辑。在他看来,各个单子都"没有窗户",也即相互分离;与此同时,它们在"事先通过宇宙的各个实体(单子)而得到规定的相互关系"中,彼此"交通"。换言之,即"预定调和"。

与下村寅太郎所说的相反,斯宾诺莎的"无限"观念是"积极性"的。例如,所谓"一切限定都是否定"是将有限视为对无限的否定,与消极地(negatively)将无限视为对有限的否定("无限定")正好相反。并且,能够打破"一与全体""特殊性与一般性"等"概念"性的封闭圈环的,只有积极意义上的无限的"观念"。从数学史的角度看,笛卡尔自不待言,莱布尼茨也仍然不能说对无限作出了思考。实现这一点的,还要数 19 世纪中期的康托尔(Georg Cantor),他试图在积极的意义上将无限处理为数。并且,比起莱布尼茨,[这种处理]更类似斯宾诺莎。当然,斯宾诺莎并没有如此思考,也不是像笛卡尔和莱布尼茨那样的、即使在数学史上也非常杰出的数学家。然而,可以认为,《伦理学》中存在着一种数学。

二

例如,马克思如此写道:

> 你在写作中必须克服的困难,我尤其清楚,因为十八年前我曾对容易理解得多的哲学家——伊壁鸠鲁进行过类似的工作,也就是说,根据一些残篇阐述了整个体系。不过,我确信这个体系,赫拉克利特的体系也是这样,在伊壁鸠鲁的著作中只是"自在地"存在,而不是作为自觉的体系存在。即使在那些赋予自己的著作以系统的形式的哲学家如像斯宾诺莎那里,他的体系的实际的内部结构同他自觉地提出的体系所采用的形式是完全不同的。(《1858 年 5 月 31 日 致拉萨尔》)①

所谓"自觉地提出的体系所采用的形式",无疑是指几何学的形式。据说在 17 世纪,几何学式的叙述形式不过是一种时尚。所以不妨认为,斯宾诺莎想要说的,与其表面的形式判然有别。但是,人们在阅读斯宾诺莎的时候,往往离开他的几何学形式太

---

① 译文根据《马克思恩格斯全集》(第二十九卷),中共中央马克思恩格斯列宁斯大林著作编译局译,第 540 页。——译注

远了,不是吗?"实际的内部结构"难道不是包含在这一几何学形式本身之中吗?换句话说,《伦理学》里难道不是包含着不同于笛卡尔几何学的几何学吗?为了看到这一点,还是让我们看一下布鲁诺(Giordano Bruno)的情况(他不是数学家)。

布鲁诺的宇宙论以哥白尼为基础,同时又远远超过了后者。哥白尼并没有从根本上否定亚里士多德—托勒密的传统宇宙观。例如,他的论述以亚里士多德所谓的不动的天轮为前提。我们无法根据观测和"数学"性的整合来打破亚里士多德式的宇宙论。布鲁诺之所以能否定后者,靠的是所谓自然哲学式的思辨。但是,这不仅仅是思辨,而且包含着新的几何学——在当时,这种几何学尚未被认识为数学。这种几何学也就是非欧几里得式的几何学。布鲁诺写道:

> ……无限数存在的地方,没有程度也没有顺序。所谓程度和顺序,[其实]说的是从不同种或类、或相同的种或类之中的不同的度所具有的道理或价值来观察的时候,这一观察所看到的东西。(《论无限、宇宙及众多世界》)

在这里,用康托尔的话说,布鲁诺谈论的是无限集合与有限集合的差异。康托尔的"对角线法",确乎就是以"无限数存在的地方,没有程度也没有顺序"为前提的。例如,在有限集合中,自然数是奇数的两倍,而两者在无限集合中则是相等的。亚里士多德笔下那种程度的"质的"区别,只在讨论有限集合也即限定了的内部(cosmos)的情况下才成立。如果以"无限"为前提,那么有限

(内部)与无限定(外部)的区别本身也无效了。

换句话说，布鲁诺的宇宙论中包含着新的"数学"。或者，它暗中呼唤着新的"数学"。笛卡尔的解析几何学也好，莱布尼茨的微分法也好，都未能回应这一呼唤。19世纪后半叶的数学才对此作了充分回应，所以不同于布鲁诺，爱因斯坦能够以黎曼几何学为基础展开思考。

即使是在布鲁诺那里，非欧几何学也已经间接地被考虑到了。这表现为：布鲁诺以球面为模型进行思考。如托多罗夫(Tzvetan Todorov)所示，布鲁诺的宇宙论与下述事实密不可分，即新大陆的发现使得"世界"封闭起来了(参见第三部)。

例如，布鲁诺认为，"世界和宇宙不一样"："因为要将宇宙称为'作为一的无限'，无论如何都得区分这两个语词。"(《论无限、宇宙及众多世界》)他认为，宇宙(天)是"一"，是"包含众多世界的无限的普遍空间"。如果我们将"世界"理解为共同体、将"宇宙"理解为社会，那么布鲁诺所说的一点也不难理解。也就是说，以一个共同体为中心的思考，至多不过是一个"世界"而已。无论它看起来多么"普遍"，也不过是一个共同体(世界)而已。

> ……让我们如此主张：作为由以太的领域和众多世界合成的连续体，无限的宇宙是"一"。存在着无数个世界，这些世界就存在于这个宇宙的各个领域内，它们就和我们所居住的这个世界、这个空间、领域一样被如此思考着、如此存在着。我们也应该认为它们存在着。
> (同上)

在这里,可以说"自我民族中心主义"遭到了彻底的否定。无论是什么样的世界(共同体),某种意义上都具有同样的存在方式,不能说哪个世界是普遍的,或哪个世界是中心。只有包括众多世界及其间隙(以太的领域)的无限空间,才是普遍的。可以说,斯宾诺莎那里具有的也是这种几何学。

三

再说一遍:布鲁诺无疑是从球面模型得出上述认识的。如果没有这样的模型(表象),我们就无法思考。非欧几何学事实上也是依据这种球面模型来思考的。另一方面,数学始终是形式性(观念性)的。我们可以通过和现代公理主义的类比,来考察斯宾诺莎那里观念与表象的区别。

在现代数学中,公理不是直观而自明的东西,而仅仅被视为任意的形式。通过逻辑演绎,我们从一群公理中推导出定理。在这种情况下,这一形式没有任何意义,也并不与任何对象相结合。能将这一形式"解释"为具体事物的,便被称为该公理系的"模型"。

一般而言,如果能从某个经验性事物那里得到抽象的、一般的概念,那么它就被称为模型。例如,在历史学中,封建制度和产业资本主义等概念是将欧洲历史本身的特殊事例"普遍化"而得到的概念。然而,如果要将这一普遍概念适用于其他的地域,就会碰壁。这种情况下,这一普遍概念就仅仅是一个表象(意识形态)。毫无疑问,这正是斯宾诺莎所拒斥的那种"人们根据抽象把握事物而形成的概念"。所谓"普遍性",大致都是这样的一般概念,斯宾诺莎恰恰将此视为表象。

在数学中,可能出现这种情况:某个公理系在某个解释模型那里为正确,在其他的解释模型那里为错误。这就是公理系不够充分的情况。这个时候,公理系就必须得到修正。可以说,斯宾诺莎把如此得出的充分公理系称为"观念"。如果我们记住这一点,那么上一章引用过的这个段落就容易理解了:

166 　　但是,为了我可以知道从事物的许多观念中找出什么观念能推知对象的一切性质,我只注意一点,即该事物的观念或界说应当表现它的动因(causa efficienti)。例如,为了研究圆的性质,我问,从圆这个观念,即圆是由无数的直角组成,我是否能推知所有它的性质,我就是说,我研究这个观念是否包含有圆的动因。既然它不是这样,那么我就找寻另一个观念,即圆是由一端固定另一端活动的直线所描绘的空间,既然这个界说表现了动因,所以我知道我能从它演绎出圆的所有性质,等等。再,当我把神界说为无上圆满的实体,既然这个界说不表现动因(因为我认为动因可以是内在的也可以是外在的),所以我就不能从它得知所有神的性质。但还是当我把神界说为绝对无限的实体等……(参阅《伦理学》第一部分界说六)(《斯宾诺莎书信集》第六十封)

167 　　也就是说,能够推导出某个事物的所有性质的那种"观念或定义",对应于能够适用于所有解释模型的那种公理系。所以,用斯宾诺莎的例子说,"上帝是无上圆满的实体"这个定义是一般概念,而"上帝是无限实体"这个定义则是观念。

斯宾诺莎用观念来批判表象。从这一点来看,他的演绎性公理主义具有必然性。也就是说,他的"几何学式的叙述"是必然的。与此相比,笛卡尔那里的欧几里得式的叙述就仅仅是任意的。斯宾诺莎"以几何学的方式"重构笛卡尔的论述,理由就在这里。这不是对于欧几里得的单纯应用。因为在某种意义上,欧几里得的公理主义也是任意的。

例如,在欧几里得的公理中,所谓"平行线公理"从一开始就受到了质疑。"平行线不相交"(这是欧几里得公理的通俗说法),仅仅以我们的直观(知觉)为基础。平行线就是无限平行的吧。然而,这是无边界,不是无限。在非欧几何学那里就假定了平行线相交的无限远点。"无限"不是知觉或表象的"对象"。因此,当引入"无限"的时候,所发生的并不仅仅是非欧几何学的形成。从严格意义上说,公理主义本身也在这个时刻诞生了。

正如在布鲁诺那里一样,在斯宾诺莎那里也潜在地存在着几何学。它不同于笛卡尔,可以说是一种假定了"实无限"的数学。在笛卡尔和斯宾诺莎那里,"公理系"可以说是不一样的。但是,事情还不仅如此。正如现代数学因涉及"无限"的问题而带有公理主义(形式主义)的性质,斯宾诺莎由于将"无限"把握为观念而必然地带有公理主义的性质(就是说,不仅仅是时尚或修辞)。

重复一遍:斯宾诺莎的"几何学式的叙述"不是时代的流行或对于笛卡尔的模仿,而是非如此便无法言说的认识所强加的必然形式。我们不能简单地忽视这一叙述形式,或忽视"无限的观念"。"无限"不是无边界的超验性存在。而既然这种超验性已经不再可能了,在这个特定意义上,["无限"]就将世界封闭了起来。这个时候,内部与外部、本质与现象、真理与幻想、精神与身体等二分法,都悄无声息地遭到了致命一击。

第五章
无限与历史

無限と歴史

一

上帝是"无限实体",意味着不可能有超越于它的东西,意味着它没有外部。"神是万物的内因,而不是万物的外因。"(《伦理学》第一部分·命题十八)①上帝不是超验性的,而是内在的。换句话说,上帝是自然,是世界。这是"唯一的"世界。换言之,一切都属于这个世界之内。这便是"无限"的意思。

而且,只有上帝才是实体,意味着只有它才是自因,而其他一切事物的原因都在自身之外。这就是说,我们无法思考这个世界=自然[本身]的原因,或其背后的东西。我们所想到的、这个世界之外的东西,无论是超验性的上帝也好,彼岸也好,世界的意义或目的也好,都不过是表象(想象物)。它们的原因在于这个自然=世界,它们是从中派生的。由此,"无限实体"使得世界的背后或外部都统统失效了。

我们无法追问这个世界=自然本身的原因。这是因为,譬如说,这种问题本身的原因也在于这个世界。如果我们(像笛卡尔那样)进行怀疑,这个行为的原因也在于这个世界。另一方面,属于这个世界的所有个别事物都受到其他个别事物的影响,其原因

---

① 译文根据斯宾诺莎:《伦理学》,贺麟译,第 22 页。——译注

与结果的链条无限延续下去。一切事物(包括意志)都必然地被原因所决定。"自然中没有任何偶然的东西,反之一切事物都受神的本性的必然性所决定而以一定方式存在和动作。"(《伦理学》第一部分·命题二十九)①所谓偶然,不过是因为原因过于复杂而无法认识罢了。然而,这种决定论不是个别事物之间的机械论式的因果关系。既然个别事物已经是诸多关系的链条,我们就无法将个别事物视为[基本]单位。阿尔都塞将斯宾诺莎的因果关系称为"结构论式的因果关系",将这种决定论称为"多元决定②论"。

例如,斯宾诺莎指出,由于自然具有这种决定论性质,所以自然没有目的:"因为在本书第一部分的附录里,我已经指出自然的运动并不依照目的,因为那个永恒无限的本质即我们所称为神或自然,它的动作都是基于它所赖以存在的必然性;像我所指出的那样,据第一部分命题十六,神的动作正如神的存在,皆基于同样的自然的必然性。所以神或自然所以动作的原因或根据和它所以存在的原因或根据是一样的。既然神不为目的而存在,所以神也不为目的而动作。"(《伦理学》第四部分·序言)③

但是,上述目的论批判与现代自然科学那里的目的论批判不同。因为斯宾诺莎所谓的自然是上帝,而且上帝也没有目的。在这里,康德的那种"自然与自由"的领域的分离、科学与伦理的分

---

① 译文根据斯宾诺莎:《伦理学》,贺麟译,第 29 页。——译注
② 关于"多元决定",参见本书第 61 页注释①中的译注。——译注
③ 译文根据斯宾诺莎:《伦理学》,贺麟译,第 167 页。——译注

离遭到了拒斥。① 虽然斯宾诺莎本人没有使用这个词,但我们或许可以将他的思考称为"自然史"。也就是说,不仅是狭义的自然科学领域,一切文化的、伦理的领域都包含在这种自然史之中。

二

当斯宾诺莎说"那个永恒无限的本质即我们所称为神或自然"的时候,看上去仿佛不存在历史。然而,事实上刚好相反。斯宾诺莎的意思是,一切都是历史性的。说到永恒的时候,就像在谈论无限的时候那样,人们会想到超越于这个世界的东西。但是,斯宾诺莎所谓的"永恒",意思反而是不存在这样的外部(超越)。换句话说,历史(事件)中不可能存在超越历史的那种理念、目的、叙事,它们仅仅属于这个自然史的内部,并且不过是从中产生的表象而已。

关于《圣经》,斯宾诺莎如此写道:

---

① 即使是在今天,"自然科学"与"文化科学"这组康德式的或19世纪式的区别也仍然占据支配地位。也就是说,人们认为自然科学探究的是自然的超历史性法则,而文化科学探究的则是历史性的法则。但是,在如今的物理学前沿领域,人们认为自然法则并不是外在于宇宙的东西,而仅仅在宇宙的历史内部才成立。例如,随着宇宙因膨胀而发生的变化,微观的物理常数也发生着历史性的变化。因此,"支配微观世界的物理法则很可能在和宏观宇宙结构的相互关系中不断变化"(佐藤文隆:《大爆炸的发现》)。换言之,自然法则本身属于这个宇宙(自然)的历史。这正是"自然史"的观点。所以,如今的自然科学反而与"自然史"的观念更为接近。

最后,《圣经》一句话的历史必须与所有现存的预言书的背景相关联,那就是说,每编作者的生平、行为与学历,他是何许人,他著作的原因,写在什么时代,为什么人写的,用的是什么语言。此外,还要考求每编所经历的遭遇。最初是否受到欢迎,落到什么人的手里,有多少种不同的原文,是谁的主意把它归到《圣经》里的。最后,现在公认为是神圣的各编是怎样合而为一的。我已说过,所有这样的知识,都须包括在《圣经》的"历史"中。①

173　　斯宾诺莎认为,《圣经》本身属于历史。当然,这一观点在当时非常新颖,而今人对此也许丝毫不会惊讶。可以说,如今的圣经学大致是按照斯宾诺莎的方法在进行的。但是,正如他的"自然"论不同于如今的自然科学,他[关于《圣经》的论述]也不同于如今的历史学。斯宾诺莎之所以能说一切都在"历史内部",是因为在此之前他已经将"无限"观念引入进来了;而在后者那里,一切的外部(超越)都是不可能的。正因为有了这个观念,叙事=表象才能呈现为斯宾诺莎所论述的那个样子。

　　斯宾诺莎否定奇迹的存在:"《圣经》中作为实际事件来谈论的所有事情,大体与发生的一切事情一样,都是依照必然的自然法则而发生的。"奇迹,也即"将原因不为人所知的事件称作神性的行为或神迹",是一种错误。人们往往认为,"如果自然根据从

---

① 译文根据斯宾诺莎:《神学政治论》,温锡增译,北京:商务印书馆,1996年,第111页。——译注

来的秩序而活动,上帝就什么也不做;相反,上帝做什么的时候,自然能力和各种自然原因就会停止运作"。"若是有人说上帝之所施为是违反自然的法则的,他事实上就不得不说上帝之所为违反了上帝自己的性质——这显然是荒谬的。由同一前提也很容易证明,自然的力量与效能,其本身就是神的力量与效能,而神的力量就是上帝的本质。"① 换言之,奇迹可以根据自然＝上帝而被否定,但无法仅仅在经验上被否定。毋宁说,奇迹就是自然＝上帝本身。就像后来维特根斯坦说的那样:"世界中没有神秘,世界的存在才是神秘。"

三

不存在超越于这个"世界"的东西。但是,反过来说,我们也无法超越这个世界。笛卡尔一方面认为这个世界带有决定论的性质,另一方面则承认自由意志。这和他承认存在着超越这个世界的人格性上帝有关。这是因为,如果我们认为存在着超越于这个世界的自由意志,就会想象出这样的上帝。如果人的自由意志是一个表象,一个因我们不知其规定性原因才深信不疑的表象,那么具有自由意志的上帝也是一个表象。或者说,历史背后的理念或目的也是表象。

斯宾诺莎的"无限"是"超验性"的不可能性,也是穿透"总体性"的不可能性。目的恰恰来自一个俯瞰全体的视角。例如,黑格尔的精神就是这样的东西。黑格尔指出,斯宾诺莎那里缺乏矛

---

① 译文根据斯宾诺莎:《神学政治论》,温锡增译,第 91 页。——译注

盾,缺乏历史性的运动。确实,在"无限实体"那里,不可能存在黑格尔的理念所具有的那种自我展开。但是,毫无疑问,斯宾诺莎并未否定历史(事件)。他认为,事件只是单纯地发生,而且是以(多元)决定的方式发生的。反倒是理念,才仅仅是从结果那里设想的表象而已。确实,在斯宾诺莎那里没有矛盾。因为斯宾诺莎认为,自然史无法放入单一视角以及由此揭示出矛盾的那种目的论配置之中。主张不存在超验性,与主张自然史存在于结构论式的因果关系之中,[其实是]同一件事的两面。对目的论配置而言,斯宾诺莎的决定论总是过剩的。

在黑格尔那里,矛盾是历史的原动力,理念根据矛盾实现自身。当然,我们不能单纯地否定这种观念论。这是因为,黑格尔的视角是在结果处看待历史,换言之即通过总体性而看待历史——对此,无论提出怎样的唯物主义,只要[依然]站在这种"元层面"上,那么结果都是一样的。斯宾诺莎提出作为"无限"的自然的观念,就是为了表明:这样的总体性是不存在的,换言之,我们不可能站到"元层面"上去。

必须再三强调:斯宾诺莎的自然史是"观念",只有它才能阐明历史的叙事性和表象性。例如,马克思如此写道:

> 我决不用玫瑰色描绘资本家和地主的面貌。不过这里涉及的人,只是经济范畴的人格化,是一定的阶级关系和利益的承担者。我的观点是把经济的社会形态的发展理解为一种自然史的过程。不管个人在主观上怎样超脱各种关系,他在社会意义上总是这些关系的产

物。(《资本论》序言)①

马克思一次也没用过"历史唯物主义"或"辩证唯物主义"等语词。在他那里,始终如一的是上述"自然史"性质的认识。在这里,马克思完全摒弃了通过理念或目的,或者通过道德来看待历史的视角。在我看来,这种认识首先来自斯宾诺莎。换言之,马克思的"自然史"式的观点,既不是单纯的历史主义,也不是唯物主义。这里存在着"无限"的观念。只有根据这种"观念",才能批判观念论。因为用斯宾诺莎的话说,观念论那里的观念不过是"概念"。

例如,让我们在这里思考一下这个悖论:马克思说过"意识是由社会存在决定的",但有人会说,马克思自己不也是社会存在所决定的吗?不过,说这话的人,他不也是社会存在所决定的吗?以此类推。然而,这种逻辑性的"无边界"是毫无生产性的。因为在马克思那里,"意识是由社会存在所决定的"中的"意识",已经以"无限"的观念——即任何东西都无法超越自然史——为基础了。

科耶夫(Alexandre Kojève)指出,我们无法超越黑格尔的哲学:"黑格尔的话语穷尽了思维的一切可能性。因此,人们不可能用一种不属于他的话语,用一种无法被再现为体系之一环(作为整体的契机)的话语,来与他的话语对峙。所以,可以认为,由于这一话语并不是能够被'辩证扬弃'的'命题',它就不具有辩证

---

① 译文根据《马克思恩格斯文集》(第五卷),中共中央马克思恩格斯列宁斯大林著作编译局编译,北京:人民出版社,2009年,第10页。——译注

法的性质。"(《黑格尔导读》)

如果确如科耶夫所言,那么在黑格尔之后还能做什么呢?例如,如果从后来者的视角出发,对黑格尔的历史性作出批判,那也成了对黑格尔的沿袭。要言之,试图超越黑格尔,这一想法本身就成了错误。因为黑格尔的哲学是所谓超越的哲学,是对于超越的哲学的完成。马克思所做的是显示"超越"的不可能性。而在马克思之前,斯宾诺莎已经显示了这一点——他通过"无限"的观念指出了这一点。

第六章
被动性与意志
受動性と意志

一

斯宾诺莎认为,自由意志或超验性不过是表象。但是,我们必须将他对自由意志的批判,与基督教那里的说法或一般的对于超验性上帝的信仰那里的说法区别开来。例如这种说法:人们傲慢地觉得自己的行为是自由选择的,殊不知这是全知上帝的算盘。斯宾诺莎的自由意志批判与此完全相反。在他看来,一切都在上帝=自然的内部,不存在外部的全知上帝。"超验性的上帝",恰恰是人类所抱有的表象——认为自己具有超越于自然的自由意志的人类所抱有的表象。或者说,斯宾诺莎认为,这样的上帝表象,源于人类幼年时期对父母抱有的畏惧感和依赖感,它恰恰起源于这个自然=世界。

斯宾诺莎的论述完全取决于作为无限实体的上帝=自然的观念,所有批判都是从中演绎出来的。例如,他对自由意志作出了如下批判:

> 人之被欺骗由于他们自以为他们是自由的,而唯一使他们作如是想的原因,即由于他们意识到他们自己的行为,而不知道决定这些行为的原因。所以他们对于自由的观念,其实是由于他们不知道他们自己行

为的原因;至于说他们的行为出于他们的意志,这纯是些没有思想的语句。(《伦理学》第二部分·命题三十五·附释)①

在这里,如果将"原因"换作"结构",那么无疑就很接近于如今的结构主义思考了。事实上,结构主义(或后结构主义)在对于作为实体的"主体"进行攻击时,也将斯宾诺莎当作自己的鼻祖。但是,我们能抛开斯宾诺莎那里的"自然史"观念,凭自己喜好来理解他吗?

二

斯宾诺莎用观念来批判表象。但是,这不是用真理来批判虚假。例如,他指出,笛卡尔认为上帝有可能欺骗自己,而之所以笛卡尔会假定这么一位上帝,是因为他不具备关于上帝的真正观念。然而,斯宾诺莎所谓的"真正观念",不是对于真正观念的意识。关于笛卡尔的哲学原理,斯宾诺莎如此说道(由于此文是斯宾诺莎以假名所写,所以其中"他"指的是斯宾诺莎本人):

> 因为据他本人看来,意志并不是和理智不同的,它远没有笛卡尔赋予它的那种自由。正是在这个地方,笛卡尔……不加证明就武断地认为人的心灵是绝对能

---

① 译文根据斯宾诺莎:《伦理学》,贺麟译,第75页。——译注

思想的实体。虽然我们的作者也承认世界上存在着能思想的实体,但是他否认这个能思想的实体就构成人的心灵的本质。他倒是坚持这样的观点:正如广延不为任何界限所限制一样,思想也不为任何界限所限制。因此,正如人的身体不是绝对的,而是以确定的方式按照广延的自然规律为运动和静止所限制一样,人的心灵或灵魂也不是绝对的,而是以确定的方式按照**思想的自然规律**为观念所限制。他得出结论说,思想的存在只有在人的身体开始存在的时候才是必然的。根据这个界说,我们很容易看出来意志并不是不同于理智的东西,有如笛卡尔所断言的那样,我们决不能说意志赋有那种自由。甚至,意志作肯定和否定的能力,在它看来也只是一种虚构,因为肯定和否定并不是在观念之外的某种特别东西。至于其余的能力,像理智、欲望之类,在他看来都应当算作虚构,或者最多算作我们用抽象方法所形成的概念,在这一点上,它们和一般意义上的人类、一般意义上的石头等概念没有区别。①

笛卡尔认为,思维和广延是实体。但是,斯宾诺莎则认为,它们不过是唯一实体的无限众多的属性中的两个而已。不仅是身体,思维也存在于"自然"(无限的自然)之中。思维无法对此进行超越。认为思维可以超越"自然"的想法,便是表象＝一般

---

① 译文根据斯宾诺莎:《笛卡尔哲学原理》,王荫庭、洪汉鼎译,第40—41页;稍有改动。强调为柄谷所加。——译注

183 概念。非但如此,由于"思维是人的身体存在伊始就必然给定的",思维在身体内部才是可能的,思维无法与身体分离。像笛卡尔那样,让思维独立于身体(广延),让意志优越于身体,这些都不过是想象。要言之,斯宾诺莎说的是,我们的"意识"不过是一种表象。

需要注意,"真理"的意识也同样如此。斯宾诺莎将表象和观念对峙起来,但这不等于虚假和真理的对峙。也就是说,表象与观念的区别不是现象与本质、意见(doxa)与知识(episteme)等形而上学传统中的区别,[不如说,表象与观念的区别]反倒意味着这些区别本身是一种表象。在柏拉图以来的哲学那里,一般认为精神应该从封闭它的身体中解放出来并寻求"真知"。斯宾诺莎否定了这种想法。所以,他没有说:要否定表象,或表象可以被否定。相反,对于我们作为身体而存在、对于思维始终只能是表象,斯宾诺莎将这些视为不可避免之事而予以"肯定"。例如,斯宾诺莎写道:

184 　　同样,当我们望着太阳,我们想象着以为太阳与我们相距约有二百呎,这错误并不纯在想象,乃起于当我们想象时,我们不知道它的真距离如何,也不知道想象的原因是什么。因为即使我们后来知道太阳与我们的距离,在地球的直径六百倍以上,我们仍然想象着太阳离我们很近,因为这并不由于我们不知道它的真距离,而仍然由于我们的身体自身为太阳所影响,而我们身体的情状即包含有太阳的本质。(《伦理学》第二部分·命

题三十五·附释)①

太阳看上去距离很近,看上去就这么大,这并不是谬误或虚假。我们无法消除这种表象。晚期胡塞尔在《欧洲科学的危机》中发现的"危机"在于,自然科学的知识已经游离了这种知识本来扎根的基础,即知觉或"生活世界"。也就是说,科学便是这样一种意识:忘却自身的起源,深信自己就是真理。斯宾诺莎不仅仅提前预判了这种观点。他既对科学没有幻想,也对"身体"没有幻想。对他来说,知觉也好,科学也好,都不过是一种表象。他之所以能这么说,正是凭借着自然(史)的观念。例如,自然科学内在属于自然史。因为不仅自然科学本身发生着历史性的变化,它的对象(自然)也是历史性的。由此就可以理解,我们的自然认识是如何通过"思想的自然规律"(范式)而"以确定的方式为观念所限制"的。

用比喻的方式说,斯宾诺莎所反对的是那种想法,即认为以前的科学是虚假的,如今的科学才是真理。代替表象的[无非]是别的表象。但斯宾诺莎并不是相对主义者或怀疑主义者。他之所以能这么说,根据的是自然史的观念。然而,如果抛开这一点,我们还能作出和斯宾诺莎一样的论断吗?观念本身不也是意识吗?

---

① 译文根据斯宾诺莎:《伦理学》,贺麟译,第 75 页。——译注

三

对于试图用"意志"来克服身体产生的被动情感(情念)的姿态,斯宾诺莎表示否定。对于情感,我们能做的只是努力认识它的原因。代替情感的不是意志,而是另一种情感。换句话说,意志本身无非是一种欲望(被意识到的冲动),它来源于我们无法对[情感]的复杂原因进行认识。重复一遍:斯宾诺莎承认这样的情感和欲望是不可避免的,他否定那种想要用理性或意志来对此加以克服的态度。

"一个情感只有通过一个和它相反的,较强的情感才能克制或消灭。"(《伦理学》第四部分·命题七)①在某种意义上,这让人想起弗洛伊德关于宗教的论述。弗洛伊德认为,宗教是一种集体性的神经症。我们无法通过意志来克服神经症。不过,弗洛伊德承认,一个人如果信奉了宗教,就能治愈个人的神经症。这也就是说,若要消除某种情感(神经症),就得依靠另一种更强大的情感(集体性神经症)。当然,弗洛伊德反对用集体性神经症来治疗神经症。虽然困难,但有一个办法可以应对个人和集体性的神经症。这个办法就是斯宾诺莎说的这句话:"一个被动的情感只要当我们对它形成清楚明晰的观念时,便立即停止其为一个被动的情感。"(《伦理学》第五部分·命题三)②

换言之,斯宾诺莎说的是:除了对它形成"清楚明晰的观念",

---

① 译文根据斯宾诺莎:《伦理学》,贺麟译,第175页。——译注
② 同上,第240页。——译注

我们无法从被动性的状态中摆脱。在这种情况下，尽管他谈论的仅仅是情感，但"被动性"适用于一切"意识"。甚至真理的意识也是表象，也处于被动性之中。能够超越作为真理的意识形态的，从来都是另一种真理意识形态。

在这里，正如之前提到的那样，我们遇到了几个疑问。首先，如果"观念"将真理的意识本身视为表象，那么"观念"不也是意识吗？这个问题也可以换一个表述：[就算]我们处于自然史之中、处于被动性＝表象之中，认为可以对此进行超越的想法本身不过是一个表象；那么，这个论断本身不就是一种超越吗？或者说，当我们把个体意义上的主体视为被动表象的时候，不也仍然存在着一个能进行如此观察的主体吗？

可以说，斯宾诺莎如此考虑：当我们试图怀疑某个东西是否是表象、试图究明其"诸多原因"的时候，我们的这种意志本身是由这一自然史所推动的，这种意志的原因在于自然史。"我思"非但不会超越于自然，它本身就是这一自然史的种种原因的结果。斯宾诺莎[的论述]不是超验性的，因而他也不承认超验性的存在，但他的这一姿态———一言以蔽之———是先验性的。斯宾诺莎在著作中绝口不提、却依然存在着的，便是这种"我思"。"先验"的姿态才能否定超验性，单独性才能否定主体（个体）。撰写《伦理学》的斯宾诺莎，位于一个外在性的"场所"。这一"场所"既不是上方，也不是基底。如果没有这个场所，这个将超验性本身视为表象的场所，"无限"就是不可能的。无限的观念不是意识＝表象，而是外部的实存。换言之，也就是伦理。

斯宾诺莎说，如果形成了"清楚明晰的观念"，被动情感就停止其为被动情感。但是，如果讨论的不是个别情感，而是文化的整个领域,那么这里的难度就令人感到绝望了。例如,在批判《圣经》里的奇迹时,斯宾诺莎指出,《圣经》之所以要这么写,目的是鼓动民众:"《圣经》并不试图说服理性,而仅仅致力于刺激和感染人们的想象力和表象能力。事实上,如果《圣经》像政治史家那样叙述某个国家的灭亡,恐怕它就丝毫不能让民众感动。"这样的民众或共同体受到被动情感的驱使,不断要求并生产着叙事=表象。这一状况在今天也没有改变。弗洛伊德写道:

> 由于种种原因,我根本无意对人类文明的价值发表任何看法。我一直努力防止自己遭受狂热的偏见的影响,这种偏见认为,我们的文明是我们所拥有的或可能获得的最宝贵的东西,而且认为文明的道路一定会把我们引向难以想象的完美境界。……因此,我没有勇气在我的同胞面前自称是预言家,我完全接受他们的责难,认为我没有给他们提供任何安慰:因为从根本上说,这正是他们所有人都要求的东西——最狂热的革命者和最虔诚的信徒同样激烈地作出了这样的责难。(《文明及其不满》)①

斯宾诺莎在《伦理学》中的乐观主义和弗洛伊德的这种悲观主义适成表里。由于希望的叙事付诸阙如,也就没有绝望;由于意义和目的付诸阙如,也就没有无意义。一方面,由于没有希望和意义,因而显得是悲观主义和虚无主义;另一方面,由于没有绝

---

① 译文根据弗洛伊德:《一种幻想的未来 文明及其不满》,严志军、张沫译,上海:上海人民出版社,2007年,第212页。——译注

望和无意义,因而映现出乐观主义和信仰。①

---

① 关于针对科学的批判、关于科学之无能的指责或怀疑主义,晚年的弗洛伊德写道:"但是,这种想法忽视了对理解科学工作而言至关重要的一些因素。首先,我们的构造——也就是说,我们的心理器官——的发展正是为了试图探索外部世界,而且因此它必须在自身的结构中形成某种程度的权宜之计;其次,心理器官本身也是我们要探寻的世界的组成部分,而且世界也乐于允许我们进行这种探寻;第三,如果我们将科学任务仅限于世界必定以怎样的方式作为我们构造特殊性的结果而呈现在我们面前,那么科学的任务就得到了充分的涵盖;第四,正是因为人们获得科学发现的方式,最终的科学发现才不仅由我们的构造所决定,它们还取决于对这种构造产生影响的事物。"(《一种幻想的未来》)[译文根据弗洛伊德:《一种幻想的未来 文明及其不满》,严志军、张沫译,第 93 页。——译注]

很明显,弗洛伊德正是以斯宾诺莎式的"自然史"观念为基础。我们不能把这称为科学信仰。"我们的科学不是幻想。但是,如果我们假设自己可以在其他地方得到科学无法给予的事物,那么这种设想就是一种幻想。"(同上)[译文根据弗洛伊德:《一种幻想的未来 文明及其不满》,严志军、张沫译,第 93 页。——译注]

话说回来,弗洛伊德反对所谓的"科学社会主义",认为它是一种幻想 = 叙事。但马克思的下面这段论述带有斯宾诺莎色彩:"共产主义对我们来说不是应当确立的状况,不是现实应当与之相适应的理想。我们所称为共产主义的是那种消灭现存状况的现实的运动。这个运动的条件是由现有的前提产生的。"(《德意志意识形态》)[译文根据《马克思恩格斯全集》(第三卷),中共中央马克思恩格斯列宁斯大林著作编译局译,第 40 页。——译注]马克思否定了对于自然史前提的"超越",否定了认为可以对此进行人为操作的"自由意志"。在现实中,被称为"共产主义"的不过是这种表象,不过是"共同体主义"而已。斯宾诺莎 = 马克思式的认识,或许会把马克思主义者或认为"宏大叙事"已死的论者所提出的新东西视为一种表象——因为它们肯定是类似莱布尼茨式的东西。

第七章

自然权利

自然権

斯宾诺莎认为,个体意义上的"我"或思考主体从来没有独立性。我(意识)受到身体(作为自然的身体)和历史(作为自然的历史)的规定。我(意识)仅仅作为一种被动性而存在。在这个意义上,斯宾诺莎否定了思考主体(意识主体)的独立性。换言之,他否定了意志的自由和超验性。从当代语境来看,斯宾诺莎说的是:意识被各种无意识的结构和制度所规定,之所以设想出一个仿佛自由的主体,不过是因为不知道这些复杂的"原因"罢了。如今的"主体批判",可以说完全就是斯宾诺莎式的。

当这种决定论触及人的意志或意识的时候,就难免招致反驳。例如,萨特强调指出,每个人的实存性自由就超越了这种决定论。当然,他认为人已经被抛入(历史的)状况之中,无法超越这种[状况]。但他还是认为,实存作为存在的"无",恰恰就是对于[这种状况]的不断超越,换言之,即被判处"自由之刑罚"。这基本上是笛卡尔式思考的延续。但是,在斯宾诺莎那里,并非不存在这种"实存"性的契机。非但如此,就像之前说过的那样,斯宾诺莎的主体批判本身与他的外部性的、单独性的实存息息相关。能够为"主体(个体)不过是表象"这个论断作出担保的,正是主体(单独性)。

在这里,让我们重新考察一下斯宾诺莎的表象批判在哲学史上的意义。他如此写道:

> 因为人对于自然和人为的事物,总有习于构成一般的观念,并且即认这种观念为事物的模型,他们而且又以为自然(他们相信自然无论创造什么东西,都是有目的的)本身即意识到这些模型,而且把它们提出来作为事物的型式。所以当人们看见一件自然事物,不完全符合他们对于那类事物所构成的型式,他们便以为自然本身有了缺陷或过失,致使得那物不圆满或未完成。由此足见应用圆满和不圆满等概念于自然事物的习惯,乃起于人们的成见,而不是基于对于自然事物的真知。因为在本书第一部分的附录里,我已经指出自然的运动并不依照目的,因为那个永恒无限的本质即我们所称为神或自然,它的动作都是基于它所赖以存在的必然性;像我所指出的那样据第一部分命题十六神的动作正如神的存在皆基于同样的自然的必然性。所以神或自然所以动作的原因或根据和它所以存在的原因或根据是一样的。既然神不为目的而存在,所以神也不为目的而动作。神的存在既然不依据擘画或目的,所以神的动作也不依据擘画或目的。(《伦理学》第四部分·序言)①

在这里,斯宾诺莎所谓的"一般观念"指的是概念。也就是说,所谓表象,是我们在"那个永恒无限的本质即我们所称为神或自然"的外部所设想的一切东西。表象总是在"一般性—个别性(特殊性)"的回路内部成立。斯宾诺莎的"表象"批判的目标所

---

① 译文根据斯宾诺莎:《伦理学》,贺麟译,第 167 页。——译注

指，与其说是狭义的表象（想象），不如说是对哲学起支配作用的那种逻辑。毫无疑问，作为对这种"概念"进行批判的根据，斯宾诺莎提出了"观念"——这种"观念"也即"普遍性—单独性"之轴。

形而上学的讨论总是在个体与类别（一般性）的对子中进行。发生于实在论与唯名论之间的"普遍性论争"，绝不是陈年往事。相比于哲学，[这场论争]更在社会学和系统论那里公然延续着。例如，它体现为究竟是先有"个体"（原子论）还是先有"整体"（整体论）的问题。另一种想法则是莱布尼茨类型的：个体表现了整体——如今这种想法表现为"全子论（holonics）"①之类的模型。此外还可以加上黑格尔式的辩证法。也就是说，由于个体被整体所中介、整体又被个体所中介，我们就必须一次性把握这个循环。上述四种论述有着五花八门的变种。有的强调个体，有的强调个体的幻想性，但所有这些论述根本上缺乏的是单独性。不仅是强调全体的那些论述，而且强调个体的那些论述到头来也牺牲了作为单独性的个体。

斯宾诺莎不在这些逻辑之中。因此，他有时看起来是实在论者（因为他认为作为"无限实体"的上帝是先决条件），有时看起来是唯名论者（因为他赞同霍布斯）。但是，他既不是实在论者，

---

① "全子（holon）"指的是这样一种东西，它既具有自身的整体性和同一性，同时也是另一个更大整体的一部分。"全子"模型被论者试图用来克服"部分"与"整体"的对立，同时也用于表达组成更大整体的各个部分的独立自足和自我组织。"全子"一词最早由作家库斯勒（Arthur Koestler）在其著作《机械中的幽灵》（*The Ghost in the Machine*，1967）中发明。——译注

也不是唯名论者。不如说,他对上述思考模式本身提出了异议。在这里,让我们通过他的国家论来考察这个问题。

例如,霍布斯认为,只要在"自然状态"下,每个人彼此之间都是狼,而为了摆脱这种状态,每个人就必须将各自的自然权利让渡给国家(利维坦)。这是社会契约论的原型,也是从个别事物出发进行思考的一种典型逻辑。斯宾诺莎基本上同意唯名论者霍布斯所谓的"自然状态":"只要人们为情欲所激动,他们便可以互相反对。"(《伦理学》第四部分·命题三十四)①因此,斯宾诺莎也同意,国家是不可或缺的。但不同于霍布斯,斯宾诺莎指出,任何人都不可能向国家全面地让渡"自然权利":

> 没人能完全把他的权能,也就是,他的权利,交付给另一个人,以致失其所以为人;也不能有一种权力其大足以使每个可能的愿望都能实现。命令一个国民恨他所认为于他有益的,或爱于他有损的,或受辱而处之泰然,或不愿意摆脱恐惧,或许多与此类似的事,那永远是枉然的,这些事密切地遵守人性的规律。……所以,我们必须承认,每人保留他的权利的一部分,由其自己决定,不由别人决定。②

这看起来不过是对霍布斯《利维坦》的一个奇妙而细微的修正。许多论者从这里看出了斯宾诺莎的"个人主义"并对此予以

---

① 译文根据斯宾诺莎:《伦理学》,贺麟译,第192页。——译注
② 译文根据斯宾诺莎:《神学政治论》,温锡增译,第226页。——译注

高度评价。然后从当时的状况出发,对这段论述作出说明。但是,论者们没有讨论的是:为什么这种见解会作为"证明"而必然地出现?斯宾诺莎所谓的个人,不是在与类别构成的圆环内发现的个体,而是作为单独性存在的个体——只有考虑到这一点,我们才能理解对于霍布斯作出的上述批判。但凡试图从个体出发来形成类别,那么霍布斯的那种思考方式就是不可避免的。对此,有一种黑格尔所代表的批判,即认为这样的个体已经是由类别中介了的个体,想将个体作为实体抽出,纯属幻想。黑格尔批判了社会契约论,认为它是一种抽象的思考。但是,社会契约论应该受到批判的地方,不在于它不承认整体(系统)是先决条件,而在于它[恰恰]暗中将这一点作为前提。要言之,社会契约论正是为了给现代国家的优越地位提供正当性而炮制出来的逻辑。斯宾诺莎所谓的"契约"不是这种东西。如果霍布斯那里的契约[的作用]是将个人内在属于共同体(国家)这一点正当化,那么斯宾诺莎所谓的契约可以说所指的就是无法让渡的、作为单独性存在的个体之间的"社会"关系。

作为单独性存在的个体,不是孤立的个体。在斯宾诺莎看来,孤立的个人虽然拥有自然权利,却是无力的。换言之,单独一人的情况下,毋宁说不存在自然权利。针对霍布斯,斯宾诺莎写道:"譬如,假如有两个本性完全相同的个人联合在一起,则他们将构成一个个体,比较各人单独孤立,必是加倍的强而有力。所以除了人外,没有别的东西对于人更为有益。"(《伦理学》第四部分·命题十八·附释)①"所以,我得出如下结论:只有在人们拥

---

① 译文根据斯宾诺莎:《伦理学》,贺麟译,第184页。——译注

有共同的法律,有力量保卫他们居住和耕种的土地,保护他们自己,排除一切暴力,而且按照全体的共同意志生活下去的情况下,才谈得到人类固有的自然权利。"①

由此,斯宾诺莎所谓的国家不同于霍布斯所谓的国家。马克思相对于国家而将它称为"市民社会"。② 它不是内属于国家(共同体)的东西,而是超越了共同体,即通过社会关系和交通网络而存在的那种交通空间。再说一遍:单独者不是孤立的个人。确实,单独者没有"共同体性"。但它是"社会性"的。或不如说,只有单独者才是"社会性"的。斯宾诺莎所考虑的国家,在这个意义上具有社会主义(不是共同体主义)的性质。

我们必须把"个体—共同体"的对子和"单独者—社会"的对子区别开来。几乎所有的社会学理论或政治学理论都没有注意这一区别。它们始终都不过是在"个体—共同体"的圆环内吵来

---

① 译文根据斯宾诺莎:《政治论》,冯炳昆译,北京:商务印书馆,1999年,第18页。——译注

② "在过去一切历史阶段上受生产力制约同时又制约生产力的交往形式,就是市民社会。从前面已经可以得知,这个社会是以简单的家庭和复杂的家庭,即所谓部落制度作为自己的前提和基础的。关于市民社会的比较详尽的定义已经包括在前面的叙述中了。从这里已经可以看出,这个市民社会是全部历史的真正发源地和舞台,可以看出过去那种轻视现实关系而局限于言过其实的历史事件的历史观何等荒谬。"(《德意志意识形态》)[译文根据《马克思恩格斯全集》(第三卷),中共中央马克思恩格斯列宁斯大林著作编译局译,第40—41页。——译注]显然,马克思所谓的市民社会与现代国家或市民没有关系。它是社会性的"交通形态"。关于这种交通空间,我会在第三部进行讨论。

吵去。这是因为，跟"个体——一般性"一样，"个体—共同体"在语法和逻辑上非常容易理解。它恰恰被斯宾诺莎视为表象。之所以能够将它视为表象，其根据只能在于"观念"。如反复指出的那样，[这种"观念"即]普遍性意义上的上帝＝自然＝世界，它与单独性形成一对。只有在单独性那里，才可能存在普遍性。

例如，相对于作为"世界公民"而生活的康德，黑格尔认为，世界或个人都是抽象的，家庭、民族、国家等具体的东西才是现实的。① 对于康德那种世界主义，上述批判也许是恰当的。但是，这种批判不适用于斯宾诺莎。在他看来，这样的世界或个人不过是"表象"。他的单独性存在于黑格尔的那种具体性共同体的外部，而"世界"恰恰就只存在于这一外部。除此之外设想的"世界"，无论多么具有广泛性，实际上都内属于共同体。这种世界主义注定要被国家和民族打破，因为它不过是在后者内部设想出来的表象而已。

---

① 在日本，黑格尔的上述逻辑遭到了战前京都学派的滥用。典型事例便是田边元的"种的逻辑"，也即针对"类别"与"个体"而搬出"种"。战后，吉本隆明的"对幻想"理论也是如此。简单来说，这种理论说的是：用世界或个人等抽象观念无法对抗国家，具体的家庭才是对抗国家的基础，或是与所有"共同幻想"相对的自立性据点。但是，针对类别和个体而搬出"种"，并没有超出"种—个体"（一般性—特殊性）的回路，而不过是在它内部进行的逻辑操演。这一点最初就很明确了。例如，吉本所谓的"对幻想"也好，"个体幻想"也好，都是"共同幻想"（制度）。可以比较一下吉本所谓的幻想论和斯宾诺莎的表象论：将某个事物称为幻想，其根据在吉本那里至多是唯物主义意义上的现实或自然科学。

第八章

先验自我

超越论的自己

一

斯宾诺莎否定自由意志。这也就是否定主体的自发性和能动性(在这一章中,我在相同意义上使用"主体""主观""自己""自我"等语词)。在斯宾诺莎看来,主体或自我是一种"想象性的东西":作为身体的变样,它原本就是被动性的,受到各种"原因"的规定;尽管如此,由于不知道[这些"原因"],人们就认为主体或自我是一种自发性。

就当代哲学对"主体"的攻击而言,它与斯宾诺莎的谱系有着关联。例如,在拉康那里,作为一个各种欲望交错的混沌状态,幼儿获得自我意象的过程被称为"镜像阶段"。它指的是将这样一个意象——"如果存在自我,那么他者也许就会如此看待自己"——作为"自我"而接受下来。因此,所谓"自我"就是一种"想象性的东西"。此外,基拉尔通过"欲望即对于他人欲望的欲望",对主体自发性的信念进行了批判。

在广义上,这些批判都是对于斯宾诺莎所谓的"原因"的探究。不过,在斯宾诺莎那里,对于主动的、超验性的"主体"作出的批判,未必限定在心理和经验的主观上。这种批判也涉及超越自然(世界)而存在的主体,也即涉及上帝的表象。并且,这种批判也与[另一种]批判关联在一起,即批判从目的论式的角度、以"叙

事"的方式看待自然或历史(自然史):

> 现在要说明自然本身没有预定的目的,而一切目的因只不过是人心的幻象,已经无须多费唇舌了。……但是我还要补充几句,就是:这种目的论实把自然根本弄颠倒了。因为这种说法实倒因为果,倒果为因;把本性上在先的东西,当成在后的东西,并且反而把那最高的、最圆满的认作最不圆满的东西了。(《伦理学》第一部分·附录)①

这段话表明,马克思和尼采的论述方式非常具有斯宾诺莎的色彩。要言之,"主体"批判恰恰就是对于倒果为因的"透视倒错"的批判。

但是,不能认为我们可以就此把"主体"问题打发掉。例如,主体的哲学和笛卡尔密切相关,而斯宾诺莎最初是作为笛卡尔的批判者被人提及的。但事情没那么简单。上面这段斯宾诺莎的引文清楚表明,试图从自然史中发现"目的"、试图从中理解上帝(主体)的意图,这种思考在笛卡尔以前就已经司空见惯了。毋宁说,笛卡尔的主体[恰恰]是对这种"主体"的怀疑。笛卡尔的主体未必是认识论主体(主观)。毋宁说,它是在我们对后者进行怀疑的时候呈现出来的主体。

这个主体(我)非常奇妙。胡塞尔将它称为"先验自我"。我也会在稍稍不同的意义上使用这个语词。笛卡尔的主体对迄今

---

① 译文根据斯宾诺莎:《伦理学》,贺麟译,第39页。——译注

为止的主体或经验和心理意义上的主体进行怀疑。如下文所述，这种主体不是自我意识。斯宾诺莎注意到了这一点。尽管他攻击笛卡尔主义、指出笛卡尔主义倒果为因，但他充分意识到：这正是以笛卡尔式的主体为依据[所作出的批评]。

如今（或从古至今），尤其是在日本，一种主流的对于笛卡尔式主体的批判可以表述如下：超越主—客分离而达至主—客合一的境界。欧洲的"主体"批判话语也会在此得到援引。但是，我们可以试着提出怀疑：这难道不是占据支配性地位的话语（语法）所强加的[一种论述]吗——[因为]正是后者想方设法要让作为个体的我回到共同体中去？进行如此怀疑的我，便是所谓先验性的自我。它不是个体意义上的我，而是外部性和单独性意义上的我。

二

"主体"受到了各种批判。但是，如果是真正的批判，其中必定潜藏着"先验"主体。试图从语言、存在、社会关系等"原因"的角度来考察意识或意识主体的那种批判，绝没有处理笛卡尔式主体的问题，而仅仅是对之避而不谈罢了。

我们无法明确地谈论这种"我"，因为一旦把这个主体作为"主题（subject）"来讨论，它就会再次变成主体。笛卡尔就处在这种不稳定性之中。一方面，他通过对外界和身体，进而对心理意义上的自我本身都进行怀疑，通过将它们放入括号之中，从而发现了"我思"。但另一方面，这个"我思"也被等同于心理意义上的自我。由此，进行怀疑的主体——即怀疑思考是否也处于共同体(习惯、语法、系统)或身体的内部——就丧失了它的外部性,成了超越于[上述一切]的主体。笛卡尔主义就此成立。

不过,这个问题并不限于笛卡尔。马克思和尼采等人否定了笛卡尔式的主体;而他们的读者往往会认为,自己仿佛站在了一个超越了所有话语的"元层级"上。在那里,"主体"再次出现。也就是说,丧失了马克思或尼采那里的外部性,先验自我成了超验性的立场。

斯宾诺莎注意到了笛卡尔的这种危险性。所以,虽然他批判了笛卡尔主义,但不如说,他所做的是试图将笛卡尔彻底化。

如果以胡塞尔为例——他将现象学还原视为对笛卡尔的彻底化——那么这个问题就很清楚了:

> 笛卡尔对于通过悬搁(放入括号)才能发现的不可思议的**这个自我**感到惊奇,他的确问道:这是一种**什么样的自我**,这个自我究竟是不是人,也即是不是过着通常生活、可以靠感官来直观的人?然而,笛卡尔将身体予以排除——和感官世界一样,身体也受到悬搁——如此一来,笛卡尔那里的自我就被规定为 mens sive animus sive intellectus(心灵,也即灵魂或知性)。
>
> 但是,在这一点上,我们会有两三个问题。悬搁涉及的是在"我"(进行哲学思考的我)那里被事先给定的一切事物,不是吗?因此,悬搁涉及的就不仅仅是这个身体,而是包括所有人在内的世界,涉及人类本身,不是吗?(《欧洲科学的危机与先验现象学》)

换言之,胡塞尔认为,笛卡尔不够彻底,他将悬搁中的自我和心理性的自我等同起来了。既是进行悬搁的主体,又是通过悬置而发现的这个自我,也即先验性的自我,究竟是"什么样的自我"?胡塞尔的先验现象学的任务就是对此追根究底,也就是对于笛卡尔工作的彻底化。

对于心理性的自我,我们是过分熟悉了。"这种几乎无法根除的朴素性"有碍于我们追问先验自我的"存在领域":

> 正因如此,这个自我成了**不合逻辑的东西**,成了**一切谜团中最大的谜团**。但是,恐怕很多问题都和这个谜团有关——不,对哲学来说,一切都和这个谜团有关。而笛卡尔本人在发现这个自我时体验到的感动,哪怕对我们这样卑微的精神来说,都具有深远意义。因为它向我们预示着:在经历了所有的错误和混乱之后,真正伟大的、最伟大的东西总有一天会作为一切真正哲学的"阿基米德点"而显现出来。
>
> 这种向自我回归的新动机,一旦在历史上出现,即使会遭到各种各样的歪曲和涂抹,也会开创哲学的新时代,并通过在其中树立新目标而展现这一动机的内在力量。(《欧洲科学的危机与先验现象学》)

笛卡尔所带来的"这种向自我回归的新动机",不同于(例如)苏格拉底所带来的"认识你自己"的哲学动机。当然,[笛卡尔的动机]与那种试图在主观性中建构世界或凭借主观性来建构世界的倾向也不相同。"向自我的回归"绝不意味着立足于这样的自我(主观)。不如说刚好相反,它意味着怀疑一切自明性,意味着甚至将主体(主观)都视为"想象物"或"习惯"的做法本身。而胡塞尔所谓的先验主观,只有在这种情况下才存在,不然的话就是**不可能**的。

这便是"这个自我"的谜团或不合逻辑之处。我们不能认为,在心理性主观的外部或根底处,还**存在着**一个先验主观。所谓先验主观,指的是试图迈向外部的那种"态度"本身。在胡塞尔那里,现象学式的还原本身才是"先验"的。

三

"先验"是康德首先使用的语词,它有别于超验和先天。但是,尽管康德自己提请过注意,人们还是将"先验"的意思和"先天"混同起来,将"先验"与自我意识的结构或自我统一性直接联系在一起。这就是为什么,胡塞尔虽然从康德那里借用了这个词,但他还是对康德作出了批判,并试图从笛卡尔那里揭示先验性的自我。"康德没有触及笛卡尔的根本考察的深邃处,也没有被笛卡尔本人的问题性所推动,即深入到根本处来寻求基础和规定。"(《欧洲科学的危机与先验现象学》第二十七节)

一般而言,如康德自己所说,人们认为笛卡尔[的论述]还不完全是先验性的。因此,胡塞尔的上述论断听起来颇为奇妙。但是,应该说胡塞尔的独特性恰恰在这里:即不是从康德,而是从笛卡尔那里发现"先验的"企图。

在笛卡尔那里,推动先验性意向的是如下事实,即各个共同体那里的人将不同的东西视作真理。或者说是如下事实,即(自认为)在普遍意义上对世界进行思考的人们[其实]被封闭在共同体(系统)内部。在这个意义上,"先验的"说的是外部性,但它并不意味着实际位于共同体之外或超越于共同体。**超越**于共同体而对一般意义上的世界进行思考,恰恰意味着位于共同体的内部。

所以,先验自我不是自我意识。自我意识的确超越了自己所属的世界。但是,这不过是**反思**而已,也即不过是镜像中的存在而已。因此,"先验的"并不仅仅是自我关系(自我指涉),而必须是相对于共同系统的一种自我关系。布伯纳(Rüdiger Bubner)提醒人们注意这一点:

> 自我关系性因其形式性而成为一种逻辑结构,它不是心理性的事件或心理性的行为。我们必须牢记这种形式性,不然就难以避免将它混同为自我意识的问题。这样的混同确乎来自观念论的相同哲学传统,但就其自身而言,它与先验性论述未必一致。维特根斯坦认为,逻辑学是先验性的。在解释学的讨论框架内,语言游戏也好,意志沟通的集体也好,进而历史性传统的持续影响也好,都被称为先验性的。如果考虑到这一点,我们就不能轻易假设先验性与自我意识结构或自我的统一性直接相关。我们不能支持那种迄今为止在与康德相关的讨论中占据支配地位的倾向。(《当代哲学的战略》)

在这里,作者认为,没有必要把"先验"和意识问题联系在一起,不如说倒是应该避开这么做。关于胡塞尔,或许也必须这么说。

胡塞尔说,在自己的用法中,"先验的"一词指的是"追溯到一切认识得以形成的根本源头并对之进行追问的动机",指的是"认识者对自己和自己所认识的生活进行反思的动机"(《欧洲科学的危机与先验现象学》第二十六节)。但是,如此一来,讨论的范围就被限定在意识论之中了。"先验"未必要被限定在胡塞尔的现象学那里。

不仅如此,在胡塞尔那里,"先验的"也意味着"根源"和"奠定基础"。不过,"先验性"并不意味着这样的意向。它仅仅是相对于某个系统的自我关系,并在这个特定的意义上具有外部性。也就是说,"处于外部"绝不是站在一个积极明确的立场或位置上,而是相对于自己所属的系统而言的自我关系。在这个意义上,德里达(Jacques Derrida)笔下的"解构"一词,也正可以替换为"先验的"。

四

在这里,让我们思考一下笛卡尔的先验性。就《谈谈方法》而言,推动笛卡尔进行"怀疑"的不是哲学家的使命之类的东西,也不是他自己的心理动机,而是共同体之间的"差异"。不过,我们不能认为,笛卡尔从"我思"的明证性那里直接发现了超越于这种相对性的普遍性。我们也不能说,笛卡尔试图从数学那里寻求普遍性。

笛卡尔指出,自己进行怀疑一事是不完满的,它[表明]存在一个完满的上帝。这不是"证明"。可以说,笛卡尔说的是:自己产生怀疑,这是来自"差异",而这种"差异"反过来证明了超越各个共同体之上的那个世界(上帝)的普遍性。换言之,在笛卡尔那里,"差异"并不是相对主义(怀疑主义)所认为的对于普遍性的妨害,而恰恰是普遍性的证据。或者也可以说,正是在作为差异性(单独性)存在的"我"这里,普遍性才存在。

如前所述,在这里"个体(特殊性)—类别(一般性)"的水平轴转变为"单独性—普遍性"的垂直轴。应该说,这也就是胡塞尔所谓的"笛卡尔的根本考察的深邃处"。在康德那里,这样的"问题性"付诸阙如。他从笛卡尔式主观的根基处发现的,不过是"一般性的"主观而已。

相比于笛卡尔本人,斯宾诺莎更加注意到了笛卡尔的这种"深邃"。不过,在斯宾诺莎的著作中,这种先验主体完全消失了。这是因为它无法在理论上,或者说无法以积极明确的方式呈现出来。胡塞尔自己也说,无法将它作为"主题"来讨论:

因悬搁而丧失世界的作为我(Ich)的自我——换言之,也即这样的自我:只有在其思维作用的功能中,它才具有世界所能具有的全部存在意义——[这种自我]**在世界中**无法作为主题而出现,因为**一切属于这个世界的东西**,因而也包括自己的内心存在、也就是通常意义上的我(Ich),都是从这个**自我的功能**那里汲取其意义的。笛卡尔没能理解这一点。笛卡尔完全没能考虑下面这一点,也毫不奇怪了:通过悬搁而发现的那个自身存在着的自我,绝不是那种能够在自身外部具有其他许多个我(Ich)的"一个"我。我与你、内与外等所有区别,都只

有在绝对性的自我内部才能被"建构",这一点在笛卡尔那里遭到了遮蔽。(《欧洲科学的危机与先验现象学》第十九节)

但是,在说这段话的时候,胡塞尔已经把先验自我"主题"化了。也就是说,先验自我被视为那种"绝对性的自我"或"一般意义上的意识",我与你、内与外等区别得以在其中被建构起来。这是康德式的思考方式:

> 经验主观性与先验主观性的差别始终是不可避免的,但同样不可避免且难以理解的是两者的同一性。我自己作为先验自我而"建构"世界,同时作为心灵则是世界中的人类自我。……如果要谈论所谓先验性的"一般意识",也就是说,如果这个作为个体性—个别性而存在的自我,不可能是对自然加以建构的知性的承载者,我们就必须发问:我如何超越我的个体性自我意识,获得普遍的也即先验性—互主观性的自我意识?因此,互主观性的意识必须成为先验性的问题。(同上,第五十七节)

这是一个常见的问题机制。归根结底,它与"个别性——一般性"的水平轴相关,并且最多归结为一个唯我论的悖论。但是,"先验的"根本上应该就已经脱离了这种问题机制。

确实,先验自我不是[所谓的]"一个"我,但它也不是一般性的、共同主观意义上的自己。它是单独者,是所谓"**这个我**"。重要的是单独性与个别性(特殊性)的区别。

单独者不是作为个体存在的我,也不是孤立的我。它是"**这个我**",是绝对无法放到类别或一般性之中的单独性。而个别性的"我"已经是在共同主观性之中成立的东西。如开头所说,"我"(主体)不是与生俱来的,而是作为共同主观性成立的。或者,如马克思所说,人在社会之中个别化。

但是,先验自我不是这样的个别性,而是单独性。并且,正是[这种单独性],才可以把个体意义上的主体的主体性和自由意志视为想象性的东西。这里存在着斯宾诺莎的视角。他对自由意志和主体能动性的否定,并不意味着否认一切主体性或意志。因为"先验的"说的也是一种意志。胡塞尔写道:

> 仅仅是决定将世上事物的所有前给定性与所有前有效性予以彻底中断,并不能达到悬搁。悬搁**必须**得到认真的执行,**必须坚持下去**。自我不是世界的剩余,而是一种规定:一种只有通过悬搁,也即通过将世界**全部的**有效性"放入括号",才得以可能的、唯一的绝对必然的规定。(《欧洲科学的危机与先验现象学》第十八节)

先验自我,便是所谓的"重复"。它并不如其所是地存在着,而是在不断成为"先验的"东西的过程中存在。这就是意志。但它不是自由意志之类的东西。人们并不是凭借喜好或出于哲学家的义务感而成为"先验的"。

如斯宾诺莎所说,"怀疑"不是自由意志。如果没有普遍性——它能揭示一般性(概念)的欺骗性所在——"怀疑"就是不可能的。对斯宾诺莎来说,单独性意义上的主体和普遍性意义上的概念,是无中介地关联在一起的。或不如说,这种关联只能作为一种无法继续为之奠基的飞跃,因而作为一种"重复"而存在。

但是,胡塞尔试图在互主观性的统一中为普遍性的知识奠定基础:

> 在此成立的世界,是由真实存在的事物构成的、一切人共有的普遍地平线。每个人作为可能经验的主体,都带有自己的经验、自己的观点、自己的知觉关联、自己的有效性的变化、自己的修正,等等,而各个特殊的社交群体又有各自共同的观点,等等。……也就是说,每个人都带有对事物的不同观点和不同视野,但这些[不同观点和不同视野]都来自每个人(在对于相同事物的现实经验中)[将这个事物]作为相同事物所意识到的,也即作为这一事物的可能性经验的地平线所不断意识到的[那个]多样性的相同整体。(《欧洲科学的危机与先验现象学》第四十七节)

但是,共同主观性无法涵盖"作为普遍地平线的世界"。例如,语言是共同主观的东西,但它必定是某处的语言(共同体),规定着习得该语言的人们的意识。不存在"普遍语言"。因此,共同主观性无法保证普遍性。

最后,胡塞尔认为,先验自我不是"人",并且也不在"世界"之中。在他看来,讨论共同主观性的形成,这种做法对于共同主观性本身来说就是"先验的",他试图从这里发现普遍性。但是,这个时候,先验自我就仅仅是一个"谜团"。它无疑是一种绝对的明证性,但如果要对它进行讨论,它就会立刻变成一个依据或立场。

第九章

先验动机

超越论的動機

一

康德所谓的"批判",和我们一般所谓的批判不同。也就是说,它不是站在某个立场上对他人进行批判。[康德的"批判"指的是:]对于我们认为理所当然的事情,追溯到这一认识得以可能的前提那里,对前提本身进行考察。"批判"的特征在于,它与[我们]自己相关。"批判"不是把自己放到"元(超验的)层级"上去。相反,通过显示所有积极明确的立场都会陷入二律背反,"批判"拒斥这样的立场。换言之,"批判"是先验性的。

但是,我们不必像"批判哲学"那样,将康德的"批判"进行限定性理解。例如,如今德里达或德曼(Paul de Man)的所谓"解构"其实就是"批判",也即将单义的意义(真理)逼入不可决定性(二律背反)之中,以此来让它无效;这不是批判(解体),而是"批判"(解构)。"先验的"一词也是同样,我们没有必要把它限定在胡塞尔所说的意思上。

所以,我不把"先验的"限定在自我意识结构或自我的统一性等问题上,而是在下述意义上理解这个语词:即将我们在经验上视为自明且自然的东西放进括号,考察(批判)这种认识得以可能的种种条件。

由此我们就明白,问题并不仅仅停留在狭义的认识论领域。

例如,认为现代思考被笛卡尔式二元论的机制所规定,这种主张本身就是先验性的。因为这就是将对我们而言仿佛自明且自然的东西放进括号,对于让人产生如此认识的那个认识论框架本身进行考察。

这看起来很像所谓的历史性思考,其实不然。一般的历史性思考,不过是在当代认识论框架内对过去进行建构和解释而已。尼采对这种"历史主义"进行了攻击,另一方面却主张"历史性地思考",两者并不矛盾。后者无非就是先验性地对前者作出考察。

为了避免混乱,让我们把后者称为"系谱学"。所谓系谱学,指的是揭示出倒果为因的"认识的透视倒错"。尼采所谓的"历史性"不是指被历史地规定,而是指这种透视的倒错。

不过,这种思考方式不是尼采所独有的。例如,马克思如此写道:

> 历史不外是各个世代的依次交替。每一代都利用以前各代遗留下来的材料、资金和生产力;由于这个缘故,每一代一方面在完全改变了的环境下继续从事所继承的活动,另一方面又通过完全改变了的活动来变更旧的环境。然而,事情被思辨地颠倒成这样:好像后期历史是前期历史的目的,例如,好像美洲的发现的根本目的就是要引起法国革命。因此,历史便具有其特殊的目的并成为某个与"其他人物并列的人物"(如像"自我意识""批判""唯一者",等等)。其实,以往历史的"使命""目的""萌芽""观念"等词所表示的东西,无非是从后

来历史中得出的抽象,无非是从先前历史对后来历史发生的积极影响中得出的抽象。(《德意志意识形态》)①

换言之,马克思的思考已经是系谱学式的了。历史是以倒错的方式建构的,发生学式的描述不过是从结果出发,以逆向投射的方式将"自然生长性"的生成过程建构起来而已——当马克思指出这一点的时候,并且恰恰是在这个时候,他揭示了"历史性"。

这是对于一切目的论的"批判"。它与被称为庸俗马克思主义的目的论式历史观正好相反,所以,就算对这样的[目的论式历史观]作出批判,也无法**超越**马克思。

这种系谱学本来就不是为了**超越**(超验性),它是先验性的。例如,无论马克思或尼采说了什么,人们(包括他们自己)都会"目的论式地"生活。我们无法否认这一点。但是,我们可以将这一点放进括号。例如,如果在日常生活中否定"事物(客观)在我(主观)跟前存在"的思考方式,人们就无法生活。暂且将这种自明性予以还原(放入括号),这是"先验的"的意思;而真正如此生活的话,那就成精神分裂症了。

二

例如,阿里埃斯(Philippe Ariès)认为,我们对于死亡的恐惧是

---

① 译文根据《马克思恩格斯全集》(第三卷),中共中央马克思恩格斯列宁斯大林著作编译局译,第 51 页。——译注

非常"历史性"的:"在过去,人们对于死亡的态度,是认为死亡熟悉、切近、平和,认为死亡没什么大不了;这和我们[如今]对于死亡的态度截然相反,我们认为死亡极其恐怖,甚至都不敢提到这个词。"(《死亡与历史》)

阿里埃斯的追问,是一个系谱学式的追问:"给其实非常新颖的集体性心理现象赋予远古的起源,这一习惯到了19世纪或20世纪初仍然为我们所持有。"如果把这个追问称为年鉴学派的"方法",那就愚不可及了。因为这么做的话,上述认识一瞬间就转化成了历史学。因此,阿里埃斯马上补充道:

所以,我在这里想把这种熟悉的死亡称为**驯化了的死亡**。我并不是想说,死亡以前是野性的,后来不是了。相反,我想说的是,死亡如今成了野性的东西。(同上)

以前是那样,如今不是那样,这便是所谓的历史学。阿里埃斯想说,自己[的论述]不是历史学式的,而是系谱学式的。然而,阿里埃斯的读者到头来或许仍然会把他的论述读作新颖的历史学。这样一来,他的"批判"也许就会变成所谓的现代批判。

例如,在日本的语境中,柳田国男早就说过阿里埃斯所说的话。柳田的学问既不是历史学,也不是民俗学。对他来说,民俗学是揭示"历史性"的方法。柳田始终将自己的民俗学称为"内省的学问",是因为他的目的不是了解过去的对象,也不是提出可以对现状进行批判的积极方针,而是在"先验"的意义上重新追问当下的自明性本身。然而,柳田的学问到头来也被人们当作有关"过去是那个样子"的事实,或被当作"现代批判"来理解。

为了避免这种误解,我们有必要把那些被分类成马克思主义、考古学、现象学、人类学等的"方法"本身放入括号。换言之,只有在"先验性"这里,这些"方法"的要点才成立。当[这种"先验性"]被认为仿佛是一种积极性的(超验的)立场时,我们可以再次对它进行先验性的[考察]。但是,这绝不是一种**超越**。

例如,阿里埃斯或柳田的论述即使正确,我们也无法摆脱"死亡恐惧",他们也没有说人们可以做到这一点。先验性的批判,不是下面这种**批判**(否定),即认为死亡恐惧不过是现代性的错误。认为历史没有目的,这一"批判"不是虚无主义的主张。(例如,我所谓的"内面"批判,绝不是对于"内面"的否定。)

先验性的批判,不是对于现实中"死亡恐惧"的**超越**。但是,这也不是说在现实中无能为力。事实上,笛卡尔和斯宾诺莎所思考的正是这个问题。斯宾诺莎认为,我们无法凭借意志来控制情感(死亡恐惧),但可以努力了解其"原因",而至少来说,在这期间我们可以摆脱情感而获得自由。他对"自由意志"作出了批判。但是,这不是否定自由或意志。正是在下述意志(=知性)那里——即针对明明被各种原因所规定却自以为"自由"的状态,试图采取"先验的"[态度]的那种意志(=知性)——斯宾诺莎发现了自由。

系谱学式的思考(也即揭示原因与结果的透视倒错的思考),是"先验的"思考所独有的。事实上,上一章引用过的斯宾诺莎的论述,最先指出了这一点:

> 现在要说明自然本身没有预定的目的,而一切目的因只不过是人心的幻象,已经无须多费唇舌了。……但

是我还要补充几句,就是:这种目的论实把自然根本弄颠倒了。因为这种说法实倒因为果,倒果为因。(《伦理学》第一部分·附录)①

三

为什么不能把"先验的"限定在康德或胡塞尔的"方法"和对象领域内,理由想必已经清楚了。现象学或马克思主义或精神分析,进而福柯的"知识考古学"或德里达的"解构",都是先验性的。只有在这种前提下,先验主体的问题才会出现。这些思考方式都对经验性的我(主观)或自由意志进行了**批判**。但是,这种批判不是否定主体或消灭主体,而且也不可能做到这一点。更重要的是,认为不存在"我"这个主体——用兰波(Arthur Rimbaud)的方式来说,就是"我即他者"——这种说法本身就是凭借先验性的主体才得以可能的。

如果主张这样的主体**存在**,那么它就马上成了经验性的主体。或者说,成了**超验的**主体。先验主体**只存在于**对于上述主体的批判**之中**。换句话说,先验主体不是对世界进行建构的主体=主观,而只存在于那个试图站到这种世界之外的实践性的**主体性**之中。"先验的"就是"主体的",反之亦然。

但是,为什么这样说? 在康德或胡塞尔那里,都没有这样的问题。在他们看来,这是因为所有人在自己内部都具有一个先验

---

① 译文根据斯宾诺莎:《伦理学》,贺麟译,第39页。——译注

性的自我。当然,对于先验性的主体性是否如康德认为的那样,"对所有人都适用",是否能转化为建构客观世界的那种先验性的主观性,胡塞尔表示了怀疑:

> ……因此,所有人都"在自己内心持有一个先验性的自我"。不过,它并不是自身内心的实在部分或某个层次(这种说法不合逻辑),而恰恰是这个人可以通过现象学式的自我省察而加以呈现的、这个先验性自我的自我客观化。恐怕每一个执行悬搁的人,都能认出那个在所有人类行为中活动着的**根本性的自我**。如我们现在所见,最初的悬搁的朴素性带来了如下结果:我将那个作为活动中的自我的我,理解为先验性运作和能动性的自我极限;凭借这一点,自我(即进行哲学探究的那个"自我")一跃而起,在没有任何根据的情况下,开始对于我自身也是其一员的人类,抱有一种**不当的期待**:即期待它会变成处在活动中的先验性的主观性——[换句话说,也就是期待人类那里会发生]我在自己内部一个人完成的那种相同的变化。这在方法上是不当的,但这里也仍然有一种真理。然而,不管怎么说,出于我们在此无法深入探讨的**非常深刻的哲学理由**(而且不单单是方法上的理由),我们必须充分考虑到自我对于一切建构所具有的中心位置,考虑到自我的**绝对的唯一性**。(《欧洲科学的危机与先验现象学》第五十四节,强调为引者所加)

胡塞尔对于先验主体的"绝对的唯一性"（单独性）有所自觉。不过，他"出于非常深刻的哲学理由"，不想对此多作讨论。人们会认为这是"方法上的理由"。也就是说，会认为这是认识上的唯我论问题。然而，胡塞尔没说的事情，笛卡尔却说了。也就是，笛卡尔讨论了"先验动机"或先验主体是如何产生的（《谈谈方法》）。而这一论述采取的正是自传的形式。

同样的风格还可以在列维-斯特劳斯那部猛烈抨击笛卡尔的《忧郁的热带》中找到。对他来说，人类学家不是研究人类学的人，而是先验性的主体。为何且如何成为人类学家，这个问题相当于说，先验主体为何且如何存在。《忧郁的热带》以如下方式开头：

> 我讨厌旅行，我恨探险家。然而，现在我预备要讲述我自己的探险经验。话说回来，我是考虑了很长一段时间以后，才终于决定这样做的。我最后一次离开巴西，已经是十五年前的事了，在这十五年中间，我好几次都计划开始进行我目前要做的工作，但每次都因为一种羞辱与厌恶之感而无法动笔。每次我都自问：为什么要不厌其烦地把这些无足轻重的情境，这些没有什么重大意义的事件详详细细地记录下来呢？[1]

也许列维-斯特劳斯只要撰写《亲属制度的基本结构》之类的

---

[1] 译文根据列维-斯特劳斯：《忧郁的热带》，王志明译，北京：生活·读书·新知三联书店，2000年，第3页。——译注

书就可以了,但他还是写下了自己是为何且如何成为人类学家的。这跟笛卡尔很相似,后者不但写了《第一哲学沉思集》,还写了《谈谈方法》。用胡塞尔的话说,他们都试图对"先验动机"作出讨论。

先验动机不同于"旅行"或"探险"的动机。换言之,它与想要体验差异或多样性的动机刚好相反。所以,列维-斯特劳斯才从"我讨厌旅行,我恨探险家"起笔。不过,先验动机无法与"旅行"或"探险"分开来,这也是事实。笛卡尔是旅行者,也具有探险家的色彩。如果没有旅行,也就没有他的"我思"。但是,他并不憧憬旅行。旅行也罢,与许许多多的他者相遇也罢,这些都未必是与"他者"相遇。因为与"他者"的相遇必然让人对自己经验的自明性作出彻底的怀疑。

笛卡尔的"我思"(绝对的唯一性)并不仅仅[涉及]相对性的他者或异质性;倒不如说,如果没有对于**绝对的**他异性或差异性的体验,"我思"就是不可能的。当然,这不是说存在着绝对的他者。[而是说,]他者的他异性是绝对的,绝对无法被收编到自己内部。相反,喜欢旅行或探险的人,目标则是剥夺他者的他异性、吸收差异、将它们收编到自己内部。

笛卡尔将这种他者的绝对的他异性称为"上帝"。这不是教会的上帝,也不是形而上学式的一般存在者。如果没有"上帝","我思故我在"的明证性就不可能——这意味着,"我思"正是在绝对的差异性之中存在。这不是康德所批判的那种理论性证明。而是说,恰恰通过主观无法建构的那种他者,先验性(主体性)才得以可能。

在康德那里,不存在这样的他者。单独性意义上的主体,仅仅被理解为一般意义上的先验主体的个别体现。黑格尔无疑继承了这一点。可以说,上述笛卡尔的论点出现在对黑格尔作出批判的基尔克果那里:

……想要凭借自身,而且仅仅凭借自身来消除绝望的话,他就仍然处于绝望之中,并且,无论自己觉得已经作出了多大的努力,越是努力就越会陷入绝望的深渊之中。"绝望"这个错误不是孤零零的错误,而是一个涉及自我关系的错误,而且也是一个处在由他者所设置的关系中的错误。因此,之前以自己一个人为对象的关系中的错误,同时也无限地反映在另一种关系中,即与那个力量——那个设置了"自我"这一关系的力量——的关系。

要言之,想要表现那种将绝望连根拔除的自我的状态,可以用如下公式:这个时候的自我,"在[它]与自身发生关系、试图成为自我之际,明确地将自己的基础奠定在那个'将自我予以设置'的力量之中"。(《致死的疾病》)

用《资本论》的话说,这种"绝望"便是:商品试图在不和其他商品进行交换的前提下,凭借自身来实现价值。在古典经济学或黑格尔看来,价值内在于商品之中。然而,如果没有与他者进行交换,也即如果没有"惊险的一跃",[价值]就无法成为它自身。

马克思的"经济学批判"也是先验性的"批判"。经济学是在市场经济表现出法则性的前提下成立的。马克思的目标不是否定这种经济学,而是揭示出在这种法则性重复的根底处,有一种基尔克果意义上的重复(飞跃)。

他们的"批判"抵达了康德和胡塞尔绝没有触及的领域。在对道德作出系谱学(先验)考察的时候,尼采也通过"买卖"而揭示了[道德的问题]:

> 我们已经看到,罪欠感和个人责任感起源于人类历史上最古老与最原始的人际关系,起源于买主和卖主的关系,债权人和债务人的关系:正是在这里首先出现了人反对人的现象,也正是在这里首先出现了人和人相比较的情况。人们发现,不管文明的发展水平有多低,总会在某种程度上有这类关系的存在。价格的制定、价值的衡量、等价物的发明和交换——这些活动在相当大的程度上抢先占据了古人最原初的思想,甚至在某种意义上说,它们就是古人的思想本身:正是从这里培育出了人类最古老的敏锐洞察力……买和卖,连同它们的心理学属性,甚至要比任何一种原始的社会组织形式和社会团体都要古老。①

当然,我们不能在"历史学"的意义上理解这段话。这是针对"一般性—个别性"的思考本身而作出"先验性"的追溯。基尔克果、马克思、尼采各自都揭示出:与他者的非对称关系,或交换=交

---

① 译文根据尼采:《道德的谱系》,梁锡江译,上海:华东师范大学出版社,2015 年,第 121—122 页。——译注

流的关系,是一种先验性的结构。这也就是说,他们揭示出:他者是主体无法建构的;相反,只有在与他者的非对称关系中才能发现主体。换一种说法,他们凭借远离"个别性——一般性"之轴而发现了"单独性—普遍性"之轴。这正是将先验主体性的问题贯彻到底的做法。

第三部

关于世界宗教

世界宗教をめぐって

第一章
内在性与超越性
内在性と超越性

一

在《探究(一)》中,我试图从共同体的外部或从共同体与共同体"之间"来考察交流和交换。也就是说,从与他者——不共有任何规则的他者——的非对称关系中,考察交流和交换。所谓"他者",指的就是不共有语言游戏的人。在规则得到共有的共同体内部,我与他者处于对称关系之中,交换=交流不过是自我对话(独白)而已。另一方面,非对称关系中的交换=交流,始终伴随着"惊险的一跃"。我将这种由非对称关系中的交通构成的世界称为"社会",将具有共同规则,因而处于对称关系之中的世界称为"共同体"。

为了避免误解,在这里我想进行如下补充:第一,说到"共同体",我们不能仅仅想到村落或国家等。倘若规则得到共有,那就是共同体。所以,也可以把"自我对话"也即"意识"视为共同体。说到共同体的"外部"或"间隙",我们也不能按照实际空间的意象来进行理解,它们是仅仅作为体系之差异而存在的那种"场所"。

第二,与此相关,"他者"的概念也容易引起误解。例如,人类学家或民俗学家就在讨论共同体外部存在的他者(异类)。但是,这样的异类是为了共同体的同一性和共同体的重复而被要求的存在，他们处于共同体装置的**内部**。共同体将这样的异类作为替罪羊而排除出去，又将他们作为"神圣性"而迎接进来。貌似是共同体外部的，其实属于共同体的结构之中。毋宁说，这种外部应该被称为"异界"。

异类有的时候是超验性的存在，有的时候则是卑贱（abject）的东西。另一方面，他者则不如说是稀松平常的存在。确实，异类也好，他者也好，对我来说都是异质性的存在。异类与他者的差异在于，他者是在单独性中被认识的，而异类则是在一般性（类型）中被认识的。怪物、畜生、胖子、矮子、畸形、外国人、洋鬼子……应该注意，虽然异形的东西、异样的东西被称为"异形""异样"，但它们反而是非常陈腐的类别。例如，科幻小说中的"E.T."也罢，"异形"也罢，虽然被这么称呼，但顶多不过是爬虫类或昆虫的变样。然而，他者在单独性的意义上各自具有独特性和多样性。无论是 E.T. 还是狗，当把它认识为他者的时候，其类型（一般）意义上的外观就消失了。与此同时，它就作为无法被任何东西取代的单独性而现身在外。反过来说，异类的"异质性"所发挥的功能是消除他者的他异性。也就是说，这种异质性消除了他者的异质性（外在性）。

弗洛伊德指出，令人不安的东西，或诡异的东西（unheimlich），原本是非常熟悉的东西（heimlich）。这说明异类原本是内在的东西，而后被"异化"了。可以说，共同体内部的人们和异类原本就是同质性的。无论异类看上去多么超验，它们都是内在的。

当费尔巴哈说上帝是人（每个人）的类本质的"自我异化"时，他以上帝和人原本的同一性为前提。这不过是黑格尔关于基督的论述的延长而已：黑格尔认为，上帝作为人的现身意味着人的神性。费尔巴哈否定上帝的超验性。然而，这不过是让超验性变成内在于人（每个人）的东西。换句话说，这种思考位于"类别—个体（一般性—特殊性）"回路的内部。在这里，超验性的东西是"类别"。即使是不像黑格尔那样类别（概念）先行的人——也即唯名论者——在这个问题上也相差不远。如前所述，霍布斯认为，通过让渡每个人的自然权利，可以将一般性的存在（利维坦）超验化。这种社会契约论是一种自我异化论，因为它是一种用来说明如下问题的逻辑：如何从个体出发，形成与个体对立的、超越个体的"类别"。

与此相对，（例如）基拉尔则考察了每个人将某人作为替罪羊挑选出来，通过全体一致而将其杀害或放逐的过程。遭到排除的这个人就成了上帝或超验性的存在。这是共同体的机制。并且，祭祀仪式将这种做法予以周期性的重复。① 但是，这一论述基本上也和弗洛伊德在《图腾与禁忌》中所说的没什么不同。因为超验性的异类原本就是内在的异类。换句话说，这是一种精致的"自我异化论"。②

---

① 一种商品作为货币而被超验化，似乎与之类似。因此，今村仁司从基拉尔的角度把马克思的价值形态论解释为通过全员一致而进行的对于一种商品（第三项）的排除及其超验化。但是，正如我已经在《探究（一）》中强调的那样，价值形态论的要点在于与他者的关系的非对称性。不同于共同体的机制，价值形态仅仅存在于共同体和共同体"之间"，也即仅仅存在于和他者的交换＝交流之中。马克思试图在"类别—个体"的回路之外进行思考。

② 不过，如下文所述，基拉尔在"世界宗教"那里——在将异类揭示为他者的那种"世界宗教"那里——寻求对这种共同体机制进行解构的钥匙。

二

在这里,让我们注意"超越性"一词。如果要用这个词,那么我用它表达的意思是:他者的外部性,也即无法内在化的他异性。更严格地说,即与他者之关系的外在性,也即这种关系的非对称性。不过,这个词经常被和"超验性的他者(超验性存在)"混同起来。但是,搬出超验性存在,事实上就废弃了他者的超越性=外在性。关于"绝对性的他者"这个词,也可以这么说。如果要用这个词的话,那么我用它表达的意思仅仅是:与相对性他者的关系的绝对性。这不是说存在着绝对的他者,而是说,与相对性他者的关系是绝对的,或者说,他者的他异性是绝对的,无法被内在化也无法消除。毋宁说,恰恰是搬出绝对性他者的人,才消除了这种相对性他者的他异性。

例如,基尔克果写道:

> 天才和使徒有着质的不同,其规定在于他们属于自身的质的领域,即内在性和超越性的领域。(一)所以,天才会带来新的事物,但这个新的事物被一般人同化后便消失了。这也就是说,一旦考虑到永恒的事物,"天才"这一差异就立刻消失了。使徒则以悖论的方式带来新的事物,这种"新颖性"本质上是悖论性的,不是事先判断人类发展的方向,所以可以始终存在下去。这也就是说,使徒永远是使徒,使徒本质上吊诡地不同于其他人,所以永远的内在性导致无法将使徒放在和其他人本

质上相同的层面上。(二)天才凭借自身,即凭借自身的内在性而如其所是。使徒则凭借上帝的权威而如其所是。(三)天才只有一个内在的目的论。使徒则置身于绝对悖论性的目的论立场。(《论天才与使徒的区别》)

在这里,基尔克果具体讨论的是使徒保罗。他反对的是将保罗称为"天才"的那种浪漫派式的见解。当然,我没有理由为基尔克果的"党派性"辩护。倒不如说,对于创立了"基督教"的保罗,我是持否定态度的,因为他利用替罪羊和赎罪的"共同体"逻辑来为耶稣之死赋予意义。但是,离开了上述语境来看的话,那么基尔克果的论述就意味深长了。

譬如说,基尔克果所谓的"天才"可以替换为英雄或巫师。就像所有的英雄传说(王子复仇记)那样,英雄要么一度离开共同体,要么与共同体对立。也就是说,为了"事先判断"共同体的目的,他就不得不和共同体形成对立。巫师同样如此。称这个过程为资质也罢、修行也罢,[总之]为了知晓共同体的目的,就必须经历这个消灭其个体性的过程。

天才的荣耀不如说因生不逢时而格外璀璨。浪漫派式的"天才"神话告诉我们,不存在不被世间无视或排斥的天才。但是,领先于时代也罢,为此遗世独立也罢,"天才"之后就会被共同体所接纳,最终被视为共同体的"自我表现"。如开头所说,巫师、英雄、天才等,对共同体而言是"异类"。但是,他们由此事先判断了共同体的目的,或者为共同体赋予活力。换句话说,他们是"内在的"。无论在此他们和共同体多么对立,或者说,无论他们看上去多么"超验",他们都处在共同体的内部。

另一方面,基尔克果所谓的"使徒"也可以说是预言家,他们的"语言"绝不是共同体内部传来的声音,也无法被内在化。这是因为,[这种语言]是从共同体与共同体"之间"、从与相对性"他者"的关系中产生的,在这个意义上,它是"他者的语言"(巴赫金语)。这便是基尔克果所谓的"超验性领域"。相反,人们在宗教问题上再现的那种"超验性领域"恰恰是"内在的"。

三

斯宾诺莎指出,上帝不是超验性的,而是内在的。在说法上,这和刚才提到的基尔克果似乎刚好相反。但是,当斯宾诺莎指出超越于这个"世界"的超验性存在不过是一种表象的时候,他的意思是:我们无法超越与他者的关系。也就是说,正是在这个意义上,他所讨论的是他者的超越性(外在性)。他的"伦理学"始终指向着与"他者"的关系:

> 我再说一遍,从这些段原文看来,可见我们只能就一个人的事功来判断他是信神或是不信神的。如果他做好事,他就是信神的,不管他的教义和其余的信神的人的教义差多少。如果他做坏事,尽管他说的没有什么不合,他是不信神的。①

马克思在他的意识形态批判中多次说过,问题不在于人们自

---

① 译文根据斯宾诺莎:《神学政治论》,温锡增译,第196页。——译注

己如何认为,而是现实中他们如何行事。马克思的论述大概是斯宾诺莎的上述姿态的延续。(当然,这一点恰恰要用在自称为马克思主义者的那帮人身上。)斯宾诺莎所说的是,对于绝对而超验的他者的信仰,往往不过是自我的绝对化和超验化;换言之,在和相对性他者的关系中,这是非伦理性的做法。

这一点不仅适用于个人层面,也适用于共同体层面。斯宾诺莎否定了那种认为犹太人是上帝选民的想法。哪个共同体里或多或少都存在这种选民思想。这是利用上帝的表象来将自己的共同体绝对化:

> 并且非犹太人所谓占卜者是真的预言家,而圣书中常常非难责备的人是一些假的占卜的人。这些人欺骗非犹太人,正如假预言家欺骗犹太人。的确,《圣经》中别的一些段使这一点愈加明显。由此我们断定预言的本领并不为犹太人所专有,而是为各个民族所共有。可是法利赛人坚决地说这种神圣的才能是只有他们的民族才有的,并且说别的民族用某种莫名其妙的恶魔的才能预测将来(迷信还要捏造什么?)。①

斯宾诺莎在这里没有区分预言家与占卜者或巫师。换言之,任何预言家都不是超验性的,而是历史性地属于这个世界。这似乎和基尔克果形成了对照,因为后者区分了预言家(或使徒)和天

---

① 译文根据斯宾诺莎:《神学政治论》,温锡增译,第59—60页。——译注

才(或巫师)。但是,斯宾诺莎在另一种意义上对此作了区分。也就是说,他区分了那种在自我绝对性的意义上将一个共同体的利益予以再现(代表)的巫师,和那种反对共同体利益、将"世界"和"普遍性"揭示出来的巫师。这一差异是根据这些预言家=巫师对于上帝的认识能力和把握能力作出的:

> 因为所罗门、以赛亚、约书亚等虽是预言家,他们总也是人。是人就不免有人类的缺点。依诺亚的理解,他得到启示,上帝将毁灭整个人类,因为诺亚以为在巴勒斯坦的界限以外的世界是没有人居住的。不但对于这类的事,而且对于一些更重要的事,预言家可以是,而且事实上是,无知的。因为他们关于上帝的特质不能有所说明,而且他们对于上帝的观念是很平庸的。他们的启示是迁就这些观念的。①

斯宾诺莎说的是,预言家始终属于这个世界。卓越的预言家在超验上帝的"平庸"表象那里,反而表明了这个世界无法超越。例如,这一点在禁止偶像崇拜那里体现出来。偶像崇拜即试图在上帝身上下功夫,从而改变这个世界(自然)。禁止偶像崇拜,意味着禁止对于这个世界进行超越的企图。不过,斯宾诺莎认为,在预言家那里,这一点是通过上帝的表象——作为绝对的他者的上帝的表象——而得到"把握"的。关键的不是"超验性他者"这一表象,而是在那里究竟"把握"了什么。超验的东西(也即绝对

---

① 译文根据斯宾诺莎:《神学政治论》,温锡增译,第42页。——译注

无法被超越的东西),不在这个世界之外,而在这个世界之内。换句话说,所谓超越性的他者,无非就是与他者的关系的超越性(外在性)。

四

例如,伊利亚德认为,宗教的本质在于"神圣性":"对于神圣性的定义,首先始于它和世俗性的对照。""神圣性"在"世俗性"之中显现,这便是宗教的本质,是"从最原始的宗教到高度发达的宗教"那里都可以发现的(《神圣与世俗》)。但是,如果这种"公约数"可以在所有宗教那里发现,这是因为这些宗教实际上都不过是"共同体的宗教"而已。现实中存在的宗教都以仪式(祭祀仪式)为核心,但这并不意味着后者是"宗教的本质"。它不过是共同体的机制。关于祭祀仪式,斯宾诺莎写道:

> 所以仪礼的法则就是,人完全不能随自由意志而行,一举一动须受外界权威的拘束,并且由他们的行动与思想,不断地表明他们不能自主,而是完全受别人的控制。从以上诸点看来,显而易见,礼节与幸福毫无关系。《旧约》中所提到的礼节,也就是摩西律,只是与犹太人的政治和现世的利益有关。①

我在这里要区分两种"宗教":一种是共同体的宗教,另一种

---

① 译文根据斯宾诺莎:《神学政治论》,温锡增译,第84页。——译注

是世界宗教。虽说是世界宗教,但我指的并不是人们经常说的那种扩展到世界范围的宗教,如基督教、伊斯兰教或佛教等。不妨认为,所谓世界宗教,指的是那种将斯宾诺莎意义上的"世界"观念(通过表象)予以提示的东西。如下文所述,[这里的"世界"]不是距离空间,所以和距离上的广度没有关系。世界宗教的"世界性",仅仅在于这个"世界"观念。而如果"宗教的本质"就像伊利亚德所说的那样的话,那么我们可以说,世界宗教本质上作为"宗教批判"而出现。

一般认为,宗教与"神圣性"或"超验性领域"相关。但是,如基尔克果所说,事实上["神圣性"]不过是"内在性领域"。也就是说,这不过是共同体的仪式或排除的机制。"神圣性"与"世俗性"是同质的。世界宗教将带来与此不同的异质性,而这才是"超验性领域"。例如,耶稣和异类打交道,也就是和当时在共同体中遭到蔑视的税吏和妓女打交道,因此遭到了法利赛人的责难。但是,我们不能将此理解为耶稣怜悯异类,或耶稣本人就是异类。对耶稣来说,不存在什么"异类",仅此而已。他所做的仅仅是将"他者"揭示出来。同样,对他来说,"神圣性与世俗性"这种共同体的区别并不存在。只有这种区别在其中无法存在的"超验性领域",才是"世界宗教"那里的"世界"。当然,基督教会是通过把[世界]组织为共同体而成立的。

圣餐是天主教仪式的核心,也即食用面包和葡萄酒相当于象征性地食用基督。弗洛伊德指出,这跟使用图腾动物没什么区别。换言之,如果从仪式或祭祀的角度看,宗教基本上都带有共同体的机制,而且非如此便无法存续。(当然,佛教也是如此。)在基督教那里,其教义的核心是耶稣作为基督被钉上十字架,为人类赎罪。事实上,这也是把基督视为替罪羊或祭品,进入共同体的宗教或神话之中。但是,基拉尔否定了这种看法,认为《圣经》这个文本恰恰对这种共同体的暴力机制本身进行了反思和解构。例如,耶稣说道:"你们有祸了!因为你们修造先知的坟墓,那先知正是你们的祖宗所杀的。可见你们祖宗所做的事,你们又证明又喜欢;因为他们杀了先知,你们修造先知的坟墓。"(《路加福音》11:47—48)①

对此,基拉尔认为,耶稣阐明了文化(共同体)在其根基处埋下的牺牲机制,指出如果人们不承认这一点,就只能重复进行同样的事。事实上,在基督教内部,同样的事不断重复。耶稣为了人类的赎罪而牺牲,这成了基督教会(共同体)的核心,并作为仪式而不断得到重复。基拉尔对这种想法提出了反对意见:

> 首先,必须强调基督之死的非献祭性质。耶稣恰恰不是在献祭中死的,他的死亡违反所有种类的献祭。他是带着如下期望而死的:再也不要举行献祭了。
>
> 正因为[将基督之死]理解为献祭,在15至20世纪之间,被统称为基督教徒的集体才得以存在。与所有文化一样——至少在某种程度上一样——通过奠基机制而创造出来的神话形态,成了文化得以存在的依据。如果[将基督之死]作为献祭来理解,基督教的文本会吊诡地扮演基础的角色。由于没有充分认识到这些文本多么清晰地阐明了奠基的机制,人们依然炮制着献祭性的

---

① 译文根据和合本《圣经》。——译注

文化形态。(《太初所隐》)

但是,否定献祭、解构共同体的机制——这些并不如基拉尔主张的那样,只为《圣经》所独有。这是"世界宗教"所固有的[性质]。然而,现实中的"世界宗教"与基督教一样,只能作为共同体的宗教才能存续和扩大。当然,在它们内部存在着对于共同体宗教进行否定的要素和契机,事实上也并非没有产生异端少数派的那些运动。

五

重复一遍:与实际上属于内部的异类相对,"他者"是外在性(超越性)的。这不是说"他者"是超验性存在,而是说:无论从何种意义上而言,"他者"相对于自己或共同体都是异质的,而非作为后者的"异化"或"理想化"而存在。"他者"不是神圣的事物,也不是诡异的事物,但也不是我们熟悉的事物。与"他者"的交通,伴随着一种"飞跃"。但它不是"狂喜(ecstasy)"之类的东西。例如,"与上帝合一"这种神秘主义体验以上帝和人原有的"同一性"为前提,而在作为异质性事物的"他者"那里,与之合一是不可能的。"extasy"是向自我同一性内部的回归。然而,与"他者"的关系中的实存(existence),则是走出自我同一性。

如下文所述,海德格尔的实存概念是"ecstasy"[①],是向本来的

[①] 在海德格尔的《存在与时间》中译本里,这个词被译为"绽出"。参见海德格尔:《存在与时间》,陈嘉映、王庆节译。——译注

"共同存在"回归。在这里,与相对性"他者"的关系遭到了排除。关于西田几多郎,也可以作同样论断。他在"自觉"的根底处发现了"我与你"的关系。当然,他所谓的"你"不是相对性的"你",而是"绝对无":

> 那么,如何思考我们在自己的根底处看到的"绝对的他物",以便真正的自觉的意义能够成立,人格性自我能够被认识?这里所谓的"他物",绝不是唯物主义者所说的单纯的其他事物,也不是唯心主义者设想的那种放大了的自我。它既是绝对意义上的他物,同时也必须具有能让我成为我的那种意义。也就是说,它必须是"你"。可以认为,物仍然在我之中存在,但"你"是绝对独立于我的、在我之外存在的东西。并且,我通过承认你的人格而成为我,你通过承认我的人格而成为你。让你成为你的是我,让我成为我的是你。我和你是一种绝对的非连续性,我限定了你,你限定了我。通过思考这个"你"——这个位于我们自身根底处的、作为"绝对的他物"而存在的"你"——我们所谓的"自觉意义上的限定"才能成立。由此,我在我的根底处看到你,你在你的根底处看到我,一种"社会性的限定"在"非连续的连续性"的意义上将我和你结合起来。如果把这种"社会性的限定"理解为真正的爱,那么或许可以说,我们所谓的"自觉意义上的限定"是通过爱而形成的。(《我与你》)

在这段论述中,大概西田是想把基尔克果的观点放进来。自己之为自己(自觉),必须通过与绝对他者的关系来奠基。但是,西田与基尔克果不同之处,不仅仅在于他把他者理解为"绝对无"。在基尔克果那里,问题始终是耶稣这个"他者"。换言之,这是一个不知其是否是上帝的、"相对性"的他者。与相对性他者的关系的"绝对性"——这才是基尔克果关注的问题。而在以禅为依据的西田那里,不存在这种他者的他异性。他认为"自觉"不涉及与相对性他者的关系,并且以预定调和的方式来思考"自觉"。这里不存在"恐惧与战栗"。

所以,西田的想法是一种单子论。各个单子通过揭示作为"绝对的他物"的"你"而[获得]自觉(成为我)。换言之,单子本身"没有窗户",但相互间通过从"自身的根底"处发现其他的单子——作为"绝对的他物"的其他单子——而实现"交通"。但是,这里不存在他者。事实上,西田所谓的"唯物主义者所说的单纯的其他事物"的他异性,恰恰才是"绝对的他物"。西田一边拒斥作为"有"的绝对者,一边又把它作为"绝对无"而"内在化"。这里缺乏的是先前提到的那种意义上的"超验性领域"。西田所谓的"绝对的他物",恰恰消除了与相对性他者的关系,将关系的绝对性(外在性)内在化了。①

---

① 海德格尔也好,西田几多郎也好,他们对于他者的消除在政治语境中变得非常明显。对此我将另作考察,这里略过不谈。西田的"我与你"中的"你"不是相对性的他者,而不过是作为"无"的绝对者。这种对于外在关系的消除,使得他的哲学缺乏"历史"。这也可以说是消除了"他者",因为历史正是作为他异性的事实性。西田所谓的"场所的辩证法",消除了历史性=事实性。

第二章
犹太性
ユダヤ的なもの

一

弗洛伊德的《摩西与一神教》是一本令人捉摸不透的书。在纳粹对犹太人的排斥日益明显的20世纪30年代,他执意要写这么一部意图不明且缺乏学术依据(甚至他自己也不得不称之为"历史小说")的著作,到底出于何种原因,不得而知。正因如此,这部作品在弗洛伊德的著作中也非常醒目。至少来说,这本书所做的并不是从精神分析的角度对宗教史上的事件进行解释。换言之,它不是精神分析的单纯"应用"。非但不是"应用",这本书重新追问了精神分析的根源。

如果把这本书看作一则政治信息,那么似乎可以说,通过主张摩西不是犹太人而是埃及人,弗洛伊德想要缓和当时的反犹主义。这一方面可以打消基督教徒对于摩西和耶稣来自犹太民族的事实所感到的嫉妒,另一方面也可以消除犹太复国主义那里呈现的犹太人选民(共同体)意识。例如,弗洛伊德写道:

> 一个神突然"选定"一个民族,让它作为"他的"人民,使自己成为它的上帝,这种设想更令人惊奇。我相信这在人类宗教史上是唯一的一次例外。在其他情况下,一个民族同它的上帝是不可分割的,他们从历史伊

始就同属一体。当然,我们有时所说某个民族接受了另一位上帝,但却从未听说过某位上帝选定了某个新的民族。当我们回顾摩西与犹太民族之间的联系时,也许能理解这种唯一的事件。摩西屈尊降驾来到犹太人中间,把他们作为他的臣民,他们就是他的"选民"。①

这是对作为"选民"的犹太民族信念同时进行了肯定和否定。也就是说,他们确实是选民,但选择他们的不是上帝,而是非犹太人。对于忍受着反犹主义的犹太人来说,这可不是令他们感到鼓舞的论述。另一方面,这一论述也不会让日耳曼人的基督教徒感到高兴。根据弗洛伊德的说法,犹太人不断反抗强行要求他们信仰唯一上帝的摩西,最后把他杀了。同样,日耳曼人也对自己被强行要求信仰唯一上帝感到愤怒。这种愤怒没有指向基督教本身,而是转嫁到了作为其根源的犹太人身上。"他们对犹太人的仇恨,根本上是对基督教的仇恨。"

要言之,弗洛伊德认为,犹太人也好,日耳曼人也好,"摩西的一神教"都从他们那里剥夺了共同体的宗教。一方面,他试图将它作为集体性神经症而拆解掉;但另一方面,他又试图对[这种"一神教"]进行肯定。

对弗洛伊德来说,摩西是一个矛盾的存在。他揭示了[两个摩西]:摩西为犹太人赋予宗教的身份认同、为犹太人确立民族意义上的共同性;[同时,]摩西也试图彻底剥夺犹太人那里的共同

---

① 译文根据弗洛伊德:《摩西与一神教》,李展开译,北京:生活・读书・新知三联书店,1989年,第37页。——译注

体宗教和身份认同,因此被犹太人杀死。弗洛伊德想要提出的是后一个摩西,即作为"犹太性"之起源的摩西,但这时候他就必须直面作为犹太教和犹太民族的共同体之祖的摩西。反过来,如果要对这个摩西作出批判,这种批判本身的可能性条件也还是摩西。摩西的这种歧义性和弗洛伊德对于这个问题的纠葛,使得《摩西与一神教》成为一部歧义性的作品。而［这种歧义性］也萦绕在作为运动的"精神分析"周围。

二

对弗洛伊德而言,宗教不过是集体性的神经症,犹太教也不例外。在《摩西与一神教》中,宗教基本上也被如此看待。摩西所率领的集体也罢,进而是集体对摩西的杀害也罢,以及集体对此的悔恨与恐惧也罢［,都是如此］。就此而言,对于摩西的杀害具有俄狄浦斯的性质。这些都同构于《图腾与禁忌》中对于宗教起源处的"杀害原父"的揭示。或不如说,对于弗洛伊德来说,杀害摩西或杀害基督,都是对于受到压抑的"杀害原父"的重复。在这个意义上,可以说弗洛伊德在宗教的"发展"问题上给出了唯一一个前后一贯的说明。不过,如果只关注这些部分,那么这本书看起来就是精神分析的"应用"了。

但是,《摩西与一神教》中的弗洛伊德不仅将所有宗教都视为集体性的神经症,而且进一步追问了自己的立场,或追问精神分析本身的立场从何而来。换句话说,他追问的是:"犹太性"从何而来?毫无疑问,在弗洛伊德看来,它来自将偶像崇拜予以禁止的人类摩西。

例如，巴肯（David Bakan）的《弗洛伊德与犹太神秘主义传统》从弗洛伊德的背景中发现了卡巴拉和犹太神秘主义的传统。但是，弗洛伊德曾明确否定神秘主义或宗教意义上的犹太教，而且他无疑对这种传统毫不关心。但是，正如罗伯特（Marthe Robert）在《从俄狄浦斯到摩西》中所说，弗洛伊德始终对于"犹太性"抱有关切，他虽然否定犹太教，但也确实积极地选择了"犹太性"，而且认为精神分析在这个意义上与"犹太性"密切相关。

弗洛伊德写道："因为是犹太人，我才免于许多偏见，这些偏见在别人运用知性时成为他们的制约。而且，因为是犹太人，我才有遭遇排斥运动的心理准备，也具有相应觉悟来断然拒绝加入紧密团结在一起的多数派之中。"（《向圣约信徒会诸位的致辞》）

对弗洛伊德来说，这里的"犹太人"并不意味着犹太教或犹太人共同体，而是这样一种存在方式：即拒绝一切共同体的偏见（偶像），因而不得不被共同体所排斥。换言之，"犹太性"就是不属于任何共同体，站在共同体"之间"。当然，我们并非一定要用"犹太性"这个专名来称呼这种［存在方式］。但是，这种存在方式无疑在（例如）摩西的"禁止偶像崇拜"中得到了典型的体现。因为摩西的这一禁令禁止人们靠近任何共同体的神明。弗洛伊德所执着的便是这样的摩西，而不是为犹太人赋予仪式或戒律的摩西。换句话说，他所执着的是作为外国人（他者）的摩西，而不是作为"民族英雄"的摩西。弗洛伊德否定犹太民族的（作为选民的）身份认同，仅仅试图确保"犹太性"的身份认同。

不过，弗洛伊德对于摩西表现出非同寻常的执着，是因为"精神分析"本身即是这样的存在方式和运动。事实上，弗洛伊德不仅仅将精神分析视为治疗方法，更将它视为世界性的思想运动。

在某种意义上,他像摩西那样创立了这个运动,像摩西那样行事。

三

如前所述,弗洛伊德对于被认为给犹太教赋予"实质"的摩西不感兴趣。也就是说,他对那个在律法、献祭、仪式等问题上作出细致说明的摩西不感兴趣。尽管这些都是以摩西之名作出的论述,但不过是原本的部落性律法或仪式而已。在摩西的禁令(戒律)中,重要的只有对偶像崇拜的禁止。

这一点显示了弗洛伊德对于犹太人的双重姿态。一方面,他对封闭在传统戒律和教义中的犹太民族共同体持否定态度,因而拒绝犹太复国主义。另一方面,针对所有偏见,他在"犹太性"中发现了那种知性自由的根据。这些都通过摩西的歧义性而显示出来:摩西既带来了律法的神经症式的约束,同时也通过禁止偶像崇拜而带来了知性和精神的解放。因此,"犹太性"的特征便集中体现为摩西对偶像崇拜的禁止:

> 我只希望补充一点,这就是:富有犹太民族特征的所有这些发展过程,都是由于摩西戒律禁止崇拜有形的上帝而引起的。两千年来,犹太民族对精神境界的追求当然产生了效果,它已经帮助筑起了阻挡野蛮暴行的屏障;而对暴力的偏爱则通常产生在崇尚体育运动的民族之中。希腊人所取得的那种精神和身体活动的和谐发展,犹太民族没有能够达到。在这种冲突中,他们多少

偏重在从文化的角度看来更重要的方面。①

当然,这种"精神性"与唯物主义并不矛盾,因为它并不承认在这个上帝创造的世界的外部还存在什么东西。当弗洛伊德说"因为是犹太人,我才免于许多偏见,这些偏见在别人运用知性时成为他们的制约"的时候,他的意思就是这种"精神性"。伊利亚德认为,宗教的本质在于"神圣性"在"世俗性"中的显现。但是,弗洛伊德所谓的"精神性"并不与"世俗性"对立,而是与"神圣性"和"世俗性"的对立机制本身相对立,也就是与共同体的宗教相对立。

对于偶像崇拜的禁止,不同于一般而言的共同体律法,也不同于一般而言的"一神教"。可以说,只有在对于偶像崇拜的禁止那里,摩西的宗教的特质,因而也就是"犹太性"的特质才呈现出来。只有在那里,将犹太教区别于"异教"的东西才呈现出来。

列维纳斯写道:

> 异教既不是对于上帝之气息的否定,也不是不知晓唯一的上帝。如果犹太教的使命仅仅是将一神教传授给大地上的各个民族,那么这个使命不值一提。这是释迦说法那样的东西。异教指的是缺乏迈向世界之外的能力。这种能力不是要否定圣灵或神明,而是将圣灵和神明定位在世界内部。确实,亚里士多德将第一推动力

---

① 译文根据弗洛伊德:《摩西与一神教》,李展开译,第 104 页。——译注

和宇宙分开。但是,被第一推动力带到如此高度的,不过是各个被造物的贫弱的完满性。异教徒的道德,说到底不过是根本上缺乏侵犯世界边界的能力。异教徒封闭在自足而自闭的世界之中。(《迈门尼德的当代性》)

事实上,列维纳斯所说的"犹太教"正是"犹太性"。并且,"异教"的意思绝不是多神教。"异教"的意思不过是那些封闭在世界(=共同体)内部的思想。换言之,就是偶像崇拜。然而,列维纳斯依然在"犹太教"的语境下展开论述,弗洛伊德则对此加以拒绝。而且,列维纳斯说到底还是支持以色列建国,而弗洛伊德则完全不承认犹太复国主义。因为国家是"偶像"。这种彻底性令人震惊。

"犹太性"的起源在于摩西对于偶像崇拜的禁止,这一点已经很清楚了。但摩西是如何获得"迈向世界外部的能力"的?弗洛伊德的回答很简单:摩西不是犹太民族的英雄(天才),而是外国人(埃及人);也就是说,他本来就处于"世界之外"。

弗洛伊德认为,埃及人在第十八王朝称霸成为世界帝国的时候,采纳了对于一神教即阿顿神(宇宙神)的信仰。法老王埃赫那顿在埃及引发了一场宗教革命,彻底否定了当时浓厚的不死信仰和巫术思考。然而,在他死后,阿顿信仰遭到排斥,法老王的宫殿遭到破坏,第十八王朝于公元前1350年覆灭,无政府状态的空位时代一直持续到公元前1315年。而且,据弗洛伊德的描述,摩西是与埃赫那顿有联系的贵族,为了复兴阿顿信仰而将埃及的异族(闪米特人)"选为自己的人民,试图通过他们来实现自己的理想"。

弗洛伊德从阿顿信仰（一神教）的形成本身那里，没有发现任何谜团。它的形成不过是因为埃及扩大成了"世界帝国"。① 这个意义上的一神教，与世界帝国内的货币或市场的形成是同时进行的。弗洛伊德想要阐明的秘密是：为什么并非闪米特人选择了一神教，而是唯一的上帝选择了闪米特人？

如果是人民来选择神明，那么这不过是他们的愿望或理想自我的表象。它是自恋，是偶像崇拜。或者用费尔巴哈的话来说，是"人的类本质的自我异化"。但是，如果是神明来选择人民，便是对于自恋或偶像崇拜的禁止。

由人民选择的神明，无论是否是一神教，都是自我内在的"本质力量"的外化。在这种情况下，神明无论多么超验，也不是他者。而对人民进行选择的神明则是他者。只有在这种情况下，"契约"的概念才有意义。因为只可能与他者订立契约。弗洛伊德从摩西作为他者的[身份]中，也即从摩西作为埃及人的[身份]中，发现了这种逆转的秘密。

---

① 弗洛伊德写道："大约在那段时期，埃及的政治环境开始对宗教产生持续的影响。由于伟大的征服者图特摩斯三世（Thothmes）的武功，埃及已经成为一个世界强国，南方的努比亚（nubia），北方的巴勒斯坦，叙利亚和美索不达米亚的一部分已被纳入了帝国的版图。这种帝国主义在宗教中表现为包容万物性和一神教。既然法老操心的范围现在扩及埃及之外的努比亚和叙利亚，神本身也就必须放弃它的国界，埃及的新神就必须像法老一样，在埃及的新世界中树立起唯一的和无限的权威。此外，随着疆界的扩大，埃及自然变得容易接受外来影响；阿蒙霍特普四世的一些妻子是亚洲的公主，他们甚至可能是一神教宗教从叙利亚渗入埃及的直接鼓励因素。"[译文根据弗洛伊德：《摩西与一神教》，李展开译，第15页。——译注]

罗伯特指出，弗洛伊德把自己和摩西同化了。确实，引领精神分析运动的弗洛伊德仿佛是摩西一般的存在。关于荣格，弗洛伊德写道："……与此同时，我希望你记得，荣格是基督徒，也是牧师的儿子，在克服了巨大的抵抗后终于摸索到了抵达我这里的路径。正因如此，他的参与弥足珍贵。我几乎要说，多亏有他在精神分析的舞台上登场，这门科学才免于变成犹太单一民族的问题。"（《致亚伯拉罕》）

但是，荣格反叛了弗洛伊德。不仅是荣格，很多犹太人弟子也都反叛了弗洛伊德。他们的反叛始终关系到弗洛伊德基于"移情关系"的理论、力比多概念和俄狄浦斯情结的概念。可以说，这是弗洛伊德那里的"严格的一神教"。在他看来，荣格这样的人要抵达那里，"必须克服巨大的抵抗"。如果说精神分析运动具有犹太性，这不是因为事实上其成员是犹太人，而是因为它的任务是彻底剔除任何形式的"偶像崇拜"。

"移情关系"是一种偶像崇拜。对弗洛伊德而言，所谓治疗，便是通过以人工的方式再现[移情]而让人可以从中解放出来。换言之，为了消解移情关系，另一种移情关系就是必要的。在某种意义上，这类似于摩西那里的情况：为了消解宗教（神经症），另一种宗教（一神教）就是必不可少的。事实上，世界宗教虽然是"宗教批判"，但它本身依然是宗教。

一般而言，世界宗教被认为是由伟大的宗教性人格所揭示的东西。但是，这样的人格和众多弟子之间的关系，绝没有摆脱弗洛伊德所谓"移情关系"。也就是说，世界宗教同样只有通过集体性神经症才有可能成立。因此，它也不可避免地会在始祖死后，创造出一个通过仪式来为始祖之死赋予意义的共同体宗教。如果不是这样的话,那么无论多么伟大的人格,或许都无法成为世界宗教的始祖。

在弗洛伊德的[精神分析]运动中,情况也同样如此。[运动]分成了对弗洛伊德的完全服从和敌对,双方都是"移情"。弗洛伊德很像他所描绘的摩西,他不断揭穿偶像崇拜,却创造出了将他偶像化的集团。精神分析运动成了字面意义上的"宗教",弗洛伊德不可能没有注意到这一危险。但是,他无法放弃其理论性的核心。因为很显然,如果这样做的话,精神分析就会一股脑地倒向"偶像崇拜"。

晚年的弗洛伊德把自己等同于摩西,或许与此有关。可以说,对于《摩西与一神教》的构思,不仅涉及犹太民族的危机,而且涉及他自己的危机。罗伯特如此写道:

……为了永生,弗洛伊德在这部可以称为正式遗言的著作中如此宣告:自己不是雅各布的儿子所罗门,更不是西格蒙德这个因名字而注定成功的叛教之子。正如摩西不是犹太人,他也不是犹太人,即使犹太民族是由这位异国出生的族长和先导者所孕育的。但是,正如摩西将自己从祖国埃及那里、从那些因为他的进步思想而对他加以迫害的指导者那里彻底分开那样,弗洛伊德也在内心和同时代的德国切断了一切联系。而且,不仅是纳粹德国,他与残存于自己内心的一切德意志性都切断了联系。正因如此,当他即将离开那个自己勇敢地发挥了作用的舞台,他感到自己已经既非犹太人也非德国人,也不是任何可以冠之以名目的人。他所殷切希望的,不是成为某个人的子嗣,也不是成为任何土地的子嗣,而是自己的诸多作品和自己所做工作的后继工作,是成为那种子嗣——如被暗杀的预言家那样,让后世之人对自己的身份之谜感到困惑。(《致亚伯拉罕》)

但是,我们应该将弗洛伊德的主张——摩西是埃及人——仅仅理解为他的小说(自我表达)吗?确实,过去和现在都没有历史学家或《圣经》学者对弗洛伊德的说法表示支持。于是,这一奇妙的作品,就只有作为对弗洛伊德进行"分析"的素材而存在的意义了。然而,据我所知,还没有哪部宗教论具有《摩西与一神教》那样的一贯性。对这本书进行严肃的理解和探讨,非常有必要。因为弗洛伊德的追问——"犹太性"从何而来,或者说,试图迈向共同体外部的志向从何而来——至今也依然存在。

第三章

思想的外部性

思想の外部性

一

弗洛伊德在宗教问题上有着一以贯之的视角。之所以这么说,是因为他试图在原始宗教和世界宗教之间发现必然的关系。一般而言,世界宗教和原始宗教被视为不同的东西。反过来说,也有论者像伊利亚德那样,试图在原始宗教的连续性上看待世界宗教。上述两种看法并不相互对立。

例如,在柏格森(Henri Bergeson)看来,原本宗教的目的就是社会的自我延续。"自然"代替本能,通过道德和宗教来让社会维持下去。"人类社会原初的基本道德结构是为适应封闭、简单的社会形态而产生的。"①在这里,柏格森所谓的"封闭社会"指的就是共同体。从这里通往"社会性的连带和人类的同胞之爱"是不可能的。所以,柏格森认为,"开放社会"的道德和宗教来自与此完全不同的根源。它们是世界宗教——即古希腊的贤者、以色列的预言家、佛陀、基督等"成为榜样的特权性人格"所揭示的。而这意味着与强制形成"封闭社会"的"自然"相绝缘。柏格森从自然的创造性进化或生命冲力(Élan Vital)的角度,说明"封闭社会"

---

① 译文根据柏格森:《道德和宗教的两个来源》,彭海涛译,安徽:安徽人民出版社,2013年,第24页。——译注

向"开放社会"的过渡。

但是,对于最初存在"封闭社会"这个前提,我表示怀疑。所以,对于将"封闭社会"向"开放社会"的历史发展视为理所当然的做法,我也表示怀疑。并且,我也不会认为,"开放社会"会突然由世界宗教予以揭示。如果这是"进化",那就应该存在一种并非什么"生命冲力"的必然性。正如哲学上从孤立个人的内省出发那样,在宗教问题上,从孤立的共同体出发同样是错误的。只要是从共同体(封闭的社会)出发,最终都一无所获。

柏格森认为,文明化了的社会仍然是"封闭社会":

> 实际上,不论文明社会与自然预定的社会有多么大的差别,二者之间都存在一些根本的相似性或一致性。文明社会与自然给定的社会之间之所以存在根本相似性或一致性,因为它们都是封闭式社会。与一些我们凭本能被纳入的小型团体相比,这两种封闭式社会也许显得广阔无边。但是,如果我们已经获得的物质文明或精神文明遗产从它们赖以存在的社会环境中全部消失的话,我们也许会凭本能再次回到这些小型团体中。这些小型团体的基本特征就在于它们能随时接纳一定数量的个体成员,也可能随时排除其他一些个体成员的加入。上文中我们提到过,在道德义务的深处,潜伏着一种我们所说的社会需要。①

---

① 译文根据柏格森:《道德和宗教的两个来源》,彭海涛译,第11页。——译注

从另一种眼光来看，这相当于说，如今无论何种"世界宗教"都具有共同体的性质，因此都与原始宗教之间存在连续性。但是，共同体的宗教是如此本源性的东西吗？它是"自然"所强制形成的东西吗？或者说，亚里士多德的定义——"人是共同体（城邦）的动物"——是不言自明的吗？

二

只要我们考察的是现存的宗教或未开化社会，"人是共同体意义上的存在"似乎就是无可怀疑的。各门科学都支持以共同体（单一系统）为出发点的做法。在某种意义上，努力向自然科学看齐的人文科学从封闭的单一均衡系统出发，是理所当然的事情。在这里，人们揭示自我组织、自我调整的系统，或揭示封闭的数学式结构。当然，正如身体器官也会患上癌症或自我免疫疾病，这样的系统中也会产生不均衡或毁灭，但这一状况也可以从系统（共同体）内部予以充分说明。即使是所谓"开放系统"，也不过是将外部包含在内的单一系统而已。

上述系统论或结构主义产生了许多成果，其中之一便是列维-斯特劳斯对于"未开化社会"的分析。确实，这是一种静态的分析。然而，相对于列维-斯特劳斯，哪怕是强调共同体的不均衡的动态过程的贝特森（分裂生成理论）和基拉尔（替罪羊理论），也仍然是在共同体内部进行思考。换句话说，他们都从"内在性领域"（基尔克果语）出发。并且，在这个特定意义上，这些理论都能被某种程度的经验数据所证实，也能具有"科学性"。

但是,我想要考察的是这种模型中已经被遮蔽起来的那种"超越性领域",换言之即社会性领域。由于这不是经验领域,所以我们需要马克思考察货币形态的起源时所说的那种"抽象力"。基尔克果意义上的"超越性领域"丝毫不"神秘",它与他者,也就是与"自我"或"共同体"外部的人相关。当然,[后者]不是异类,而是交换=交流的对象。

例如,马克思指出,不同的产品得以在共同体之间进行交换,不是因为两者之间有着"共同本质",[相反,]正是事实上的等价才让两者获得了"共同本质":"各种劳动化为当作它们的计量单位的简单劳动的不同比例,是在生产者背后由社会过程决定的,因而在他们看来,似乎是由习惯确定的。"(《资本论》)①他所谓的"社会过程"指的是共同体与共同体"之间",或不共有规则的人们"之间",经过所谓"惊险一跃"而进行的交换过程。"将哲学家引向神秘主义的神秘性",就藏在这种"社会过程"之中(《关于费尔巴哈的提纲》)。这种"神秘性"与共同体(或具有相同规则的系统)内部发现的神秘性有着根本区别。正如涂尔干(Émile Durkheim)所谓"神即社会",后者不过是将共同体的规范性视为超验性的结果。它既不是"社会的",也不是"超越性的"。这里不存在"悖论",因为不存在"惊险一跃"。

---

① 译文根据《马克思恩格斯文集》(第五卷),中共中央马克思恩格斯列宁斯大林著作编译局编译,第57页。——译注

三

或许可以说,卢梭是第一个对"人原本就是共同体式的存在"的观点提出质疑的思想家。当然,有论者像霍布斯那样,从"自然状态"出发阐述国家(共同体)的形成。但是,霍布斯所谓的"自然状态"是共同体毁灭时的恐慌状态下显现出来的东西,已经将共同体作为默认的前提了。霍布斯提出"自然状态",仅仅是为了说明国家的必然性而已。但是,在卢梭这里,提到自然状态或自然人,则是为了质疑共同体的自明性。

人是相互依存的,是社会性的——这已经成了自明的前提。对"人类的不平等"也即阶级社会作出批判的人,也会设想一个人们互帮互助的美好共同体。并且,"世界宗教"所揭示的东西,也会被人们解释为对于这种共同体的创建。然而,卢梭却说,"人类的不平等"产生于人们的相互依存,也就是产生于人们的社会性存在(毫无疑问,卢梭所谓的"社会性"意即我所谓的"共同体性质")。

跟霍布斯一样,卢梭也否定内在于人的理性。不过,不同于霍布斯,卢梭在自然状态下的人那里不仅发现了自我保存式的利己主义,还发现了对于包括动物在内的其他感性存在的"同情=共苦"(compassion)。对卢梭来说,自然状态下并不存在非得克服自然状态而形成共同体的理由:

> 那么,把所有的只能使我们认识已经变成现今这个样子的人类的那些科学书籍搁置一旁,来思考一下人类

心灵最初的和最简单的活动吧。我相信在这里可以看出两个先于理性而存在的原理：一个原理使我们热烈地关切我们的幸福和我们自己的保存；另一个原理使我们在看到任何有感觉的生物、主要是我们的同类遭受灭亡或痛苦的时候，会感到一种天然的憎恶。我们的精神活动能够使这两个原理相互协调并且配合起来。在我看来，自然法的一切规则正是从这两个原理（这里无须再加上人的社会性那一原理）的协调和配合中产生出来的。嗣后，理性由于继续不断的发展，终于达到了窒息天性的程度，那时候，便不得不把这类规则重新建立在别的基础上面了。

这样看来，在未使人成为人以前，绝没有必要使人成为哲学家。一个人并非仅仅由于他接受了后天的智慧的教训，才对别人尽他应尽的义务；而是，只要他不抗拒怜悯心的自然冲动，他不但永远不会加害于人，甚至也不会加害于其他任何有感觉的生物，除非在正当的情况下，当他自身的保存受到威胁时，才不得不先爱护自己。用这个方法，我们也可以结束关于禽兽是否也属于自然法范围这一久已存在的问题的争论；因为很明显，禽兽没有智慧和自由意志，它们是不能认识这个法则的。但是，因为它们也具有天赋的感性，在某些方面，也和我们所具有的天性一样，所以我们认为它们也应当受自然法支配，人类对于它们也应担负某种义务。实际上，我所以不应当伤害我的同类，这似乎并不是因为他是一个有理性的生物，而是因为他是一个有感觉的生物。这种性质,既然是人与禽兽所共有的,至少应当给予禽兽一种权利,即在对人毫无益处的情况下,人不应当虐待禽兽。①

这样的自然人在历史上是否存在,不是我们要讨论的问题。它是卢梭的"抽象力"——它试图将历史上所知的人类本性(自然)都放入括号——所发现的。卢梭的"自然人"既不是当时欧洲人遇到的"野蛮人",也不是文献记载的古人。但是,尽管不具有实证性,它也不是单纯的假说。

例如,卢梭写道:

> 这种野蛮的时代之所以被称作黄金时代,并不在于人们的联合,而在于人们的疏离。有人说,在这个时代中的每一个人,都将自己视作万物之主。或许确实如此。但是,无人知道,或渴望控制在他们掌握的范围以外的东西——他的需要使他远离人类,而不是接近人类。不期而遇可能会引发彼此的攻击,不过这样的一种遭遇非常罕见。战争状态尽管无处不在,但整个地球却是和平的。②

---

① 译文根据卢梭:《论人类不平等的起源和基础》,李常山译,东林校,北京:商务印书馆,1962 年,第 67—68 页。——译注
② 译文根据卢梭:《论语言的起源》,洪涛译,上海:上海人民出版社,2003 年,第 54—55 页。——译注

"自然人"的形象是孤立和自足。在那里,不存在他者的欲望,或经由他者中介的欲望(基拉尔语)。基本来说,他们都对他人漠不关心。用弗洛伊德的话说,他们没有"移情能力"。可以说,他们是精神分裂式的。但是,在这种情况下,不具备移情能力不过是说,对他人没有那种喜爱和憎恶的矛盾性固定关系。因为如刚才引文所示,他们对包括动物在内的他者具有"同情"。然而,这跟与动物或人战斗并不矛盾。所以才能说,"战争状态尽管无处不在,但整个地球却是和平的"。

中井久夫指出,狩猎民族是精神分裂式的。进入农耕社会之后,人类就变成了强迫性神经症,这一点直到进入产业资本主义社会后也没有改变。实际上,对于精神分裂症患者的治疗,便是将他们变成强迫性神经症。正因如此,他们很难"回归社会",他们在非产业资本主义的社会中,或者在过去的社会阶段,并不被视为病人(《精神分裂症与人类》)。

在我看来,卢梭或许就事先采取了中井久夫的上述论断。他说:"原始人是猎人,野蛮人是牧人,文明人是农人",进而说道:

> 假设地球上四季如春,假设河流、牛羊、草原遍地,假设人类从自然控制中得以解脱,始终处于分散的状态,我无法想象他们如何能够摆脱他们的原始自由,摆脱离群索居的田园式实存——这种生存方式与人的好逸恶劳的自然本性极其相适,使他们不必受奴役、劳作、穷困的压迫,后者是社会状态所无法避免的。

> 无法想象人本性上的懒散会到何种程度。人孤单地活着,似乎仅仅是为了吃、睡、待着不动;他难得想去

四处走走,这种活动可以让他不至于饿死。没有什么比这种令人舒心的慵懒状态,更令原始人喜爱了。那使人成为不安宁的、审慎的、积极行动的激情,只能来自社会。无所事事乃是人的最原始也最强烈的激情(仅次于自我保护)。如果更仔细地观察,可以发现,甚至在我们中间,人们工作仅仅是为了得到休息:依然是出于懒惰,我们才勤快。①

卢梭所谓的"自然人"是精神分裂式的。所以,卢梭对于"人原本就是共同体式的存在"这一命题的否定,看似与弗洛伊德"人原本就是神经症式的存在"的命题形成了根本对立。关于这一点,下文还会讨论。在这里,需要注意的是,卢梭笔下自然人的上述孤独和自足,与"社会性"丝毫不矛盾。或许可以说,这种看法正是从斯宾诺莎那里来的。斯宾诺莎所设想的"国家"就以这样的形象为基础。

四

基本而言,弗洛伊德也是根据神经症模型也即共同体模型进行思考的。对[这种模型]进行否定很容易。但是,弗洛伊德理论的重要性在于,它试图说明世界宗教为什么会以强迫的形式出现,或者说,为什么它的出现带有某种必然性。

弗洛伊德在撰写《图腾与禁忌》(1912年)的时候,已经带有

---

① 译文根据卢梭:《论语言的起源》,洪涛译,第62,74页。——译注

一种与《摩西与一神教》相关的洞察。也即不把宗教的历史视为一种线性发展，而是将它视为"被压抑者的回归"。弗洛伊德认为，遭到压抑的是"原父"。在此之后，这个"原父"将会作为一神教而回归，而且"对于原父的杀害"将会以杀害摩西或杀害耶稣的形式得到再现。

弗洛伊德首先从图腾崇拜中发现了宗教的起源。基于达尔文和阿特金森的假说，他认为在原始时代存在着由单一族长支配一切的社会，在那里发生了儿子们的"弑父"。通过吃掉父亲，也就是将父亲的一部分纳入自己的体内，这种"弑父"确证了儿子们与父亲的同一化：

> 我们有理由猜度，在杀死父亲之后，出现了一段弟兄们争夺继承权的时期，每一个儿子都想独占这个地位。他们逐渐看出这种争夺既是危险的，也是徒劳的。这种痛苦的认识过程、他们共同奋斗求得解放的那些记忆以及他们在流放中互相扶助的手足之情，使他们最终结成了同盟，达成了某种社会契约。于是，第一种放弃了本能性满足的社会组织诞生了；互相的义务得到承认，公布的制度变得神圣而不可侵犯。简言之，道德和法律开始了。每个儿子都放弃了独占父亲位置、占有母亲和姊妹的想法。与此同时，乱伦受到禁忌，族外通婚得以流行。①

---

① 译文根据弗洛伊德：《摩西与一神教》，李展开译，第72页。——译注

在这里,弗洛伊德想说明的是,"共同体"在人类史上究竟是如何形成的。但是,他的说明是神话性的。例如,上帝创造了亚当与夏娃,他们的孩子该隐在遭到流放后与"其他"部族的女性结婚了。上帝什么时候创造了"其他"部族?当然,在神话中,这种事情没什么不妥,因为神话关心的只是某个共同体的起源问题。然而,一旦在理论上对此展开论述,我们就不能不感到惊讶。弗洛伊德只不过是对单一共同体的机制进行了说明。"其他事物"从中遭到了排除。共同体的"起源"不过是一个从作为结果的共同体出发,通过反向追溯的方式形成的叙事罢了。弗洛伊德所谓的唯一的"原父",换言之即唯一的超验上帝。但是,与其在历史上设想什么唯一的原父,倒不如一开始就设想一个超验上帝。

尽管如此,弗洛伊德假说的重要性在于,它不仅通过设定原父而对图腾崇拜作出了说明,并且试图说明,对此进行解构的那种世界宗教也会不可避免地出现。世界宗教不是在共同体宗教之外突然奇迹般地出现的东西,也不是单纯由于交通的扩大而出现东西。世界宗教的强迫性特征从何而来?弗洛伊德把世界宗教视为"被压抑者的回归"。我同意这个说法。但是,遭到压抑的不是什么"原父",而是"社会性"。

弗洛伊德设想的原始人是"未开化之人"。不同于卢梭笔下的自然人,未开化之人带有神经症的性质。前面已经提到,我们可以在始源的地方设想一种与弗洛伊德的想法相对立的样子,即设想一种拒绝同一化(移情)的、精神分裂式的自然人。正如精神分裂位于精神分析性对话(移情)的外部,这种"自然人"也处于弗洛伊德分析的外部。多次说过,原始人不是"未开化之人",也即不是共同体(系统)内部的人。由于他们不进行"同一化"(移情），他们是孤立的。但是，也由于他们不进行"同一化"，他们并不是排他性的。既然没有封闭的交换系统，也就没有从中进行的排除。换句话说，社会性的交通网络在这里扩展开来。

关于这种交通空间，我们还会另作讨论。目前只需作出如下设想：共同体（同一化）成立的时候，同时也形成了系统的内外分野，形成了边界。这个时候，在此之前的交通空间——也即没有内部或外部的空间——就被视为"外部"，换言之即被视为诸多共同体"之间"的空间。但是，实际上任何共同体都不可能完全自我封闭。用赛荷（Michel Serres）的比喻来说，共同体（个体）漂浮在液体之中，被液体所浸透。共同体那里"遭到压抑的东西"，可以说是那种没有内外区别的空间（液体）。所以，对共同体而言，"被压抑者的回归"必定从"外部"而来，并且必定作为迈向"外部"的强迫而到来。

在摩西那里也好，在耶稣那里也好，或者说，在其他的世界宗教那里也好，被唤起的都是这种外部性，它作为一种对共同体进行解构的力量而运作着。当然，这种力量马上会被吸收到共同体内部（同一化），成为一个故事。

五

弗洛伊德分析了摩西的"故事"，指出了它的独特性。摩西出生的故事，不同于任何英雄出世传说。一个贵族家庭的孩子在卑贱的家庭长大，这是有关英雄出生的神话和叙事的原型模式。在日本，折口信夫将这种模式称为"贵种流离谭"［王子复仇记］。在弗洛伊德看来，这种［模式］以家族的传奇故事为依据。但是，这个模式却不适用于摩西,因为后者生于奴隶(犹太人)家庭,却在贵族家庭长大。

由此,弗洛伊德推断说,摩西原本具有埃及贵族身份,但犹太人想把他勉强塞进自己的"故事"之中。换句话说,在摩西的故事里,摩西的他异性=超越性=外部性,被内在化到犹太人共同体之中。如基尔克果指出的那样,在耶稣的"故事"中也发生了同样的事情。

弗洛伊德的推断颇为刺激。但是,要把摩西的他异性=外部性还原为"摩西其实是埃及人"这个事实,有点勉强。这就跟将"原父"推定为事实的做法一样勉强。但是,摩西的出身其实不是问题。总而言之,对共同体而言,摩西既不是英雄,也不是异类,而是他者——这一点才是关键。并且,关于上帝对摩西说的"你不得前往迦南之地"(约定之地),在弗洛伊德看来,这是犹太人编出的"故事"。也就是说,摩西明明是因被杀害而无法进入约定之地,[犹太人]却把这件事给篡改了。

但是,这里也存在着另一种读法。例如,难道不能说,摩西本人拒绝进入迦南之地?而且,摩西将犹太人带出埃及,不是为了将他们引向"约定之地",而是为了引向"沙漠",不是吗?这件事可以从各种角度进行解读。例如,韦伯(Max Weber)认为,摩西象征着一种运动,即把犹太人从农耕定居民族(无论是奴隶还是主人)带回游牧民族的生活方式。或者,我们也可以从后来迦南之地出现的预言家的角度看待这件事。也就是相对于巴力神——它是农耕之神,是共同体宗教(偶像崇拜)——而恢复摩西的宗教。这些运动都与农耕定居民族的共同体相反,将人引向外部(沙漠)。在这里,沙漠的意思是没有内外区别的那种交通网络的空＝间。

摩西是否真实存在，其实并不重要。共同体所压抑的"空＝间"，在摩西那里得到了"恢复"。摩西的"故事"已经将这一点遮蔽起来。它将摩西的"始源"变成贵族身份，将其"目的"（结局）置于约定之地。然而，实际上摩西的出生也许扑朔迷离，不具有共同体所赋予的权威（根据）。而且，对于摩西来说，所谓约定之地，恰恰就是拒绝抵达"约定之地"（目的）；换句话说，约定之地正是"过程"本身。这些在摩西的"故事"中都消失了。但是，正如弗洛伊德注意到的那样，这个"故事"中包含着与任何一种共同体叙事都格格不入的要素。可以说，对于叙事的批判，就铭刻在该叙事的内部。

基拉尔指出，所有叙事都将共同体的"排除和献祭的机制"在时间上进行展开；与之相对，《旧约》的特征则在于，它位于遭到共同体排除的祭品（替罪羊）一侧。在他看来，这是对共同体的机制进行解构的最初的运动。但是，我们不必将论述限定在犹太＝基督教的谱系之中。无论在哪里，"世界宗教"都作为对共同体进行解构的运动而出现。之所以［这种运动］看起来是站在牺牲者（被放逐到外部的人）一侧，不是因为它的人道主义性质，而是因为它本身就是那种没有内外区别的空＝间的回归。

六

世界宗教的"始祖"们的出身扑朔迷离。换句话说，他们不具备共同体所保障的"根据"。他们既不是巫师，也不是英雄或天才。也就是说，他们从共同体的叙事和话语那里逃逸开来。并且,这不是[与共同体]形成明确的对立。他们并不以积极明确的"目的"来改弦更张。他们所做的,仅仅是动摇共同体的"根据"和"目的"。如果他们遭到了杀害,也不是因为对立,而是因为他们真实身份不明[所引起的]猜疑。[共同体的]叙事硬是将他们套在起源和目的(结局)之中。尽管如此,文本必定会在其内部保留对叙事(结构)进行解构的要素。我们应该从中读出的不单单是文本的多义性,更是拒绝被回收到叙事(结构)之中的那种矛盾性。

弗洛伊德从摩西的"外国人"身份中,发现了摩西作为世界宗教之"起源"的秘密。不过,这一点在所谓"前苏格拉底"的那些古希腊思想家那里,才称得上"名副其实"。例如,赫拉克利特是外国人(一种说法是犹太人),智术师们也是外国人。苏格拉底以前的希腊思想家,位于地中海的"交通空间"之中,他们在那里进行思考。毫无疑问,他们并没有把城邦视为自明的前提。巴门尼德否定诸神,赫拉克利特则否定了祭祀仪式。

加塞特(José Ortega y Gasset)认为,正是在他们那里,第一次出现了"思想家"。"思想家"是下面这种人:

> 在某种意义上,羞辱大众是思想家的典型特征,因为他的使命、他的职业性目的,就是掌握他"自己的"见解,而后者与意见(doxa)或舆论相反对。如果人们仅仅寻求同意,就不必有一种新的裁断者。因此,赫拉克利特和巴门尼德充分意识到,在对峙和反对种种意见(doxa)的时候,他们自己的意见在本质上就是悖论(paradoxa)。这一悖论性格贯穿了哲学的整个进展。同样,

作为第一位希伯来"思想家"、作为泰勒斯的同时代人，阿莫斯清楚表明：当上帝让他从事这份事业，上帝向他施加了下述命令——"说预言来反对我的子民。"每个预言家都是有所反对的预言家，正如每个"思想家"那样。柏拉图在具体谈论这些最初的"思想家"的著作中，明确强调了他们的思想所具有的那种吊诡的因而是晦暗不明的形式："他们对我们缺乏关切，透露出他们对普通人的非同寻常的蔑视，他们从不担心我们是否能跟得上，每个人都泰然自若地一股脑说完他们要说的话。"（《哲学的起源》）

我们可以从中看到：第一，"思想家"类似于"预言家"，他们所反对的"东西"当然就是"共同体"。第二，他们位于地中海的交通空间中进行思考，所以是相互联系的。他们是单独的，但又具有普遍性。

在加塞特看来，"这种新型的人出现于雅典以外的都市之中"。尽管雅典是政治和情报的中心，但就"思想"而言，雅典这个都市"比希腊世界周边地带还要落后"。在政治和经济上获胜的雅典共同体的人们，体验了他们迄今为止一无所知的"思想家"或"悖论"的潮水般的涌入。"对于雅典人这样生性反动、固守传统信仰的'人民'来说，要经历这样的体验实在令人不快。"

在这里，苏格拉底的位置非常矛盾。他被雅典人当作上述"思想家"而遭到处刑。但是，另一方面，他又是土生土长的雅典人，是城邦内部的人。他非但没有排除外来思想，反而通过"对话"来对它们进行"考察"，将它们内在化了。然而，苏格拉底本人被当作操弄外来思想的危险分子，遭到了排除。在柏拉图那里，处死苏格拉底具有保罗那里处死耶稣所具有的相同意义。也就是说，柏拉图将苏格拉底之死——仅仅是一桩错误处刑的苏格拉底之死——戏剧化为对于城邦（共同体）的献祭。

我们无法了解苏格拉底本人的情况。但可以认为，柏拉图通过苏格拉底所完成的工作是，通过将外部思想"内在化"而对它们进行排除。跟黑格尔的哲学一样，柏拉图的哲学将此前的所有思想都"内在化"了——换言之，即对它们进行了压抑。柏拉图的辩证法（dia-logos）是通过排除他异性而成立的，所以其实是自我对话（mono-logos）。知识成了"回忆"。

但是，譬如说，当海德格尔攻击柏拉图、抬高赫拉克利特和巴门尼德的时候，我产生了一个疑问。海德格尔说道："这两位希腊思想家、这两位首次开辟思想家道路的人，如果不是站在存在者的存在之中，又会站在什么地方呢？"（《形而上学导论》）但是，"存在者的存在之中"这种本体论话语和穿凿附会的词源学考证，使得海德格尔错失了一个关键问题。也即，他们所"站"的位置，是共同体的外部。海德格尔指出，赫拉克利特看到了作为"对抗中的动摇的集约形态"的"存在"，巴门尼德则从中看到了"对抗与争执之物的关联性"意义上的"同一性"。但是，这其实表明，这些思想家不是在具有相同规则的共同体之中，而是在作为多样交通空间的"世界"中进行思考的。

归根结底，"首次开辟思想家道路"，不可能在共同体的内部进行。但是，那种将"犹太性"排除在外，意在恢复农民式的日耳曼共同体的哲学家，对此一无所知。如果柏拉图的哲学那里发生了"存在的丧失"，那么这不外乎是外部性和他异性的丧失。

第四章
精神分析的他者
精神分析の他者

一

波普尔(Karl Propper)指出,弗洛伊德的精神分析是一种伪科学。不过,他倒不是从实证主义立场(视科学的真理性为与事实的符应),也不是从理性主义立场(视科学的真理性为与终极真理的符应)上这么说的。他拒斥下面这种想法,即认为世界上存在终极之理,而它未能实现是因为受到很多臆测的干扰——这样的"理性主义"会采取各种各样的形式。这种理性主义必然会走到对他者进行排除的那一步。波普尔认为,不管这种知识多么符应事实,都不是科学的;他将科学与非科学(伪科学)的边界划在"可证伪性"上。在他看来,科学真理是一种假说,仅仅在没有出现有效反证的前提下暂时被承认为真。正是在这里,"可证伪性"成为关键。例如,只有在准备好事先指定一种能够对某个学说(假说)作出反证的决定性实验或观察的情况下,这个学说(假说)才是科学的,而在不指定这种"潜在反证"的情况下,这个学说(假说)就是伪科学。

例如,波普尔认为,弗洛伊德的精神分析由于"不可证伪",所以是伪科学。确实,弗洛伊德没有为"(结构性的)无意识"或"俄狄浦斯情结"提供"可证伪性",而如果它们遭到证伪,那么精神分析的一切都会坍塌。[弗洛伊德没有为这些提供"可证伪性",]

因为如果不接受和体验精神分析,就无法理解这些。而且,这些都是通过患者的"抵抗"(否定)而得到确证的:

> 当试图让患者意识到自己的无意识之际,患者会对我们显示出抵抗;而精神分析学原本的整体理论基础,就在于对这种抵抗的认知。患者的联想线索中断、患者的联想偏离重要议题——这些都是抵抗的客观症候。(《精神分析引论》)

根据弗洛伊德在论文《否认》中提出的看法,当患者对分析师的假说作出肯定的时候,那么这个假说是对的;而当患者作出否定的时候,这个假说也还是对的。这是绝对不会失败的逻辑。例如,对精神分析作出抵抗的人,或对弗洛伊德进行批判的人,在他们的"无意识"中已经承认了精神分析的正当性。在这个意义上,精神分析没有提供"可证伪性"。对于被波普尔视为主要批判目标的马克思主义辩证法,同样可以这么说。真理只能在马克思主义革命运动的"实践"中得到确证。而对马克思主义学说作出批判的人,无非暴露了批判者[自己]的阶级意识(无意识)。而且,即使马克思主义者的某个观点遭到证伪,马上就有能够回溯性地为其赋予意义、对它进行正当化的逻辑。波普尔认为,这跟占星术是同一种论述策略。在这个意义上,精神分析也好,马克思主义也好,都没有为自己的学说赋予可证伪性。波普尔认为,这是一种宗教性的运动。

当然,我们切不可将这种愚蠢的诡辩式马克思主义者或弗洛伊德主义者与马克思或弗洛伊德混同起来。然而,在后者那里也确实存在着产生前者的要因。这是因为,马克思和弗洛伊德并不单单阐述了某种学说或批判,而是以能够将它们变成"运动"的方式展开他们的论述。如前所述,这一点跟"世界宗教"很相似:世界宗教既是"宗教批判",同时本身也作为宗教运动而展开。不过,这里需要注意的是,尽管没有打出这一旗号,但"科学"也不仅仅是某种学说或方法,而正是一种"运动"。事实上,它也产生了科学的"信众"。

二

一种学说要成为科学性的,就必须具有可证伪性——这也就是说,它必须以他者为前提。科学与非科学的边界,就在于是否以"他者"为前提。不过,这并不意味着他者的意见一致或共同主观性。相反,科学与非科学的差异在于,是否预设了一个不断作出反驳的他者。但是,在19世纪以来的实证主义和理性主义内部,波普尔所带来的"移动"是否像他自己认为的那样具有划时代意义?他在对西方哲学史进行总批判的同时,想要忘却一件最具有划时代意义的事情——也即苏格拉底的存在。

苏格拉底向我们表明,任何积极明确的阐述都要被暴露在否定中,如果我们不通过否定而对它进行仔细考察,那么它就无法成为真理。苏格拉底和前苏格拉底的分界线,就在这里。无论后者具有多么深刻的认识,都不过是假说而已,我们必须通过"共同研究"来对这些假说进行仔细考察——这才是"哲学",也是哲学与非哲学的"边界设定"。苏格拉底便是"可证伪性"的别称。

当然,这不是柏拉图"对话录"中的苏格拉底,而是始终贯彻反讽的苏格拉底。在柏拉图的对话（辩证法）那里，终极真理（理念）是一个前提（哪怕它经过了否定）。而在苏格拉底那里，事情不是这样。他纯粹地停留在"否定"或"可证伪性"那里，让人们陷入不安。波普尔批判说，柏拉图的"真理"观一直延续到笛卡尔和培根，进而延续到当代马克思主义。但是，他对此提出的"可证伪性"概念，正是向着苏格拉底的回归。

换言之，尽管波普尔极度反对"辩证法"一词——而且，柏拉图和黑格尔的辩证法也确实如他所说——但他自己所作的论述，恰恰具有本来意义上的辩证法（对话）性质。让我们效法雷谢尔（Nicholas Rescher），通过法庭论辩的形态来对此进行观察。譬如说，在法庭上，检察官一方可以说是假说的提出者，辩护人一方则是反对的辩论者。在这种情况下，需要注意的是下述"非对称性"：即检方具有举证责任，而辩护人一方则只要指出检方主张的矛盾就行了。只要没有有效的反驳，检方的假说就被视为暂时的真理。

波普尔所谓的科学方法，类似于一个没有终审法院的法庭。它和那种资产阶级民主主义的想法相对应，即如果没有裁判，则任何人都不该受到惩罚。事实上，在那里，虽然说是终审法院，但也存在着事后遭到推翻的情况，所以其实并不是最终的。由此，波普尔的科学论就和他的反极权主义的政治思想直接相关。例如，在斯大林主义的审判上，不存在那种完全由检方承担举证责任的"非对称性"。相反，被告方不得不承担举证责任。像布哈林审判那样，双方共同为虚假罪名捏造证据的情况也会出现。然而，我在这里想说的不是资产阶级民主主义，而是上述"法庭论辩"形式仅仅出现在雅典。或者说，之所以能够认为"哲学"始于苏格拉底,是因为他自己将这一[论辩]形式带入了知识的领域。

三

所以,波普尔提出"可证伪性"的主张,意味着恢复那种没有终审法院的法庭论辩＝对话。基本而言,这一主张是对话性的,尽管他拒斥了柏拉图和黑格尔的那种辩证法,即表面上的对话。是否理性,取决于是否以这样的"对话"为前提。从这个角度来看,理性主义与非理性主义,或理性与非理性的区别(边界设定),就会变得完全不同。

例如,福柯指出,18世纪存在理性与非理性(疯狂)的分割,后者遭到了排除和监禁。不过,福柯不是从观念史出发,而是从现实性的话语和制度出发进行论述的。而且,也有论者在苏格拉底——致力于数学式的确定性的苏格拉底——那里,寻求理性与非理性的分割(海德格尔)。但是,苏格拉底所提出的想法,并不是理性内在于世界或自我之中,而是只有通过"对话"所得到的才是理性的。拒绝对话的人,无论握有多么深刻的真理,都是非理性的(不合理的)。问题已经不再是世界或自由内部是否存在"理"。只有经历了对话的话语(假说),才是合理的。合乎理性,就是将与他者的对话作为前提。

有很多人觉得,只有数学式的记述才是科学的。但是,譬如说在欧几里得原理那里,公理并不是直观的自明性,而是对话中的一种约定。所谓同一律("甲是甲"),说的是约定好的事情一经确定,讨论的过程中就不能更改。在这里,数学并没有被赋予特权性的确实性。数学本身也取决于"共同的考察"。在这个意义上,欧几里得不是毕达哥拉斯—柏拉图的弟子,而是苏格拉底—柏拉图的弟子。

但需要注意,这种边界设定是一种新的分割,即接受对话的人和不接受对话的人之间的分割。换句话说,就是接受某个语言游戏的人和不接受这个语言游戏的人之间的分割。雷谢尔写道:"如果放弃这种基准而采取被认为是个人化的探究基准,那么无论这么做是出于多少善意,它都是降格到私人尺度的用法上,都是从合理性推论者的共同体那里退出,也就是以此放弃了理性的规划。"(《对话的逻辑》)

看一下法庭,这一点就容易理解了。不承认资产阶级法庭的人会被勒令退场,而精神病患者原本就不会被起诉。这是因为,他们不参与(无法参与)法律的语言游戏。换言之,将"合理性"置于对话形式之中,便意味着排除那些无法参加对话的人。我们必须对波普尔所谓的"科学性"和雷谢尔所谓的"合理性"进行重新追问的是:尽管它们以对话中的他者为前提,但它们成立的条件恰恰是排除位于对话之外的"他者"。

如后文所述,弗洛伊德也排除了这种"他者",即没有做出"移情"的人。由此,与弗洛伊德的意图相反,精神分析成了一种封闭性的、密教式的"运动"。但是,我们在这里必须进行如下追问:就算看上去不是这样,波普尔意义上的"科学"难道不也是一种封闭性的"运动"吗?或者说,被认为始于苏格拉底的"哲学",难道不也是一种"运动"吗?

四

弗洛伊德指出,他所谓的无意识不同于苏格拉底所谓的无知,因为苏格拉底仅仅在意识的层面上进行思考。但是,苏格拉底仅仅在对话的层面上思考"无知"。他假装自己无知,由此来让对方发言,然后让自以为知道的对方承认其实自己才是无知的一方。"无知"并不存在于特定的某个地方,而仅仅存在于这种对话过程中。反过来说,"知"也是如此。它并不以积极明确的方式存在,因为所谓"知"恰恰就是认识到无知。

这样看来,与他自己所述的相反,弗洛伊德的精神分析和苏格拉底的方法非常类似。精神分析师的工作就是让对方说话。但是,我们不应该像福柯那样将这种工作放在教会的"自白技术"的谱系上。因为精神分析的"原动力"始终都是"知性":

> 在这样的情况下,我们究竟要以什么为原动力来开展工作? 首先就是患者对于健康的渴望。其次则是患者的知性上的帮助。我们通过解释来支配患者的知性。(《精神分析引论》)

这必须是"对话"。医生和患者的关系是"非对称的",这并不是说两者处于支配和被支配的关系。然而,教会的"忏悔"则并非如此。在那里,对于神职人员的依赖关系得到了再生产和强化。但是,弗洛伊德的最终目标则是消解[这种]人为产生的非对称"移情":

在其他任何的暗示疗法内,移情作用都被细心地保存无恙;至于在分析法内,移情作用本身就是治疗的对象,常不断就其种种形式而加以剖析的研究。分析的结果,则移情作用本身必因此而消灭。①

305　在苏格拉底那里,其实也是这样。他试图废弃智术师那里"知者"与"无知者"的区别。当然,根据柏拉图的对话录,青年们通过与苏格拉底对话而认识到自己的"无知"、被迫自立自足之后,强化了对于苏格拉底的依赖关系。弗洛伊德对此极为敏感。所以,他和智术师一样,把从患者那里收取费用作为原则。不过,弗洛伊德自己在学者之间还是没能避免依赖和反感的关系。

五

福柯写道:

在我们社会中还有另一排斥原则,不是禁律,而是区别和歧视。我所指的是理性和疯狂的对立。自中世纪中期以来,疯人的话语既已不能像其他人那样流通。他的言语会被视为无效,不具备任何可信性和重要性,不能作为法律证据,也不能用以认证合同或契约,甚至

---

① 译文根据弗洛伊德:《精神分析引论》,高觉敷译,北京:商务印书馆,1986年,第366页。——译注

不能在做弥撒时完成圣餐变体。但在另一方面,人们却又把常人所不具备的奇特功能赋予疯人的言语:能够说出隐藏的真理;预示未来;能够在幼稚中见到其他人的智慧所不能感受的东西。奇怪的是在欧洲的很多世纪里,疯人的言语不是充耳不闻就是被当作真理之言。它不是在说出的时候即遭排斥而落入虚空,就是人们在其中发现了素朴或狡黠的理性,比正常人的理性更为理性的理性。无论如何,不管是被排斥或是被秘密地赋予理性,严格地讲,疯人的言语是不存在的。人们正是通过其言词而确认了他的疯狂;其言词是区别理性和疯狂的场所,但它们从未被记录和聆听。18 世纪末以前,没有任何医生考虑过决定了这种区别(疯狂和理性)的言语到底所言何物,又是怎样说和为什么说的这些问题。①

我不知道弗洛伊德是不是第一个倾听疯人的"言语"的医生。但是,他是第一位不仅尝试和精神病患者进行"对话",而且从中形成完整理论的医生。或不如说,他是第一位这样做的思想家。

精神分析必须是"对话"。如果少了对话,弗洛伊德的理论体系就分崩离析了,这一点需要我们留意。波普尔也正是因此把精神分析称作伪科学。但是,如前所述,科学(知识)在波普尔那里恰恰依赖于由他者作出的否定。并且,恰恰依赖于那种"法庭"场

---

① 译文根据福柯:《话语的秩序》,肖涛译,袁伟校,参见许宝强、袁伟选编:《语言与翻译的政治》,北京:中央编译出版社,2001 年,第 3—4 页。——译注

合下的意见一致。

精神分析式的"知识"取决于患者和医生的移情关系和患者在其中的"抵抗"(否定),这绝不是什么独特的事情。"无意识"不仅仅是"没有意识到",而恰恰是在上述关系中,在患者自己不自觉作出的"抵抗"中才能被确认,才能被把握为某种结构性的东西。

弗洛伊德将苏格拉底和波普尔所拒斥的那种他者带到"对话"的场合之中。他所做的不是单纯地废除"理性与非理性的分割",也不是偏袒非理性(疯狂)。他并没有从疯子的言语中发现"奇特功能"或"狡黠的理性"(福柯语)。只有"对话"才是理性的;在这个意义上,弗洛伊德始终都是理性或科学的。不过,他找到了将疯子带入"法庭"现场的办法。在这个层面上,正如苏格拉底废除了"知者"与"无知者"的区别,把所有人都打入"无知者";弗洛伊德废除了正常和异常的区别,把所有人都视为"神经症患者"。

弗洛伊德如此说明治疗的过程:

> 但要消灭症候,必须先追溯到症候的出发点,诊察它们以前发生的矛盾,然后借过去没有用过的推动力的帮助,把矛盾引导到一个新的解决。要对压抑作用作此种考察,必须利用引起压抑作用的记忆线索,才可收到部分的效果。特别重要的是在病人与医生的关系或移情作用中,使那些早年的矛盾重复发作,病人尽力做出与以前相同的行为,于是我们乃能使他征发自己心灵中所有可用的力,去求得另一种解决。因此,移情作用乃

是一切竞争力量的互相会合的决斗场。

　　凡属里比多及与里比多相反抗的力量都无不集中于一点:即与医生的关系;因此,症候必须被剥夺去它们的里比多;于是病人似乎就用这种人工获得的移情作用或移情的错乱,来代替原来的疾病;而他的里比多也似乎以医生这个"幻想的"对象,来代替各种其他的非实在的对象。因此由这个对象而起的新斗争,便借分析家暗示的帮助,而升到表面或较高级的心理平面之上,结果化成一种常态的精神矛盾。①

　　这一"人工的疾病"或"战场",只有通过移情才得以可能。在精神分析中如何发生移情,这个问题是一种同语反复。因为精神分析正是由于移情才得以可能。弗洛伊德从"同一化"的角度对此进行了说明。但是,用根本性的"同一化"来说明移情,这也是一种同语反复。

　　在《探究(一)》中,我考察了下述问题:为什么苏格拉底的对话既是非对称性的,同时又可以是"共同探究"?毫无疑问,这是因为对话双方都属于同一个语言游戏,就像律师和检察官共有法庭规则那样。无法进入这里的人们,则是"非理性"(疯狂)的。弗洛伊德将"非理性"也带入对话之中。对他来说不存在"异类",因为所有人都有神经症。但是,这个时候,他却发现了绝对无法进入对话的人们。

---

① 译文根据弗洛伊德:《精神分析引论》,高觉敷译,第367—368页。——译注

弗洛伊德写道:

> 我曾允许你们,说将借助于移情作用,来解释我们对自恋神经病为什么不能收治疗之效的原因。……经验证明:自恋的神经病人没有移情的能力,就是有,也是具体而微。他们离开医生,不是由于敌视,而是由于不感兴趣。所以,他们不受医生的影响;医生说的话他只是冷淡对待,没有印象,因此,对他人可以收效的治疗,如起于压抑的致病冲突的重复引起以及对抗力的克服,对他们却都不生效力。他们总是故步自封,常自动地作恢复健康的企图,而引起病态的结果;我们只是爱莫能助。
>
> 根据有关这些病人的临床观察,我们曾说过,他们一定是放弃了里比多在客体上的投资,而将客体的里比多转化成了自我里比多。因此,这些神经病便有别于第一组(如癔病、焦虑症及强迫性神经病)。他们受治疗时的行为也适足证明了这个揣测。他们因为没有移情作用,所以不能受我们治疗的影响。①

这段话看似是在谦虚地表达精神分析的束手无策,其实不然。例如,弗洛伊德将精神病分成两类,即"移情神经症"和"自恋神经症"。这里包含的意思是,精神分裂症也必定是神经症的形

---

① 译文根据弗洛伊德:《精神分析引论》,高觉敷译,第361—362页。——译注

态之一。或不如说,弗洛伊德想指出,人类根本上就是神经症。

然而,精神分裂症患者并不进行移情。他们是"他者"。这个时候,将他们称作"自恋神经症",就相当于认为,本来应该进行移情(同一化)的人拒绝移情,背过身去。这种[看法]将他者的超越性(外部性)内在化(同一化)了。[这种看法]不承认他者的外部性,反而将他者视为从内部脱落(倒退)的人。

一般而言,对于弗洛伊德理论的修正主义,都来自面对精神分裂症时的束手无策。如果要面对包括精神分裂症在内的全部精神病,对于弗洛伊德的背离就是不可避免的。那些一开始就以精神分裂症为对象的人更是如此。但是,这并不是说,(例如)弗洛伊德关于性的理论在一般意义上就是错的。如果没有移情关系,弗洛伊德所谓的力比多就不存在。反过来说,只要存在移情关系,就存在力比多。例如,当荣格将力比多普遍化,将弗洛伊德所讨论的力比多视为[诸种]力比多之一的"性的力比多"时,弗洛伊德对荣格的否定是完全正确的。如果没有移情关系,考察力比多就是毫无意义的。

弗洛伊德以移情关系来理解以荣格为首的背离者们的批判。对于弗洛伊德的反驳本身,证明了他的力比多理论。但是,即使崇拜或反驳不过是移情的一种形态,对于弗洛伊德而言,可怕的不是对他感兴趣(无论其呈现形式如何)的医生或理论家们,而恰恰是作为"漠不关心的他者"出现的精神分裂症患者。因为如果承认他们是处于精神分析这种"人工战场"或"法庭"外部的他者,那么精神分析的普遍假说就会瓦解。

六

弗洛伊德作出的移情神经症和自恋神经症的区别,恰恰是在精神分析这一对话的场所中发现的。这一区别并不像弗洛伊德以外的精神医学那样,是基于观察所得的病状分类的结果。自从克雷佩林(Emil Kraepelin)的"早发性痴呆"概念以来,精神分裂症的概念得到了确立,没人对此提出质疑。当然,这一分类近年来变得复杂暧昧,甚至有人说"不存在精神分裂症"。但是,需要注意:这些和弗洛伊德作出的分类不同。因为弗洛伊德作出的移情神经症和自恋神经症的区别,绝不对应于一般的精神医学那里所谓的神经症和精神分裂症的区别。

例如,被克雷佩林视为早发性痴呆(精神分裂症)之典型的"瓦解型分裂症",如今几乎见不到了。据说"人格解体"那样接近于神经症类型的精神分裂症则有很多。毋宁说,"瓦解型"跟当时精神病院的监禁所造成的拘禁症状混同起来了。就如今的精神分裂症而言,与神经症区别暧昧的"边缘型精神分裂症"成了主流。这样看来,弗洛伊德的区分显得颇为陈旧。但是,弗洛伊德的区分不是根据症状作出的,而基本是根据是否具有构成精神分析场所的"移情"作出的。

一般的精神医学理论以经验观察为基础,所以会不断发生变化和动摇;与之相对,弗洛伊德的理论恐怕是唯一一个具有一贯性的理论。正因如此,波普尔宣称弗洛伊德的精神分析是伪科学。然而,波普尔在科学和伪科学之间作出的"边界设定",和弗洛伊德在移情神经症和自恋神经症之间作出的"边界设定"是同一种类型。无论是批判波普尔还是批判弗洛伊德,关键问题都不是废除这种边界,而是考察这种边界到底意味着什么。

例如,反精神医学——尤其是 R.D.连恩(Ronald David Laing)——否定了精神分裂症和神经症的边界。这给他自己带来了悲惨的结果。他将精神分裂症患者作为家庭的一员来对待,结果他自己的家庭崩溃了。"边界"始终存在着。当然,这话的意思不是说,精神分裂症或精神分裂症患者客观存在;也不是说,它们都不过是医生的主观判断。[这话的意思是说:]这一边界只有在"关系"中才能被发现。

弗洛伊德的区分之所以重要,原因恰恰在这里。正如反复说过的那样,我们需要注意的是,他的整个理论体系都是以"移情"场合下的对话为基础的。除去这一点之后,弗洛伊德的理论体系就没有意义。并且,尽管弗洛伊德将不进行移情的人规定为自恋神经症,但这并不是说(例如)精神分裂症患者那里完全不存在移情。就算是不采取精神分析方法的医生,在治疗过程中应该也会和患者之间产生一种移情关系。无论采取的是柏格森式的直观还是现象学式的方法,精神医学在治疗的实践过程中都带有这样的移情关系。尽管如此,仍然存在着无论如何都不发生移情的领域。精神分裂症患者的"他异性"不是全面性的,而是存在于局部的领域。不过,恰恰是这个领域形成了"边界"。

当然,这种情况也会发生在我们的日常交流之中。语言游戏多种多样,它的"边界"也多种多样。所以,就算在某个领域说得通,在另一个领域可能就说不通。即使那种认为精神分裂症患者每时每刻都处于颠倒错乱状况下的古典幻想不值一提,但有一点很清楚:在和他们的关系中,存在着一些无论如何都无法共有语言游戏的领域及其"边界"。重要的是承认这种境界的不可避免。就算我们宣称边界不存在,问题也没有得到丝毫解决。

在这个意义上,弗洛伊德的"边界设定"至关重要。例如,德勒兹和瓜塔利在《反俄狄浦斯》中采取了反对弗洛伊德的立场,但他们基本上还是遵循了弗洛伊德设置的边界。他们所做的不是让边界变得暧昧,而是颠倒了边界的意义。也就是说,他们保留了 paranoiac(神经症)和 schizophrenia(精神分裂症)的区别,翻转了两者的意义(价值)。这里的问题已经不是具体的症状分类了,而是如何看待他者的他异性(外部性或超越性)。

如前所述,当弗洛伊德将精神分裂症称作自恋神经症的时候,恰恰是把精神分裂症的他异性=外部性给"内在化"了。从"人都有神经症"的规定来看,精神分裂症不过是从神经症那里进一步向内在倒退的结果。弗洛伊德认为,精神分裂症是本应朝向对象的力比多(性冲动)朝向自身的形态。因此,他把它称为自恋神经症。

但是,"力比多"这个概念只有在移情关系中才获得其根据,可是精神分裂症患者又不发生移情——这样一来,弗洛伊德必须在两者之中作出选择。也就是说,如果要贯彻力比多理论,就必须将精神分裂症视为倒退;如果将精神分裂症患者视为他者,就必须放弃力比多理论。然而,在我看来,弗洛伊德始终站在要求他作出上述选择的"边界"之上。荣格学派也好,反精神医学也好,各自在不同的意义上批判了弗洛伊德;与此同时,它们也冲刷掉了弗洛伊德所揭示的这个"边界"。

七

　　对于把精神分析称为伪科学的波普尔,同样可以这么说。波普尔声称,科学必须具备"可证伪性",但这一主张哪怕在狭义的科学那里也无法严格适用。为此,他已经受到了许多批判。但并不是说波普尔因此遭到了否定。在这里,我不打算深入探讨波普尔以后的科学史和科学哲学的种种讨论;但我认为,恰恰是他的"可证伪性"思想及其带来的"分割",产生了以库恩为首的科学哲学和科学史的"问题"。

　　库恩以来的科学哲学家的论点与他者的问题相关。例如,所谓"通约可能性"的问题,就是与不共有规则的"他者"之间进行对话的问题。这不是历史范式的问题。① 不然的话,下面这种论述——真理性基准是由一种范式(共同主观性)所赋予的——就退回到波普尔以前了。如前所述,波普尔的"可证伪性"理论强调的是对话中的非对称关系。换言之,这里不存在那种相互承认的

---

① 例如,库恩所谓"范式"的意思是成功的范例,而不是福柯所谓的"知识型"或索绪尔所谓的"共时体系"之类的东西。或者说,它不是时代的支配性看法之类的东西。它说的是,科学家并不是根据某种明确的规则而对真理作出演绎,而是遵从问题解答的示范性事例。如果没有出现有效的范例,科学范式就不会发生改变。如后文所述,弗洛伊德的"神经症"模型就是这样的范例。这就好像游泳的姿势并不以某个原理为基础,而是以游得快的选手为范例而发生变化一样。科学并不遵循明确的规则体系。我在《探究(一)》中通过"教—学"关系显示了这一点。将范式视为支配性的规则体系,就是无视非对称的"关系"。

对称关系。如波普尔所说,就算某个学说得到了多数或全体的支持,它也并不[因此]是科学真理。如果某个学说是可证伪的,而且也没有出现反证,那么就算支持它的人很少,它也可能是科学真理。

在这里,如果想讨论"相互承认"(共同主观性),那么应该讨论的就是:是否承认上面这种非对称的"对话"形式本身。承认这种形式的人们(习得这种形式的人们),就构成了库恩所说的"科学家集团"。这和法庭由法律专家集团构成是一回事。事实上,在自然科学那里存在着"评审"制度,波普尔的原则在这种制度内部就是适用的。

然而,这里我们必须区分两种"对话",即必须区分法庭内部的他者和外部的"他者"。科学史和科学哲学如今涉足的领域是后者。不过,由于这一点未能得到充分理解,而且,由于它和苏格拉底"哲学"的关联未能得到理解,各种讨论就充斥着专家集团所固有的艰涩行话。从古希腊的语境来看,这一点让人想到智术师们的怀疑主义。另一方面,例如费耶阿本德(Paul Feyerabend)的极端"无政府主义"则可以说对应于向前苏格拉底(赫拉克利特)的回归。德勒兹和瓜塔利称前苏格拉底哲学家为精神分裂式的,这是因为他们对苏格拉底=弗洛伊德的"法庭"漠不关心。然而,我们不能忘记:正是苏格拉底=弗洛伊德带来了对于这样的"他者"的执着。

第五章
交通空间

交通空间

一

　　摩西向"沙漠"迈进,引导人们逃向那里,而他自己也停留在那里——这个"沙漠"不是实际存在的沙漠。并且,它是否是一片荒凉的不毛之地,也不是重要问题。"沙漠"指的是交通(交流＝交换)的空间,或者说,是一个让交通线路图本身浮现出来的空间。它已经是一种"抽象"。因为这里的问题不是事物的多样形态,而仅仅是交通路线网络,或这些网络的结合的性质和强度。

　　在某种意义上,比起沙漠,海洋是更彻底的"沙漠"。在这个沙漠里,连绿洲都不存在。例如,古代的地中海就是"沙漠",它和"大海母亲"的意象毫无关系。阿兰(Alain)在讨论"知识的源泉"时,举了水手、商人和农夫作为例子。水手在无所依凭的海上眺望星空,从乍看之下变动不居的繁星中发现不变的结构。他既无法改变自然,也无法支配自然。正因如此,水手凝视的不是物体,而恰恰是事物的结构。只有凭借对于自然的形式结构的认识,他才能在海上存活。例如,早在为星座赋予神话式的名称和故事之前,人们就已经必须将星星把握为星座(变化规则)。只要眺望一下镶满繁星的夜空,就能知道这是多么高深的认识。

　　水手的比喻意味着我们对于自然——绝对无法支配也无法撼动的、作为"他者"存在的自然——所具有的知识。这是不断通过实践发现的知识的形态,它和那种谈论世界是否具有同一不变结构(逻各斯)的形而上学的原理性讨论毫无关系。

与之相对,商人不和这样的自然打交道,而是和人打交道,用语言来诱惑和说服他人。阿兰对商人持否定态度,但在我看来,就对话中揭示的知识而言,商人的比喻是不可或缺的。关键在于,没有对方的同意,商人就做不成任何事情(欺诈也需要意见一致),也不会有任何行动。商人在共同体的外部,和没见过的、无法预测的、无法理解的"他者"打交道,并且站在这样一个立场上:不是通过排除"他者",而只能通过接纳"他者"的自由,才能对"他者"进行约束。哲学家对商人作出非难,认为他歪曲了真正的价值(智术师),但这种指责不得要领。这是因为,作为在共同体外部与他者相遇的人,[商人]无法将"真正的价值"或"同一性"作为前提。

如今的科学哲学家反对那种认为科学揭示自然真理的看法,而认为真理属于说服或语言游戏。要言之,科学家也是商人。但是,照理来说,哲学原本也不是在共同体的内部产生的,而是在诸多语言交错的"世界"之中,也即在对于他者只能说服而不能强制的场合下产生的。

这一点并不限于古希腊思想家。诸子百家之一的孔子就说过:"我待贾者也。"(《论语·子罕篇十三①》)孔子也清楚认识到,思想家是商人。事实上,只有在离开了共同体的话语,因而是从对象或超自然力中解放出来的话语那里,哲学思考才能开始。恰恰是认识到语词与其指示对象或单一意义之间不存在必然联系,

---

① 原文误作"十二"。——译注

哲学的追问才能出现。如果不是这样的话，作为引诱者（商人）的思想家也就不可能存在了。

所谓哲学（形而上学），掩盖了萦绕在这样的商人＝思想家身上的可疑痕迹，然后从中提取出那种所有人都必须遵从的共同体意义上的、规范意义上的真理（同一性）。这已然是将交通空间排除在外的共同体的思考。

农夫的比喻则不必多说，它是水手和商人的反面，想到这一点就够了。他是属于共同体内部的人，而且打交道的是多少自己能操控的自然。农夫非但没有因为对于自然束手无策而探究其结构，反而对抗自然并试图支配自然。也就是通过魔法来对抗和支配自然。当然，魔法不可能影响自然，但他们并不因此气馁。因为［如果不能影响自然］，那么只要能影响人类就可以了。

巫术是把个体同化到共同体之中的技术。巫师的"话语"显示了共同体的意志，或者说，显示了共同体察觉其矛盾并试图消解矛盾的意志。伊利亚德从巫术那里看到了宗教的普遍基础，而如果不对此进行否定，世界宗教就是不可能的。因为世界宗教和商人一样，都在共同体之外的"世界"中劝说着"爱他者"。然而，魔法的性质是自恋的、人类中心主义的，尽管具有"移情"［沃林格（Wilhelm Worringer）语］的特征，但事实上这种思考中没有他者（外部），也绝不会和他者（外部）相遇。魔法不需要用于说服的语言，不如说，魔法摒弃语言。因为它面向的是"超越语言式分节的实在"。也就是说，我们本来应该知晓"实在"，却因为语言而和实在疏远了。

然而，任何神秘主义都会转化为对他人施加强制的权力。因为它掌握"实在"（真理），所有人都必须服从于它。而且，妨碍真理之"实现"的家伙必须被排除出去。在这个意义上,认为"理性"排除了魔法,将它放逐到非理性(疯狂)的领域,这种说法并不正确。毋宁说,理性或理念是从魔法那里来的,发挥着魔法般的功能。

魔法只在共同体内部通用。它影响的不是自然,而是人类。这种"力量"无法超越对人进行约束的共同幻想的范围,因为它在共同体外部并不通用。事实上,魔法的"力量"不外乎是共同体的约束力。

关于普遍理性,也可以这么说。在现代国家的具体制度中,理性才具有"力量"。离开这一点而将现代理性主义设想为普遍性的东西,然后再从"魔法的恢复"中揭示对于理性的克服,完完全全搞错了。现代理性主义就是魔法,它只在现代国家的诸多制度内部才具有"力量"。要言之,这就是"农夫"的思考。

二

我想谈论的是水手=商人。或者说,是作为共同体的"空—间"存在的海洋=沙漠。如前所述,这是交通空间。也就是说,这个空间不是肉眼可见的形态,而是交通线路图和那里的结合的强度——这才是这个空间的关键所在。事实上,制作地图(海图)的人们已经是高水平的几何学家了。都市就是交通线路图的结点。都市同样和它的可见形态(建筑)没有关系,也和都市的人们在哪里定居没有关系。

珍·雅各(Jane Jacobs)指出,农业的发明源于旧石器时代的交通结点,即作为信息收集地的"原都市"。即使没有在考古学上发现这样的"原都市",这一点也是毫无疑问的。因为"原都市"或许不是固定下来的地点。也就是说,如果农业的确带来了人类的定居,那么很显然,使农业得以可能的"原都市"就不是某个特定的定居空间。

如果从具体的定居空间来看待都市,那就搞错了。这是把共同体意义上的都市或都市国家误作为"都市"的结果。例如,"信息"的交流＝交换如果停滞的话,任何都市(city)都会变成市镇(town),尽管还保留着都市的外表。都市看似位于国家(共同体)的内部——事实上,都市被国家所包含——但本质上,都市位于国家的外部。都市就是海洋＝沙漠。例如,可以认为,笛卡尔流亡的阿姆斯特丹是世界上最大的商业都市,也是沙漠。不同于笛卡尔主义者,笛卡尔在"沙漠"中思考。

马克斯・韦伯写道:

> 很多条件使得经济理性主义和理性生活方式在亚洲发生停滞,其中不属于思想史的因素也在发挥作用。就后者而言,一个主要的原因是地理结构所带来的社会形象的**陆地**性质。所有的欧洲文化发源地都是外国贸易或中继贸易的场所。巴比伦、尼罗河三角洲地带、古代城邦、叙利亚商队沿线形成的以色列誓约团体等,都是例子。在亚洲,事情则有所不同。
>
> 亚洲各民族主要采取的立场是,要么封锁外国贸易,要么更彻底地对外国进行限制。例如,中国、日本、朝鲜在被迫开港之前,都是这样。有些地方现在都还没开港。印度很多地区虽然本质上没有做到这么严重,但多多

少少还是采取了这种立场。(《亚洲宗教的基本性质》)

这是将古代和现代混淆在一起的、充满偏见的看法。因为在出现"诸子百家"的时代,印度和中国和地中海地带是并行的,而且彼此之间有交通。例如,伊藤仁斋指出,"道"是人的往来之所。换句话说,孔孟也好,老庄也好,中国思想核心处的"道"基本上就是交通空间。至于"道"后来向"道＝理"转化,其过程就相当于"logos"一词的意思转化为"理"。中国或印度的商人＝思想家们所揭示的"世界"或"道",不久就被共同体的思考封闭起来。在西方,这个过程也非常相似。并且,在韦伯的认识中,他所谓的"现代理性主义"是由非理性的世界宗教(新教)所开启的,但它之后就被现代国家关闭了。

因此,韦伯所谓的"陆地性"与"海洋性"的地理性区别,应该可以替换为"共同体"与"社会"的区别。具有"社会"性质的,无疑就是交通空间。它并不和实际的地理空间相对应。我所说的沙漠＝海洋＝都市,都是隐喻。或者也可以说,它们都是"抽象的"空间。无法用封闭体系模型或欧几里得式的模型来把握这种空间。

赛荷可以说是第一个试图从数学上把握这种交通空间的人。(当然,马克思最先提出了"交通"的概念。)赛荷在《赫尔墨斯 I》的序言中写道:"……进行交流,就是展开旅行、翻译、交换。换言之,就是去到'他者'所在之处;就是把'他者'的语言接受为带有横跨穿越性质(而非破坏秩序的性质)的异说(异本);就是相互之间通过担保来交换物品。这里就存在着赫尔墨斯,即道路与十字路口之神,信使与商人之神。"

在这个意义上，赛荷不是分析封闭系统或结构的结构主义者。但是，相比于逃向混沌和歧义性的那些人，可以说他才是真正的结构主义者。例如，他设想了一个位于表达空间中的由网眼形状描绘的图画，并根据这个模型展开思考。这里有多个顶点，各个顶点经由多个分叉（路）相互联结。赛荷认为每个顶点都表达了一个命题。那么，当我们思考两个顶点也就是两个命题的时候，如何从一方向另一方移动？根据辩证法的论述方式（也就是一直以来的"哲学"论述方式），要从一方移动向另一方只有一条道路。这就是"线条性模型"。然而，赛荷所谓的"图表模型"则是这样的：

> 从线条性向"图表性"转变的话，可行的媒介数量就变得丰富起来，这些媒介都变得富有弹性。问题已经不是单独的一条道路，而是一定数量的道路和概率分布。但另一方面，这里提出的模型除了展现两个或几个命题（或现实状况的诸多要素）的结合所具备的精巧分化，还展现了另一种可能性，即不对结合的数量，而是对结合的性质和力量进行分化。辩证法式的论述沿着其线条性只能带来单一的决定性类型，即否定或对立或扬弃。这种决定性的力量确实存在，但它没有得到测定。所以，一般来说，完全不可能把我们的模型简化为一种由多样的辩证法序列复杂编织起来的东西。这种织物不过是我们的模型的一个特殊事例而已。（《交流的网眼——佩涅罗佩》，《赫尔墨斯I》）

这篇写于1964年的论文很有启发。事实上,赛荷所谓的"线性模型"和"图表模型"的区别,在德勒兹和瓜塔利那里变奏为"树状和块茎"或"条纹空间和平滑空间"(《千高原》)。但是,我现在关心的问题是:把只能通过"图表模型"来言说的交通空间作为"世界"揭示出来的,正是世界宗教。

世界宗教在沙漠=海洋=都市中出现并固执于此,是理所当然的。我如此称呼它,并不是因为世界宗教在世界(地理)意义上扩张并产生影响。正因为世界宗教揭示了"世界"本身,我才如此称呼它。关键在于,这个世界中不存在["世界"]之外的外部。尽管这个世界广袤无垠,它也是有限的(没有外部)。这不是否定无限;相反,只有这样,我们才能现实地把握无限。所以,["世界"]否定(解构)了那个将无限定的外部和被限定的内部分开的"共同体"空间。犹太教式的创世神也好,佛教式的空也好,世界宗教所揭示的其实就是这样的"世界"。

第六章

无限与无限定

無限と無限定

一

我在上一章指出,世界宗教所表明的"世界"是一个没有更多外部的空间,是一个只能用"图表模型"来言说的交通空间。然而,"没有更多外部的空间"是什么意思?为理解这一点,我们有必要对文化(共同体)的拓扑空间进行考察。

洛特曼(Juri Lotman)以拓扑学的方式考察了文化模型,认为其特征在于:一条基本的边界线将它分成内部和外部。在这种情况下,内部空间是封闭的,外部空间则是敞开的。这一内部/外部的对立,是在空间上对另一种对立——有组织之物(具有结构)和无组织之物(没有结构)的对立——进行的图式化。在各种各样的文化文本中,上述对立得到了各种各样的解释。例如,它可以实现为下述对立:

内部		外部
自己的部落	⟷	别的部落
僧侣	⟷	俗人
文化	⟷	野蛮
知识分子	⟷	民众
统一性的宇宙(cosmos)	⟷	混沌(chaos)

(洛特曼:《文学的文化符号理论》)

封闭的、有组织的内部和敞开的、没有组织的外部——正因为这一区分是形式性的区分,洛特曼给出的上述解释才能成立。例如,意识/无意识或理性/非理性也是其中一例,进而哲学中的一/多、本质/现象也是一例。换句话说,无论是在哪个层面上进行讨论,它们在拓扑学的意义上都对应于(homologous)那个被分割成内部与外部的空间。

洛特曼进而认为,"故事"就发生在内部迈向外部或外部迈向内部的跨越,即对于边界的跨越之中。关于这一点,也可以在各种各样的语境下给出各种各样的解释。例如,无意识(外部)对于意识(内部)的入侵,或恶作剧形象对于文化秩序的入侵,或反过来说,内部对于替罪羊的排除,对禁令的侵犯……归根结底,这些都可以还原为一个形式模型,即"内外的分割与越界"。

所以,这些也都可以用系统论(信息理论)的术语加以替换,就像某个系统(信息)及其外部(噪音)[的关系]那样。但是,文化理论似乎满足于"发现"由边界封闭起来的内部和没有组织的外部之间的相互关系(辩证法?!),真是咄咄怪事。最奇怪的是,人们居然能忍受这种无聊的理论。

在这里,无论对越界(侵犯)的惊人性作出多么浓墨重彩的论述,也还是无聊。越界不过是内部和外部的分割所必然带来的问题,它也不构成对于内外分割的废弃。巴塔耶(Georges Bataille)也说过,"禁令就是为了被侵犯而存在的"。对于内部(封闭系统=共同体)的持存而言,越界和侵犯等主题是不可或缺的。越界是不可能的,同时也是不可避免的。然而,这件事没什么深刻含义。或不如说,其深刻性、神秘性恰恰以内部和外部的分割为基础。

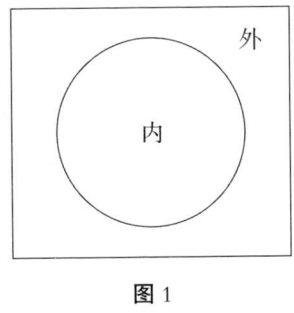

图1

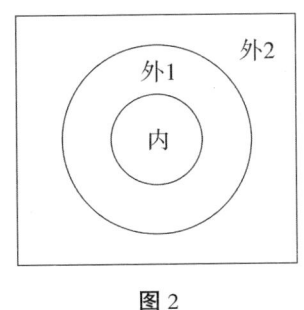

图2

在这里,我想就宗教问题作出思考;但毫无疑问,宗教领域也和人类学或心理学或语言学领域属于相同类型。不过,在宗教问题上,我们无法用图1那样的单纯模型来打发。因为要加上"此岸彼岸"的垂直性对立。在洛特曼看来,这个时候"此岸彼岸"的对立和"内外"对立重叠。于是,内部和外部1就属于地上世界,而外部2则属于彼岸。但是,由于不允许存在两个边界,所以边界(1)(内外1)和边界(2)(内+外1 外2)其中之一成为主要的边界线,而另一条边界线则变成它的附属。

要言之,即使经过了复杂化,内部和外部的分割本身还是不变的。例如,关于死后世界,无论将它设想在地底、山上或西方,或者将它设想在天上,根本要点都在于它"不是内部",仅此而已。一般而言,世界宗教被认为将死后世界设定在垂直方向上。用图2来说,就是外部2的设定。但是,如果仅仅是遍及全世界的那种宗教,那么实际上它[仍然]是共同体的宗教。尽管它们通过设定外部2而取消了外部1和内部之间的边界,但依然保留了内部和外部的分割。并且,这一垂直性分割始终都能转化为水平性分割,例如,转化为信者和不信者,也即教会组织的内部和外部的分割。

但是,在我看来,世界宗教原本就是拒绝这样的分割或拒绝背后世界的。而使这种拒绝得以可能的,正是"无限"的观念。"无限"的观念让人发现"他者"(而不是异类)。换句话说,对于"无限"的认识恰恰是对于"他者"的发现。①

二

在亚里士多德或古希腊哲学那里,无限(aperion)的意思是无

---

① 据我所知,耶稣也好,佛陀也好,都没有谈论过"深刻的"认识。他们反讽地否定了背后世界(本体)的存在。然而,这等于是说,他们将一切问题都转化为与他者的关系[问题]。根据传承下来的故事,他们主要和所谓的另类打交道。但是,这不是因为他们对于遭共同体排除在外的另类抱有特别的同情心。说到底,对他们来说,既不存在另类,也不存在异界。而使他们的行为得以可能的,便是"无限"的观念。

例如,佛陀否定苦行。对于苦行的否定,便是对于一般意义上的修行的否定。"苦行虽不好,适度修行则可以",这种想法愚蠢透顶。因为修行原本就带有达到苦行的性质。并且,修行的目标在于到达某种实在(本体)或超验性状态。所以,对于修行的否定,和对于这种背后世界的否定密不可分。对于"空"的认识,就是对于"无限"的认识。也就是说,将诸多关系的社会性连锁封闭起来的"一"(全体)是不存在的,内部/外部的分割在任何意义上都是不可能的。关于佛教,我打算另作讨论;但在这一点上,没必要区分耶稣和佛陀。他们的差异不过是作为先在语境而存在的诸多观念的差异而已。顺带一提,尼采说耶稣是佛教徒(《敌基督》)。

限定。换言之，无限始终都是从有限那里作为对于有限的否定而被思考的。正因如此，比起无限定的混沌(chaos)，限定了的宇宙(cosmos)具有优先地位。毫无疑问，这一对比和开头所示的那种内部外部的对比是同一类型。

但是，这不仅仅是古希腊的特征。从有限来思考无限，将无限认识为对于有限的否定，这一点在基督教神学＝哲学那里也是如此(比如康德)。在那里，无限者指的是对所有积极规定作出不断超越的东西。正因如此，外部(物自体)的领域才得到了规定。事实上，"无限"是对于这种分割的废弃。

在这里，我想用数学的比喻来论述。实际上，就像在洛特曼那里那样，内部/外部及其边界等术语是数学用语。而且，事实上恰恰是19世纪后半叶的数学(集合论和非欧几何学)，成了无限作为新的哲学问题而出现的契机。

一般而言，无限被视为无边际、无止境的东西。和内部/外部的分割一样，这一点似乎是自明的。实际上，在对内部/外部作出图示的时候(参见图1)，我们将外部视为无限定。在图1那里，外部虽然被一个四边形圈起来了，但实际上是无边际的。例如，纸上描画的直线就被视为向左右无限延伸。但是，这张纸(平面)处于这个大地上，因而也处于球面上。直线会回到原点。它虽然是无止境的，但却是封闭的。若要思考无限的问题，上述模型就很有必要。

哪怕这条直线不在地球上延伸，而在宇宙中延伸，事情也是一样。在黎曼几何学那里，或在对此进行应用的爱因斯坦相对论那里，这已经是众所周知的事情了。无边际却有限的宇宙。实际上，这一深刻认识是通过简单的球面模型想到的。换句话说，"无限"丝毫不神秘,它意味着无限定的东西封闭了起来。这使得限定了的内部(宇宙)和无限定的外部(混沌)的分割变得无效了。例如,让我们假定图 1 被画在球面上。[这样一来,]外部就封闭了,迄今为止的外部和内部发生了翻转。也就是说,内部就失去了它成为特权性中心的根据。

同样的事情也可以在[西方中世纪宇宙论的瓦解]那里看到:在西方,中世纪的(亚里士多德式的)宇宙论——即世界的有限性和位阶性——的瓦解,与人们的下述发现紧密相关,即发现西方世界的平面不过是"球面"的一部分。例如,关于哥伦布发现新大陆,托多罗夫写道:

> 我们把发现美洲当作基本发现并不仅仅是因为它是一次极端的和典型的邂逅,在其具有典型价值的同时,还有另一个价值,那就是直接的因果关系。的确,地球的历史就是由征战与失败,以及殖民与发现谱写的;但正如我要说明的那样,正是征服美洲宣告和确定了我们今天的特性,尽管任何划分两个时代的时间概念都是主观的,但任何时间都不如 1492 年更适合标志现代纪元的开始,那一年,哥伦布穿越了大西洋。我们都是哥伦布的直接后裔,我们的家谱是从他那里开始的,只有这样,开始这个词也才有意义。正如拉斯·卡萨所说,从 1492 年开始,我们进入了"这个前所未有的崭新的时代"。从这一时刻起,世界是封闭的(尽管宇宙变得无边无际),正如哥伦布自己稍后断然所说的:"世界太小了";人类找到了他们所隶属其中的全部,而在此前,他

们是组成部分,但没有全部。(《他者的符号学》)①

新大陆的发现之所以重要,不仅仅是因为发现了新的大陆,更是因为这一发现来自对于"外部"的封闭。托多罗夫认为,新大陆上与印第安人的相遇,和迄今为止在亚洲和非洲上与"异类"的相遇有着本质不同。这是因为,只有在一个绝不存在异界或异类的、相同而均质的世界中,才能发现"他者"。外部被封闭起来,换言之即没有更多的外部。"发现新大陆"这一事件的意义正在于此。这跟发现"地球是圆的"之类的事实,不可同日而语。

例如,在哥伦布的时代,人们认为大地是有限的,海洋的尽头则存在着无限的深渊。没有任何根据能否定这一认识。支持哥伦布的是他对于《圣经》的信仰,也就是这样一种信仰:在上帝创造的这个世界里,不可能存在无限定的外部。换句话说,能够否定亚里士多德式宇宙论的,不是自然科学,而是"无限"的观念。

恐怕能和这一事件相匹敌的,便是 20 世纪以相对论为基础的宇宙论了。宇宙在哪里都是均质的,宇宙中不存在中心或边缘,不存在宇宙的"外部"。并且,这同时让人预想到宇宙中的他者(智慧生命体)。然而,这一点并没有得到确证,不如说,它是与经验相反的观念的产物。实际上,这种同样弯曲的宇宙空间,因而是无边而封闭的宇宙空间,正是从球面(封闭的二维空间)模型出发进行的考察。

所以,相比于发现新大陆所象征的那种宇宙论的冲击,当代

---

① 译文根据托多罗夫:《征服美洲:他人的问题》,卢苏燕等译,北京:北京大学出版社,2013 年,第 2—3 页。——译注

宇宙论的冲击毋宁说是很小的。例如，如今科幻小说家的想象力可以分成两类，即发现"异类"或发现"他者"。在前一个类型那里，中世纪式的故事（romance）得到了恢复，而这仅仅是将内部/外部的宇宙论（cosmology）投射到宇宙中去而已。后一个类型则认真采纳了当代宇宙论所具有的意义。但是，并不是说当代宇宙论带来了什么崭新的认识，因为它并没有超越"世界宗教"的认识。

哥伦布发现新大陆的大约一百年后（1585年），多明我会修道士布鲁诺写道：

> 因此，只能认识到存在一个无限的空域和包容空间，它包括并渗透一切，在此空间内存在无数类似于这个天体的天体，其中一个不再比另一个更靠近宇宙中心。因为这个空间无限，既无中心也无边缘，尽管在空间中的这些世界的每一个应当以我多次说过的方式存在，尤其当我们证实它们是确定的且有限定中心，诸如众太阳、众火球，环绕它们的所有行星，众地球，众水球。当我们看见这七颗行星绕着离我们最近的这个太阳旋转，正如我们同样证明，这些星球或这些世界的每一个都绕着各自的中心旋转，造成一个稳固的、连续的世界的外观，人们发现这个世界抢夺众多星球，并且绕着它旋转，仿佛它是宇宙中心。因而，不是一个单一世界、一个单一地球、一个单一太阳，而是诸多世界，我们看到诸多善良的明灯环绕着我们，它们在同一个天、同一个地点、同一个包容体，我们置身的这个世界也在这个天、这

个地点、这个包容体。①

就算从今天来看，这也是令人惊叹的认识。当然，这种认识源于下述无限论，即"一旦人们设想无限大的物体，他们就会放弃为这个物体赋予中心和边缘等"。但是，这一无限不同于（例如）库萨的尼古拉（Nicholas of Cusa）所说的无限。库萨从作为无法限定之物的无限（者）的观念出发，而布鲁诺则将无限视为封闭的东西。不仅地球不是中心，太阳也不是中心；反过来说，任何一个点都有可能成为中心。如托多罗夫所示，也许他的这种想法来自新大陆和对他者的发现。但是，自身的平面（共同体）不过是球面的一部分——将这一事实推进到思想上实现非欧几里得式转换之地步的，只有布鲁诺一人。然后，如第二部所说，斯宾诺莎进一步将[这种认识]扩展到"自然史"那里。

三

我已经反复指出，"无限"丝毫不神秘。相反，只有"无限"才能否定各种超验性的力量和各种神秘的观念。我们绝对不能从某个超验性的地方那里寻求这种取消内部/外部、中心/边缘之分割的"无限"。"无限"是现实的。["无限"]说的是在这样一种场所与他者相遇——在那里，任何的自我中心化或他者的超验化都不被允许。

---

① 译文根据布鲁诺：《论无限、宇宙和诸世界》，田时纲译，北京：人民出版社，2010年，第136页。——译注

343 　　然而,对于这个问题进行思考,并不需要实际的数学或物理学。相反,在思考数学和物理学的时候,上述认识是不可或缺的。例如,针对亚里士多德式的可能无限,康托尔思考了实无限。也就是说,他将无限视为一个数。集合论就是无限论,如果没有这种认识,现代数学就是不可能的。但是,我们能说无限**存在**吗?毫无疑问,集合论的悖论就由此产生。如我在《探究(一)》中所说的,不同于有限主义(直观主义),维特根斯坦将无限的问题转换为与他者的关系[问题]。正是在这个意义上,维特根斯坦思考的就只是"无限"这一个问题。他的语言游戏理论就是无限论,若非如此,[语言游戏理论]就又回到了语言系统论(内/外)之中了。

　　我反对那种认为维特根斯坦的思想具有"宗教性"的看法——如果"宗教性"指的是内/外分割的话。事实上,世界宗教在这个意义上完全没有"宗教性"。它是既没有内部/外部之区分,也没有中心/边缘之区分的那种"世界"。世界宗教所揭示的世界,就是上述世界。无论它是由创造神之名所宣告的世界,还是由空之名所显示的世界,关键在于,它通过废弃内部/外部的区分而让人直面"他者"。天堂或地狱也罢,诸神也罢,轮回也罢——"外部"都要遭到否定。这同时也是否定"外部"的各种超

344 验的、神秘的力量。并且,也是否定试图获得这样的力量的一切"修行"。因为相对于内部(有限)所设想的那种外部(无限),仅仅位于"世界"的内部。

第七章
赠予和交换

贈与と交換

一

我们设想了一个没有内部和外部的交通空间,诸多共同体都由此以自我折叠的方式形成自身的"内部"。交通空间在共同体以前就存在,现在也存在。在当下,它是货币所中介的、不断得到重新组织的诸多世界性关系的网眼。它是一个无法被各个共同体(国家)隔断的跨国家运动,任何共同体都不仅不能从中脱离而自足地存在,而且毋宁说依赖于这种交通。尽管如此,各个共同体[仍然]试图将自己和这种交通隔离开来,保持"内部"意义上的同一性(identity)。

在这种情况下,无论共同体规模是扩大还是缩小,都同样可以这么说。例如,欧洲经济共同体(EC)超越了诸国家的对立,但它不过是为了相对于它的外部(世界经济)而保持共同性而已。关于苏联集团,也可以这么说。并且,这些都是对于现代国家以前的西罗马帝国或东罗马帝国版图的再现。所谓**世界**帝国并不覆盖整个世界,而必然带有自身的外部,所以遵从着共同体的逻辑(内/外分割)。

另一方面,我们可以考虑一下村落、家庭、各种集体或"个人"等更**小**的共同体。说起共同体,一般会想到村落,但"个人"也是一种共同体,因为它也带有内部和外部。这些共同体虽然在思想上保持着内在的同一性,但事实上属于**社会性的**交通语境(context)。所谓"未开化社会"也同样如此。很显然,它们无法离开交通空间而独立存在,并且必须指出的是,这不是从某个时期(现代资本主义)开始才如此,而是本来就如此。

人们批判始于"个人"(意识)内省的哲学,主张共同体(系统)的先行性。但是,从共同体(系统)出发跟从"个人"出发其实是一回事。如果个人已经是社会性的,那么共同体也已经是社会性的。相对于社会性的事物,共同体是这么一个系统,它自我封闭,仿佛自立自足的世界一般存在着。我所说的交通空间,无疑是社会性(多体系性)的。更进一步说,只有[这种交通空间]才具有"历史"性。与之相对,带有[明确]起点(因而带有终点=目的)的那种历史,不过是"故事",不过是共同体的同一性内部的虚构而已。

共同体将自己封闭起来,与"社会性"的交通(交换=交流)隔绝。这便是内部和外部的分割,即受到限定的、组织起来的内部(cosmos)和无限定、无组织的外部(chaos)。共同体那里最大的禁令,就在于这一边界设定本身。如下文所述,甚至乱伦禁令的目的也是将内部的组织化与外部区别开来。无论是列维-斯特劳斯所谓的"冷社会"还是"热社会",对于共同体而言,重要问题都是保持内与外的边界,换言之即从社会性的交通那里抽身出来。

仅仅从内部对共同体进行考察是不行的。也就是说,把共同体视为孤立的存在是不行的。因为这样就会陷入共同体的思考。共同体倾注其努力来保持内部的同一性(identity),也就是努力让自己看起来具有自律性。实际上,这种自律性不可能存在,但正因如此,共同体才要将威胁内部自律性的东西都放逐到"外部",

并把它们视为从"外部"而来的东西。

但是,这种"外部"仅仅是在相对意义上存在的,即相对于共同体的"内部"而存在。它其实是共同体的一部分。因为这种诡异的(unheimlich)的外部(弗洛伊德语),不过是亲密的(heimlich)内部的自我异化而已。这种外部(异界)和从属其中的异类(stranger)已然是从共同体角度看到的东西,因此是共同体不可或缺的一环。于是,秩序和混沌、中心和边缘的辩证法,便是让共同体维持其存在的装置本身。

在根本上遭到共同体拒绝的外部和他者,位于社会性的交通空间之中。任何共同体都将"社会性的事物"排除在外,但离开"社会性的事物"又无法存在下去。因此,"社会性的事物"就在共同体的外部(异界)隐秘地现身。为共同体(文化)重新赋予活力的力量不仅仅来自无限定的外部(chaos),更来自像这样伪装起来的"社会性的事物"。

二

"未开化社会"指的是什么?它不是古代社会[摩尔根(Lewis Henry Morgan)语],也不是古代社会偶然幸存下来的东西。例如,美洲大陆的印第安人并非跟玛雅文明或印加文明完全无关。正如20世纪60年代美国的嬉皮士拒绝文明和阶级社会而创建了公社那样,印第安人可能有意将自己封闭了起来。(实际上,在美国有这样的例子:从欧洲移民而来的宗教团体就这样自我封闭起来,变成"未开化"的存在。)他们积极地创建了这样的组织,即回避文明化和阶级分化,或回避通往国家的过程。在阅读了列维-

斯特劳斯之后,我便不禁开始思考上述可能性。

然而,这件事本身证明,交通空间先于未开化社会而存在。列维-斯特劳斯所谓的"野性科学",绝不是孤立的部落社会所能掌握的知识。例如,尽管存在拒绝电力的嬉皮士公社,他们也许仍然会保持已经知晓的农业知识和医学知识。同样地,可以说未开化社会也有所采纳和有所摒弃。

未开化社会最为摒弃的是社会性的交换。这一点似乎和列维-斯特劳斯的看法相反,因为他正是通过交换体系来理解未开化社会的。不过,正如我们区分了社会和共同体,我们也应该将交换区分为社会性交换和共同体内部的交换。后者被称为"赠予"。赠予的交换关系,依赖于互酬性/相互性(reciprocity)的原理。

为说明这一点,列维-斯特劳斯举了如下例子:在如今的法国南部,被请红酒却拒绝不喝,是一种失礼甚至敌意的态度。同样地,譬如可以说,家庭内部的交换通常采取赠予的形式。这里同样存在相互性,受到赠予的一方不得不产生心理上的负债感。这种相互性的特征在于,赠予和还礼(反向给予)不必等价,也没有办法进行比较。重要的是还礼本身。在如今的资本制社会,家庭内部的劳动就是赠予。例如,如一些女权主义者所主张的那样,我们确实可以用交换的术语来看待主妇在家庭中的劳动,也就是将这种劳动视为雇佣劳动。但是,我们无法将赠予的交换关系翻译为一般的经济交易。问题不仅仅是男女关系。关于这一点,譬如可以比较一下父母对子女的赠予和子女对此的还礼。如果用"社会性"的交换术语看待[这种赠予],那么它几乎就是不可能存在的不等价交换。然而,赠予的交换关系就是这样一种东西。

在共同体中,无论货币经济的渗透有多严重,作为赠予的交换关系都仍然存在。例如,在日本的大部分企业——它们也是广义上的"家"——经营者和从业人员之间的关系,看上去是买卖(契约)关系,但实质上是赠予的交换关系,是相互性的(reciprocal)关系。所以,这些企业也是排他性的共同体,不容易接纳外人(异类)——虽然实际上这些企业经常要依靠异类的活跃。

但是,列维-斯特劳斯从"未开化社会"中发现的不仅仅是赠予的交换关系,更是其体系性:

> 在任何情况下,习惯都不是不合逻辑的。但是,为了理解这一点,就不能仅仅考察习惯的外在含义和经验表现,而必须提取出关系的体系。习惯所显示的,不过是这一体系的表面样貌。
>
> 男女之间的性关系是"整体给予"的一个方面,婚姻则是"整体给予"的一个例子,同时也是"整体给予"的契机。这些"整体给予"以物资、特权、权利、义务等社会性价值以及女性为对象。将婚姻建构起来的总体交换关系,并不是成立于各自有所给予、有所获得的一男一女之间。这种关系成立于男性组成的两个集体之间,在那里,女性不是作为这一关系的另一方,而是作为被交换物现身的。就像通常情况那样,就算把女儿的感情纳入考量,这里的论述也是真相。即使本人对提议的婚姻表示同意,她也仅仅借此催促和允诺了交换的实施,而无法改变交换本身的性质。甚至在我们的社会,尽管婚

姻看似是个人间的契约,但上述观点还是必须被严格遵守。这是因为,就那个由于婚姻而在一对男女之间开启的互酬性的循环来说,尽管伴随婚姻而来的职责规定了循环的种种面貌,但这个循环仅仅是一个更大的互酬性循环的次要样式而已。正是这个大循环保证了一个男人和一个身为某人女儿或姐妹的女人之间的结合——而保证的方式,则是通过这个"某人"和某个男人的女儿或姐妹之间的结合。(《亲属制度的基本结构》)

这种体系性是通过乱伦禁令得到的。反过来说,对于形成赠予意义上的交换体系,乱伦禁令是不可或缺的"逻辑"要求。禁止乱伦不是一个历史性的问题,也不是"根源性"的问题。列维-斯特劳斯不从心理学的角度看待未开化社会对于乱伦的严厉禁止,而是把它视为一个使"结构"得以可能的逻辑条件。

另一方面,列维-斯特劳斯承认,在乱伦禁令所带来的规则体系确立之后,文化就独立于自然而自立存在。确实,这种规则体系并不来自"自然"。但是,这一"文化",也即将交通排除在外的共同体文化,不是原始阶段的东西。事实上,与这一"文化"相对立的不是"自然",而是"社会"。因为任何共同体都已经处于社会性的交通之中了。然而,这一点被文化(内部)/自然(外部)的分割所遮蔽,继而遭到遗忘。

我区分了"语言游戏"(维特根斯坦语)和"语言体系"(索绪尔语)。前者是"社会性的",后者则是"共同体的"。那么,列维-斯特劳斯在分析未开化社会的亲属结构的时候,认为结构主义语言学(特别是音位学)能够适用其中,便是理所当然的事了。结构主义语言学凭借对交流＝交换问题的舍弃而成立。它之所以能适用于未开化社会,是因为在后者那里"社会性的事物"已经被排除在外了。

三

但是,列维-斯特劳斯不是单纯的结构主义者。他没有忘记,未开化社会也是"历史性"的,所以也属于交通空间。他拒斥那种认为未开化社会对应于历史早期阶段的"进化论式的解释"。而且,他也拒绝那种将未开化社会仅仅作为一种社会来考察的"功能主义"。对于列维-斯特劳斯而言,应该拒斥的正是那种将一个共同体孤立起来考察的做法:

> 把研究限定在一个单一的社会上可以做出极有价值的工作。经验证明,优秀的学术专著往往出自那些在一个特定地区内生活和工作的调查者。但是必须避免对其他地区下任何结论。况且,如果一个人把自己局限于社会生活的某种时下状况,那么他首先就会成为一种幻觉的牺牲品,因为一切都是历史。①

在我们看来,"一切都是历史"的意思是说,无论多么封闭的共同体都处在交通空间之中,甚至共同体的"封闭"也是历史(事

---

① 译文根据列维-斯特劳斯:《结构人类学(1)》,张祖建译,北京:中国人民大学出版社,2006年,第15页。——译注

件)。所谓"结构"指的是：共同体从属于这样的历史性之中，同时，共同体为了保持自我封闭的自律性，创建出了具有多样组织形态的"同一性"(变换群)。无论对于某个单一的共同体作出多么细致的考察，也无法知晓它的"结构"。这一"结构"具有什么样的意义(功能)，则取决于各个共同体的历史。

所谓历史(Geschichte)，换言之即交通空间中的事件。所有共同体都将它变成叙事(history)。但是，列维-斯特劳斯的目标所指，可以说是穿透这种结构之后见到的"历史"。毫无疑问，这不是历史学家所理解的历史。在历史学家的历史那里——无论它多么具有实证性——已经隐藏着叙事。从未开化之人来类推思考原始人，就是一例。

例如，列维-斯特劳斯反对将未开化之人的思考和幼儿的思考进行类比的想法。说起来，未开化之人中也有幼儿。"甚至是最未开化的文化，也总归是大人的文化。"并且，未开化之人往往认为，文明人是"幼儿般的"。一般而言，一个文化(共同体)总会认为其他文化是"幼儿般的"。然而，另一方面，列维-斯特劳斯对幼儿非常重视。这不是因为他从幼儿那里发现了"未开化之人的思维"，而是因为他从那里发现了多形态的社会性(social polymorphe)。

例如，幼儿在最早期的时候能够发出任何声音，能够习得任何语言。但是，一旦选择了某一种语言，"语音学方面敞开的无限可能性就无可挽回地丧失了"。大概巴别塔神话的根据不在于过去曾经存在一种共同语言，而在于谁都有过向任何语言"敞开"的幼年期。但是，作为多形态的社会人存在的幼儿，当他在一个共同体内部成长的时候，这种"社会性"就丧失了：

大人的知性图式会因各人所属的文化和时代而分化，但所有这些［图式］都不是从特定社会所用的基础那里，而是从无限丰富的普遍性基础那里精细地创造出来的。结果，任何孩子在出生的时候都以萌芽状态带有全部的可能性，而各自文化和时代只能从所有的可能性中有限地加以选择、保持和培育。任何孩子在出生时都以粗糙的知性结构的形式拥有人类自远古以来用于规定自身与"世界"之关系以及与"他人"之关系的全部手段。但是，这些结构具有排他性。面对呈现出来的所有东西，各个特定的结构只能对某些特定要素进行统合。所以，各个社会组织的样式都显示了相应集体的选择，它们各自将自己的选择视为义务并让它存续下去。大人的思考按照集体的要求进行选择和拒绝；与此相比，孩子的思考则形成了一种普遍性的基层，结晶化在这一阶段尚未发生，在只得到部分凝固的诸多形态之间，交流还是可能的。（《亲属制度的基本结构》）

　　在这里，"未开化社会"也罢，其他什么也罢，列维-斯特劳斯在"共同体以前的人"的问题上给予了我们提示，不是吗？多形态的社会人，或者说，普遍性基层意义上的原始人。例如，卢梭（列维-斯特劳斯称赞他为最初的人类学家）所谓的"自然人"，就不具有共同体性质，而具有"社会性"。也就是说，一方面厌恶被封闭在共同体中，另一方面无论和谁的"交流都还是可能的"。

　　当然，这不过是一个假说。但是，对于颠覆那种将共同体式的状态视为人之本性(自然)的思考,这是不可或缺的假说。

四

设想社会性的事物也即交通空间的先行性——这是一个假说。不过,这不是一个思辨性的(speculative)假说。当然,我们无法从实证的(史前学的)角度对此加以确证。但是,需要注意的是,在实证性历史学和社会科学中,叙事性的思辨颇有势力。例如,人们会认为,先有小家庭,然后逐渐向远处扩大为部落、共同体、国家直至帝国。这完完全全是一种神话式的思考。

流传下来的所有神话,讲述的都是共同体如何形成的故事。它们是确保共同体的内在同一性的故事。例如,如前所述,《创世纪》中写道,上帝创造的亚当和夏娃繁衍了人类。然而,该隐却和其他部族的女性结婚了,那么这个**其他**部族是谁创造的呢?这个疑问在《创世纪》中遭到了无视。因为对于神话来说,重要的仅仅是共同体[内部]的人们的同一性(identity)。这些都是关于共同体(cosmos)的起源和重复的叙事,而不是历史(事件)。

在《创世纪》成书的时候,已经先有了下述**历史**体验:许多游牧民族的部落不是根据血缘,而是根据盟约(契约)形成了一个共同体。换言之,犹太人的身份不是根据血(血缘),而是根据契约确立的。但是,这一点遭到了颠倒,仿佛所有成员都来自亚当和夏娃。

不仅《创世纪》是巴比伦尼亚神话的变形,例如日本的《古事记》的创世神话也和它有很多共通点。如高群逸枝指出的那样,在《古事记》中,本来的"多祖一氏"被颠倒为"一祖多氏"。也就是说,许多部族由皇室支配——这一事件(历史)遭到了颠倒,仿佛所有部族都由一氏(皇室)派生而来(差异化)。对于共同体的创世神话来说,这已经是司空见惯的了。叙事通过这种方式遮蔽了"历史"。

然而,《旧约》不同于一般创世神话的地方在于,早在亚当和夏娃那里就已经包含了"契约"概念——即不是通过血缘系统(出身)来发现共同体的共同性,而是通过与无限性存在的"契约"来发现这种共同性。也就是说,相对于"共同体",这是将"社会性"放在优先地位;相对于同一性,将复数性放在优先地位。在犹太共同体中,上述两种倾向不断处于争执之中。预言家的序列无疑位于"社会性"一方。

一般而言,共同体的创世神话用自我差异化的同一性系统遮蔽了原本的复数性和社会性。当然,对神话进行批判也无济于事。应该批判的反而是那些社会科学家,他们对于那种神话式的思考——从小家庭发展为大的共同体,然后那里开始出现交易、形成货币,等等——居然毫不怀疑。

例如,马克思也指出,交换始于共同体和共同体之间。而在这种"交换的历史性扩张和深化"的过程中,必然会形成货币——"法语版"中则是"以自然发生的方式形成"(《资本论》)。然而,真的是先有共同体,再开始交换吗?被称为"旧石器时代"的时代的种种迹象表明,[交换]涉及相当大的范围。这就是说,石器本身曾经是交易的对象。换言之,交换在诸共同体形成以前就开始了。通过从这种交通空间那里自我封闭起来,共同体得以形成,但交通空间并没有就此消灭。可以说,交通空间在各个共同体的"外部"(间隙)继续存在。

为什么交通空间会封闭成各个共同体？基本而言，可以说这是栽培（农耕）所带来的定居的结果。另一方面，畜牧在性质上则是非定居的。后者也是共同体，但它的内/外分割不在实际空间之中。在实际空间那里没有任何边界。在这个意义上，游牧民族可以说保存了原初的交通空间。江上波夫注意到，欧亚的游牧民族（nomad）在其文化样式上具有与实际空间距离无关的、涉及广大范围的"普遍性"。文化多样性和差异化是定住性共同体的特征。

基本而言，上述两者的差异意味着什么？这是社会性交换和共同体交换（赠予）的差异。例如，列维-斯特劳斯写道："我们在本书中一直试图证明，交换不是买卖的一个样态；相反，应该在买卖过程中看到交换的一个样态。"（《亲属制度的基本结构》）换言之，他想说的是：赠予的交换关系恰恰是根源性的。当然，在"未开化社会"的问题上，我们不能像弗雷泽（James George Frazer）那样，用市场经济式的交换（买卖）的视角来看待赠予的交换关系。但是，我们也不能像列维-斯特劳斯那样，将"社会性"的交换关系等同为如今建立起来的市场系统内部的交换（买卖）。这是因为，作为买卖成立的条件，货币从何而来、如何而来，不是自明的事情，而是最大的谜团。

很显然，货币并不来自赠予的交换关系，货币来自"社会性"的交换关系。它不仅仅来自定住共同体与共同体之间的交易。如经济人类学家所说，"未开化社会"中的货币不过是一种象征。换言之，它属于赠予的交换体系。从中不可能产生货币，即不可能产生在所有共同体那里都通用的"信用"（这种"信用"不是共同体的"共同幻想"）。[货币]只能产生于不具有内外分割的社会性交通空间。

马克思也写道：

> 这种一般价值形式同引起这个形式的瞬息间的社会接触一起产生和消失。这种形式交替地、暂时地由这个或那个商品承担。但是，随着商品交换的发展，这种形式就只是固定在某些特殊种类的商品上，或者说结晶为货币形式。它究竟固定在哪一种商品上，最初是偶然的。但总的说来，有两种情况起着决定的作用。货币形式或者固定在最重要的外来交换物品上，这些物品事实上是本地产品的交换价值的自然形成的表现形式；或者固定在本地可以让渡的财产的主要部分如牲畜这种使用物品上。游牧民族最先发展了货币形式，因为他们的一切财产都具有可以移动的因而可以直接让渡的形式，又因为他们的生活方式使他们经常和别的共同体接触，因而引起产品交换。(《资本论》)①

当然，马克思并不是根据这种历史说明来讨论货币之形成的。关于货币(一般等价形态)之谜，马克思在之前的"价值形态论"那里认为，只能通过"抽象力"才能解释清楚。因为问题关系到货币的无限性的秘密。

货币的无限性。如前所述，这不是与有限相对的无限定，而

---

① 译文根据《马克思恩格斯文集》(第五卷)，中共中央马克思恩格斯列宁斯大林著作编译局编译，第107—108页。——译注

是封闭起来的现实性的无限。换句话说,货币作为这种无限,**已经**提前包围了各个共同体。无论各个共同体之间的交易如何扩大,都无法从中产生一般等价形态。相反,对于无论多么封闭的共同体,一般等价形态都具有适用的强制力。

只要是从共同体出发,我们就无法说明货币的社会性=无限性,同样也无法说明世界宗教。世界宗教始终在世界市场之中出现。像柏格森那样认为先有封闭社会,然后由于世界宗教而变成开放社会——这种想法纯属无稽之谈。世界宗教的"世界性"是没有内/外之分的交通空间的回归,用弗洛伊德的话来说,便是"被压抑之物的回归"。因此,相对于共同体的世界,[世界宗教]会**强迫性地**显现出来。然而,我们不能将它混同为共同体的强迫神经症性格。[世界宗教的]强制力来自"社会性的事物"的无限性。所以,与列维-斯特劳斯相对,我必须说:赠予的交换跟买卖的交换一样,不过是**社会性**交换的一种形态。

后　记

本书收录了我 1986 年至 1988 年秋天的两年多时间内在《群像》上连载的文章，不过在刊行的时候全盘更改了顺序。第一部"关于专名"原本是最后写的，第三部"关于世界宗教"则是最初写的。这一变更得以实现，要部分归功于文字处理器，但也是因为每一章基本都是在不同层面上探讨相同的问题。

我在《探究（一）》中指出，唯我论指的不是只有我自己存在，而是那种将这个"我"设想为适用于所有人的想法。这种从内省出发的思考不仅可以在认识论和现象学那里见到，还存在于否定内省的语言学和其他学科领域之中。为了批判唯我论，我对下面的问题作出了考察：在什么条件下，"这个我"和其他的我并不相同，而且也不属于相同规则体系？我认为，可以在"卖—买"和"教—学"等非对称性的交流关系中找到这一条件。他者仅仅在这样的关系中显现出来。

我在《探究（二）》中试图从别的观点理解这个问题。也就是将"这个我"——与所有的"我"相区别的"这个我"——作为单独性来看待。这不是一般性中看到的个体。但是，"单独性意义上的个体"的问题，已经无法在认识论的框架中进行考察。于是，我把这个问题转移到逻辑学的层面上。换言之，《探究（一）》中被称为"唯我论"的,在这里对应于下述思考:即通过类别来考察个体,也就是"个体(特殊性)—类别(一般性)"回路的思考。单独性处于这种回路之外,它与"孤立的我"或"唯一的事物"等没有关系。单独性指的是绝对无法放入一般性的"这个我"或"这个东西"的"这个"。然而,它和作为指示词的"这个"不一样。于是,我接下去就考察了专名的问题。

迄今为止,并非没有人对单独性的问题作出考察。但是,大多数考察都执着于"这个我",都是存在主义式的考察。但是,执着于单独性,未必就是执着于"我"。"我"也罢,"事物"也罢,问题的关键在于无法替代的单独性。这种单独性既不可能是主观,也不可能是客观。通过专名而揭示的单独性,不是孤立的事物或单一的事物;相反,它和《探究(一)》中显示的那种社会性的也即非对称性的关系密切相关。

我在本书第二部中表明,笛卡尔的"我思"不是个体(主观),而是单独性。换言之,"我思"不是一般性的我(主观);相反,它是从一般性的我那里或从共同规则体系(共同体)那里逃逸出去的、外部和单独意义上的实存。正是差异和他异性,强迫和推动了这样的"我思"。笛卡尔所谓的"上帝"观念,就是这种差异或他异性的绝对性。斯宾诺莎推进了这个观念,将不可能存在其他外部或超验的那种"世界"本身视为上帝。对一切表象进行怀疑,其根据不外乎是这个"世界"。所以,斯宾诺莎的"上帝"(普遍性)并不是和单独性或外部性实存分开的东西。

第三部表明,"类别—个体"的回路作为社会科学中的框架,如何制约了我们的思考。为什么这一章是"关于世界宗教"的?因为这种框架,或者说,这种"世界"——将内部与外部等区别予以废弃的"世界"——观念,首先作为世界宗教显现出来。当然,世界宗教不同于共同体或共同体的宗教。世界宗教产生于共同体"之间"或"交通空间",并且作为将共同体予以解构的强迫性表象而显现。在"类别—个体"的逻辑内部思考的理论,归根结底都只会将共同体必然化。

如此这般,本书的结构就是从抽象层面出发,朝着具体层面迈进。当然,如果读者感觉第一部和第二部很费解,从第三部开始读也没关系。因为事实上我就是从第三部开始写的。不仅如此,我在写作时始终想到更具体的现实状况。但是,为了对现实状况作出应对,就必须从更基础的地方开始提问。第一部和第二部的那种探究,无论如何都是不可或缺的。

可以说,我在《探究》的连载中不断追问的是生存于"间隙"或"外部"的条件和根据。这种[追问]是先验性的,同时也是对于"先验动机"本身的追问。当然,这不仅仅是一个理论问题,也是事关生存的问题。"探究"是一种重复。

在《群像》上连载的时候,每个月都有劳三木卓帮忙。成书的时候,一如既往承蒙渡边胜夫的照顾。我对两位深表感谢。有趣的是,在我停止连载之后,渡边担任了《群像》的总编,我也开始了《季刊思潮》杂志的运作。我们就这样积极地投身到现实的语境中,这是我没想到的。最后,对于每个月都坚持阅读这几乎没什么人读的连载,并给予我中肯建议和鼓励的朋友,我要表示感谢。

柄谷行人

1989 年 4 月 15 日

"学术文库版"后记

我一直坚持的是,单行本发行五年之后再出文库版。为出版这本书而对杂志上连载的篇目进行修订,是在"昭和"结束的时候。所以,如今已经整整过了五年,但感觉既像是昨天的事,又像是很久以前的事。

在我看来,写作这本书的时候,很少有人真正理解我的关切所在,更无法期待国外的人能理解。但是,如今在美国,我却感到自己曾经的思考终于开始具有现实性了。首先,遭到后结构主义或后现代主义打发的"主体"问题,开始重新得到讨论。这个问题或许不得不作为 singularity 而出现。其次,与此同时,这个问题也关系到 multicultural 式的(社会性的)空间。只能说,同时代人思考的问题到头来都很相似。

不久之后,会出版一本英文著作,为我截至《作为隐喻的建筑》《内省与溯行》《探究(一)》的工作作个总结。本书今后出英文版的时候,我也打算作一番修改。但是,本书原本是作为"探究"而写就的。虽然有个模模糊糊的想法,但它是以一边写一边想、无法预测何时会发生什么的方式写成的。我如今正以同样的方式写作《探究(三)》。只有在写这些文章的时候,我才实实在在地感到自己在"思考"。

柄谷行人

1994 年 3 月 3 日

于哥伦比亚大学

人名索引

（索引页码为原著页码）

Alain 阿兰 321

Althusser, Louis 阿尔都塞 76 注释, 170

Ariès, Philippe 阿里埃斯 223—225

Anselm, Saint 安瑟姆 121

Aquinas, Thomas 阿奎那 72, 118

Arendt, Hannah 阿伦特 34—36

Aristotle 亚里士多德 26, 37—41, 72, 130, 148, 161—162, 274, 336—337, 339, 343

Bakan, David 巴肯 260

Bataille, Georges 巴塔耶 333

Benjamin, Walter 本雅明 20

Bergeson, Henri 柏格森 272—274, 315, 363

Bradley, F. H. 布拉德雷 76

Bruno, Giordano 布鲁诺 161—164, 168, 340—342

Bubner, Rüdiger 布伯纳 210

Cantor, Georg 康托尔 160, 162, 343

De Man, Paul 德曼 219

Deleuze, Gilles 德勒兹 150,315,318,329

Derrida, Jacques 德里达 212,219,226

Descartes, René 笛卡尔 24,90—168 各处,170,174,181—183,192,203—214,220,225,229—232,299,326,367

Dostoevsky, Fyodor 陀思妥耶夫斯基 111

Durkheim, Émile 涂尔干 276

Engels, Fridreich 恩格斯 151

Feyerabend, Paul 费耶阿本德 318

Foucault, Michel 福柯 98,226,301,303,305,307

Frazer, James George 弗雷泽 361

Freud, Sigmund 弗洛伊德 15,186,188—189,238—239,249,256—272 各处,280,282—290 各处,295—319 各处,349,364

Gasset, José Ortega y 加塞特 291—292

Girard, René 基拉尔 15,203,239,250—251,275,280

Gödel, Kurt 哥德尔 99

Guattari, Pierre-Félix 瓜塔利 315,318,330

Hegel, G. W. F. 黑格尔 15,18 注释,34,36,42,44,63,65—67,76,82,84 注释,85,128,131,174—175,177,195,198—199,231—232,238—239,293,299—300

Heidegger, Martin 海德格尔 47—51,127,132,153,252,254 注释,294,301

Heraclitus 赫拉克利特 25,291,294,318

Hugues de Saint-Victor 胡果 139

Husserl, Edmund 胡塞尔 30—34,103,106—107,112—113,118,122,124—127,132,135,151,184,204,206—218 各处,

220,226—230,232

Jacobs, Jane 雅各 325

Jameson, Fredric 杰姆逊 46

Kant, Immanuel 康德 27,36,70,83,106,112,116,118,120, 127,129—131,138,151,171,199,209—210,213—214,219, 226—227,231—232,336

Kierkegaard, Søren 基尔克果 15,18,34,150,231—233, 241—245,248,254—255,275—276,288

Kojève, Alexandre 科耶夫 177

Kraepelin, Emil 克雷佩林 313

Kripke, Saul 克里普克 52—69 各处,78—79,86

Kuhn, Thomas 库恩 53,317—318

Lacan, Jacques 拉康 111,202

Laing, Ronald David 连恩 314

Levi-Strauss, Claude 列维-斯特劳斯 91—100 各处,229— 230,275,348,350—361 各处,364

Levinas, Emmanuel 列维纳斯 33—34,50—51,122,126— 128,264—265

Leibniz, G. W. 莱布尼茨 52,61,68—79 各处,134,143,148, 157—160,162,189 注释,195

Locke, John 洛克 27,39

Lotman, Juri 洛特曼 331—333

Marx, Karl 马克思 18 注释,76 注释,81—85,98,148 注释, 160,176—178,189 注释,198,203,216,221—223,226,232— 233,239 注释,244,275—276,297,299,328,360,362—363

Morgan, Lewis Henry　摩尔根　349

Nicholas ofCusa　库萨的尼古拉　342

Nietzsche, Friedrich　尼采　18, 129, 203, 206, 220—222, 233, 335 注释

Parmenides　巴门尼德　25, 291, 293—294

Pascal, Blaise　帕斯卡尔　58, 119

Plato　柏拉图　15, 18, 25, 38—39, 183, 293—294, 299—302, 305

Propper, Karl　波普尔　295—307 各处, 314, 317—318

Rimbaud, Arthur　兰波　227

Rescher, Nicholas　雷谢尔　299, 302

Robert, Marthe　罗伯特　260, 266, 268

Rousseau, Jean-Jacques　卢梭　91—93, 95, 98—99, 277—282, 285, 358

Russell, Bertrand　罗素　28, 38—52 各处, 58—61, 68—70, 74—80 各处

Sartre, Jean-Paul　萨特　34—36, 93, 192

Saussure, Ferdinand de　索绪尔　41, 46, 66—67, 98, 317 注释, 354

Serres, Michel　赛荷　286

Smith, Adam　亚当·斯密　73

Socrates　苏格拉底　25—26, 28, 38—41, 47, 208, 290, 293, 298—305, 307—309, 318—319

Spinoza, Baruch　斯宾诺莎　73, 76—77, 116, 119, 123, 129, 134, 137—217 各处, 225—226, 243—248, 283, 342, 367

Todorov, Tzvetan　托多罗夫　163, 337—339, 342

Turing, Alan 图灵 110

Weber, Max 韦伯 288,326—327

Wittgenstein, Ludwig 维特根斯坦 29,43—44,108—109,148 注释,153,174,211,343,354

Worringer, Wilhelm 沃林格 323

饭田隆 148 注释

伊藤仁斋 327

石黑ひで 75

今村仁司 239 注释

九鬼周造 82—85

小林秀雄 18 注释

佐藤文隆 171 注释

田边元 199 注释

高群逸枝 359

泷浦静雄 30—31

夏目漱石 14,36,54,59

中井久夫 281

西田几多郎 132,252—254

吉本隆明 199 注释

孔子 322

专名与他者——论柄谷行人《探究(二)》

(代译后记)

柄谷行人对于"专名"问题的最为详细讨论,出现在 1989 年出版的《探究(二)》一书中;也可以说,《探究(一)》中作为关键概念和问题意识出现的"他者",在《探究(二)》中通过与"专名"问题相联系而得到了进一步的阐述和发挥。因此,简要地考察一下柄谷对于"专名"问题的论述,我们可以更好地揭示在柄谷思想中贯穿始终的"外部""意识"等议题,如何在他经历了思想"转回"而撰写的《探究》中得到发展,并进而与其后以《跨越性批判》为题出版的"探究(三)"的工作形成紧密的关联。

在 1991 年的一篇题为《个体的地位》的文章中,柄谷就"专名"作为哲学和语言学问题写道:"如索绪尔以后的语言学家所说,语言(langue)和指涉对象或意义无关,它是差异性的能指的关系体系。然而,由于专名是固定指涉,它就偏离了这种关系体系。因此,语言学家在考察语言的时候就排除了专名,认为专名正是将语言和指涉对象结合在一起的谬论的源泉。这是一种与认为可以将专名还原为确定谓述的思考相平行的论述。"①在这篇文章里,柄谷没有继续阐明这两种"平行论述"之间的关系,但他所提示的这条由瑞士语言学家索绪尔所开启的语言学"内在研究"的进路,却和他"前期"的思考紧密相关——在这个意义上,提出这种"平行论述"却对之存而不论,或许是一个关键提示:柄谷在讨论"专名"的时候,已经放弃了他此前的论述和思考方式。或者,反过来说,如果仍然陷于此前的思考框架,那么"专名"问题的思想启示就无法得到阐明,故而必须进行思想上的"转向"。此话怎讲?

让我们先简略地回顾一下索绪尔在《普通语言学教程》中对于语言学研究的对象和性质作出的规定。在讨论语言的一般性质时,索绪尔开宗明义地将外在指涉(即实在对象)排除出语言学讨论的范围:"语言符号联结的不是事物和名称,而是概念和音响形象。后者不是物质的声音,纯粹物理的东西,而是这声音的心理印迹,我们的感觉给我们证明的声音表象。"②于是,在索绪尔的论述中,构成符号的音响形象(能指)和概念(所指)的两个层次,都是在一个语言系统内部运作并通过差异化而产生意义(价值),整个过程都和传统意义上的"语言与指涉"的关系截然不同。对于上述差异关系,索绪尔解释道:

---

① 柄谷行人:『ヒューモアとしての唯物論』,講談社学術文庫,1999年,第23页。

② 费尔迪南·德·索绪尔:《普通语言学教程》,高名凯译,北京:商务印书馆,2004年,第101页。

> 我们在这些例子里所看到的,都不是预先规定了的观念,而是由系统发出的价值。我们说价值与概念相当,言外之意是指后者纯粹是表示差别的,它们不是积极地由它们的内容,而是消极地由它们跟系统中其他要素的关系确定的。它们的最确切的特征是:它们不是别的东西。①

也就是说,在同一个系统中,能指通过与其他能指的差异性关系、所指通过与其他所指的差异性关系确定自身的意义;同样,在索绪尔的另一段话中,符号的一切意义都被还原为差异性:

> 如果价值的概念部分只是由它与语言中其他要素的关系和差别构成,那么对它的物质部分同样也可以这样说。在词里,重要的不是声音本身,而是使这个词区别于其他一切词的声音上的差别,因为带有意义的正是这些差别。……起作用的只是符号的差别。②

通过以上述方式规定语言符号的两个层面,索绪尔否认了所有试图在语言和实际指涉对象之间确立因果或对等关系的尝试。同样,作为音响形象的能指和作为概念表象的所指之间的结合的偶然性,截然不同于,也不可还原为所谓语言符号和实际指涉之间对应的偶然性。"专名"所预设的语言符号与实际指涉之间貌

---

① 索绪尔:《普通语言学教程》,高名凯译,第 163 页。
② 同上,第 164 页。

似天然的联系,自然也就无法在这样一种差异性符号系统中找到一席之地。那么,柄谷如何理解索绪尔的这种论述?

需要提请注意的是,柄谷不止在一个场合讨论过索绪尔,而每次讨论的侧重点乃至结论也未必一致。① 在此,我们可以选择以 20 世纪 80 年代初期撰写的《内省与溯行》中的讨论为例——哪怕仅仅是因为这部被批评家浅田彰称作"惊人的失败的记录"的著作标志着柄谷的"前期"理论思考的顶点。针对索绪尔的差异性体系,柄谷在收录于《内省与溯行》中的主要论文《语言·数·货币》(1983 年)中写道:

> 语言从来就是关于语言的语言。也就是说,语言不单单是差异体系(形式体系·关系体系),而是自我谈及·自我关系性的,换言之,语言是这样一种差异体系:它对自身而言是差异性的。在自我谈及的形式体系或自我差异性的差异体系中,不存在根据,不存在中心。或者,它是尼采所谓的多中心(多主观),索绪尔所谓的

---

① 在这一点上,尤其能显示柄谷的思考"转向"的无疑是他写于 1992 年的《书写与民族主义》一文。在这篇与德里达的索绪尔批判展开对话的文章中,柄谷就索绪尔的"内在语言学"进路写道:"必须指出,索绪尔坚持'内在语言学',不是因为无视'外在',而是为了批判将'外在'事物的产物予以内在化的语言学。他通过'内在语言学'的主张,反而将'外在'事物的外在性揭示出来了。换言之,索绪尔始终把语言学的对象局限在声音语言,不是出于声音中心主义,反而是为了暴露历史语言学的声音中心主义的欺骗性。"参见柄谷行人:『ヒューモアとしての唯物論』,講談社学術文庫,1999 年,第 72 页。

混沌和过剩。语言(形式体系)存在于自我谈及的禁止之处。①

这段对于索绪尔的创造性重写和批判的要点在于：柄谷强调，索绪尔的差异体系之所以能够作为一个"封闭"的体系而成立，端赖于一种回溯性的视角，即从已经产生意义的差异关系出发来想象性地重构意义产生的过程，仿佛这个符号系统从一开始就是封闭的、给定的。换句话说，当我们依从索绪尔的上述讨论而将语言学研究限定在某个"语言系统"内部，进而在能指和所指的层面谈论彼此差异的时候，"差异"关系实际上已经被还原为能够生产意义的"对立"关系(比如"cat"和"hat""cut"等的对立)。柄谷用一种非常具有德里达(Jacques Derrida)色彩的口吻告诉我们，在这样一种有关"差异"的论述中，恰恰是纯粹的差异、自我与自我的差异、无法通往意义的生成和确定的差异，被事先排除在外——依靠一种柄谷所谓"究极的所指"的缝合，所有差异性关系都得以发生在一个封闭的系统之中：

> 究极的所指封闭了无限后退的连锁，以此来完成符号系统。反过来说，无论是哪个符号系统，只要是系统，暗中就会以这种究极的所指(超越者)为前提。如前所述，语言学·符号学只有在现象学式的还原那里才是可能的。也就是说，符号只有在对意识来说某物(声音也好事物也好)有意义的情况下才是符号；而只要我们从

---

① 柄谷行人：『内省と遡行』，講談社文芸文庫，2018年，第171—172页。

这里出发,我们所发现的就不可避免地是封闭了的系统(语言)。即便主张能指与所指之结合的任意性,或两者的偏差的可能性,根本而言,能指与所指的二分法本身也只有通过这种体系性(使系统成为系统的东西)才能成立。①

所谓"究极的所指",就是本身并不在能指和所指的差异性系统中出场,却保证了系统的封闭性和意义生成之规则的"不在场"的所指。在这里,就系统之为系统而言,这种"究极的所指"是在结构上被预设的前提——换句话说,重要的问题不是如何再现这种所指(它与其说是不可能被再现的,不如说是一个必要的"缺席"),甚至不是这种所指是否真的"存在",而是这种在结构上作为系统成立之可能性条件的、占据"超越者"位置的"符号",在系统运作起来之后便被遮蔽了,仿佛各个符号从一开始就仅仅是在一个给定的、差异性的稳定系统中形成彼此关系并生产意义。柄谷将这种"究极的所指"称作"符号0":

> 符号0……是对缺席的消除。但是,由符号0消除的是自我差异性(自我谈及性)。这种缺席的消除,恰恰就是对根据的缺席——因而"不均衡"才是常态——的消除。②

---

① 柄谷行人:『内省と遡行』,第218页。
② 同上,第219页。

尽管柄谷在这里似乎是从积极的角度描绘"符号0"的作用，但我们需要时刻记住的是，柄谷讨论的并不是一种时序性的发展或生成，仿佛的的确确先有一个超越性的"符号0"（无论它是什么），然后再通过它的消除（或自我消除）产生封闭的差异性系统，就如《圣经》里上帝无中生有的创世过程那样。事实上，"符号0"仅仅是将貌似封闭的差异性系统的差异化过程推到极端所产生的结果，是我们追究系统之成立的可能性条件的后果。正如"早期"柄谷经常借用哥德尔定律表明的那样，这里的关键在于，任何形式系统都无法在自身内部给出自身之自洽性的完整说明。但正因如此，柄谷在《内省与溯行》等著作中试图做的工作，就是严格把自己限定在系统内部，通过不断加剧差异化来寻求"向外"的突破口——"符号0"便是他找到的似乎可以通往"外部"的关键所在。

因此，经历了思想的"转回"之后，在1985年为《内省与溯行》所写的"后记"中，柄谷如此回顾自己在过去数年里尝试的理论工作：

> 我在《内省与溯行》中第一次从正面开始思考语言，这时候我封闭在所谓"内部"。或不如说，我所发现的是，无论人们怎么想，他们都已经被困在"内部"了。要想从单义的、封闭的结构，也即从"内部"迈向尼采所谓"巨大的多样性"的"外部"，作为事实性的外部——换言之，作为缺席的"外部"——并不是容易的事。我当时认为，这只能通过将内部或形式体系进一步彻底化，以此使它自我破坏，才有可能做到。可以说，我是积极地

将自己局限在"内部"的。①

但是,即便发现了"符号0"的悖论性作用——它既是系统成立的前提条件,也是系统无法再现却始终遮蔽的"缺席"——柄谷似乎也无法跳脱出自己这种与"内部"的搏斗,正如批判始终无法摆脱它的批判对象。在这个意义上,柄谷揭示的"外部"似乎反倒成了"内部"所产生的另一个**效果**,尽管是一个颠覆性或解构性(在这个词的严格意义上)的效果。

于是,根据柄谷自己的说法,经历了思想"转向"后撰写的系列随笔《探究》,便成为对此前工作的"根本批评"。② 这也就提醒我们,对于《探究》的理解,需要在柄谷迄今为止的问题意识以及对此的自我反省和批判的延长线上进行。反之,如果仅仅在知识的意义上执着于柄谷对于具体思想家的具体解读,点评哪些部分恰当,哪些部分不恰当,不仅有见木不见林之虞,甚至完全无法把握柄谷的意图。而如果将《探究》与《内省与溯行》放在一起,很容易发现柄谷自始至终试图回答的问题是:如何与"外部"产生交流。具体来说,《探究(二)》中涉及的"专名"问题,提示我们柄谷对于"外部"进行思考的新方向。

* * *

在《探究(二)》一书中,柄谷对于"专名"问题的探讨,是与对于所谓"独特性"的探讨联系在一起的。从一开始,柄谷就区分了

---

① 柄谷行人:『内省と遡行』,第 322 页。
② 同上,第 323 页。

"独特性"与"特殊性":如果后者与"一般性"相联系并呈现为某个一般性的概念范畴下的个例,那么"独特性"就跳脱出了一般概念范畴的规定。柄谷举例说明:

> 在此,我把"这个我"或"这条狗"的"这个"性(this-ness)称作单独性(singularity),并把它区别于特殊性(particularity)。如后文所述,单独性并不是只有一个。特殊性是从一般性出发得到的个体性;与之相对,单独性则是绝不属于一般性的个体性。①

有意思的是,柄谷的入手点——即所谓"这个"——正是罗素所认定的唯一真正的逻辑"专名"。不过,在罗素那里,"这个""那个"被认定为最基本的简单事实或逻辑原子,是沿着他的"摹状词理论"对名称进行分析和化约之后得出的结果——如不少论者所说,将这两个词视作真正的"专名"不啻是"一场逻辑灾难"(斯特劳森语)。另一方面,柄谷指出,"独特性"问题的悖论在于:事实上,我们无法通过(例如)"这只猫"这样的表述来表达它所指涉的猫的独特性,以至于"这只猫"无法抵达所指涉的猫的"这个"性,因为一旦"这只猫"通过特指而被从一般意义上的"猫"那里选定出来,它就在同一个过程中预设(并且回到)了一般意义上对于"猫"的概念规定上。在这个意义上,当我们试图用"这只猫"来表现眼前这只猫的独特存在的时候,我们就必须重新理解或界定"这个",否则这个表述反而会使我们希望表现的"独

---

① 柄谷行人:『探究 II』,講談社学術文庫,1994 年,第 11 页。

特性"淹没在"特殊性"之中。对此,柄谷写道:

> "这个我"或"这条狗"里的"这个",不同于指示某物的"这个"。指示某物的时候,"这个"将"我"或"狗"等一般存在给特殊化了(作了限定)。在这个意义上,坚持"这个我",便是主张我如何与他者不同,也即我如何特殊。不过,这么做的前提恰恰是把他者也当作"我",即一般意义上的"我"。①

这段话的最后一句颇为关键:正如"这只猫"的表述无法呈现眼前这只猫的"独特性",在"这个我"式的唯我论的思考方式中,"自我"与"他者"的差异实际上从一开始就被回收到自我同一性的视野之中,以至于"他者"一开始就遭到了排除。换言之,如何揭示"独特性"的问题,同时也是如何与"他者"相遇的问题。那么,对于柄谷来说,如何从"这只猫"这一表述通往事物的独特性呢?

的确,"这只猫"中的"这"从逻辑上无法提示猫的"独特性",而只能把所指涉的猫还原为特殊性的一个事例。但这一逻辑事实无法抹去的一个更为简单的事实是:我们恰恰试图通过"这只猫"这个表述来(不可能地)表达"独特性",不然我们究竟为什么要使用"这只猫"的表述就是不可理解的。请注意:这并不是把问题还原为经验主义或心理学问题,仿佛重要的只是言说者自己的想法或意图;恰恰相反,我们在此谈论的仍然是一个**形式性**的问

---

① 柄谷行人:『探究 II』,第21页。

题,也即"这只猫"的"这"恰恰提示了它所指涉的猫和其他猫的差异,尽管这个表述无法积极地再现这种涉及"独特性"的差异。一旦试图将这种差异命题化,我们就落入了"特殊性/一般性"的窠臼,但这一困境并不会使差异消失。正是在这里,"专名"问题与"独特性"问题的联系呈现了出来:

> 单独性不属于一般性。但是,单独性不是孤立而游离在外的东西。单独性反而以其他事物为根本前提,并在与其他事物的关系中得到揭示。但单独性不是那种不能用语言表达的深邃之物。前面已经提到,[单独性]出现于专名之中。①

在柄谷看来,之所以"独特性"出现在"专名"那里,是因为"专名"并非仅仅是对事物的命名,而更涉及"如何看待'个体'"的问题。② 换句话说,"专名"之无法还原为一连串谓述,其原因和"这只猫"无法表现所指涉的猫的"独特性"如出一辙:例如,通过将"富士山"还原为一系列描述性的特征(假如真的可以做到穷尽性描述的话),我们也恰恰在此过程中丢失了"富士山"这个专名中包含的固有性。或者,用一个更显豁的例子加以说明的话,这里的问题类似于"谁(whoness)"和"什么(whatness)"的区别:当我们问道"谁是柄谷行人"的时候,回答可以是诸如"当代日本左翼知识人""著名思想家""《日本近代文学的起源》的作

---

① 柄谷行人:『探究 II』,第 22 页。
② 同上,第 29 页。

者",等等。但是,这一系列特征性描述所回答的问题都只是"什么"层面的问题,而无法触及"柄谷行人"这个专名所指涉的是"谁"。

反过来说,如果"专名"提示的固有性或"独特性"无法在所指涉事物的描述性特征那里得到揭示,那么"专名"在语言上的形式标记也绝不是看上去那么明显的事情;毋宁说,与它希望揭示的"独特性"一道,专名的形式标记消失在了(例如)"这只猫"的表述所包含的、无法在形式上作出区分的两种不同方向——(1)将所指涉的猫还原为"特殊性"的一个特殊事例以及(2)提示所指涉的猫与其他猫的纯粹差异——之中。在语言的形式标记层面,没有什么能够阻止我将自己的猫命名为"狗"甚或"猫",尽管一般认为"猫""狗"是普通名词而非专名。在这个意义上,"专名"对于事物的"独特性"的提示,前提就是之前提到的、"专名"所标记的差异性——没有什么明确的形式标记可以区分作为"专名"的"猫"与作为普通名词的"猫",这一事实并不意味着两者都可以还原为一连串谓述,而恰恰显示了"专名"与言说者的密切关系。在同一时期所作的一次题为《关于专名》的讲演中,柄谷对此说道:

> 通过专名指示的"独特性",不是"仅有一个"意义上的"独特性"。就算只有一个,我们也未必会用专名来称呼。某样东西的"独特性",只有在我们用专名来称呼它的时候才出现。并且需要注意的是,某个语词能够成为专名,并不是由于我们以它来指示个体的个体性,而

是由于我们用它来指示"独特性"。①

重复一遍:当柄谷强调某个语词是否是专名取决于我们是否用它来提示"独特性"的时候,他并不是把"专名"对于事物的指涉关系彻底还原为言说者的意图或主观性;毋宁说,这里的"我们"不能被等同于"我",因为它涉及克里普克对于罗素的批判中提出的共同体。延续上面的例子,只有在他人知道我把自己的猫叫作"狗"的时候,才能理解当我使用"狗"这个语词的时候,我有可能是在用这个"专名"指涉自己的猫,而不仅仅在说一般意义上的狗。在这里,并不是我的主观意愿将"狗"这个语词从一般性的使用中抽离出来,让它变成一个独特的"专名";相反,"狗"(或"约翰""小花"等)之所以能够成为我对自己的猫的命名,离不开与"专名"及其指涉无关的一个"外部"背景,即"命名仪式"所处的共同体之中的交流。甚至在"这只猫"的表述这里,情形也同样如此。让我们仔细看一下柄谷的一段话:

> 然而,罗素的"这个"就仅仅是"这个",不带有"这个"以外的其他事物的可能性。但与此相对,["这个"指的是]"不是其他而就是这个"(**这个**这个)。当我说"不是其他"的时候,已经将"其他(或多个)"作为前提了。专名与这种"不是其他而就是这个"有关。专名所指示的"这个",是在"其他=多个"的可能性中被揭示的。换句话说,克里普克作为出发点的"现实世界",不

---

① 柄谷行人:『言語と悲劇』,講談社学術文庫,1993年,第393页。

是单纯的经验世界,而已经是在可能世界之中被揭示的世界。

他并不是在下述意义上思考"可能世界"的,即唯有经验世界是现实的,其他都是想象的。相反,恰恰在诸多可能世界或诸多可能性中,才能思考现实世界或现实性。从现实世界出发思考"可能世界",事实上相当于说,已经从可能世界出发来思考"现实世界"了。将专名置换为限定摹状词,会在可能世界中产生不合逻辑的情况——这就说明:专名所涉及的现实性,已经是包含了可能世界的现实性。①

在这段话中,柄谷对克里普克的罗素批判进行了颇为独特的阐述。我们可以将他的解释整理如下:克里普克所谓的"可能世界",并不是如莱布尼茨(Leibniz)笔下的情形那样,呈现为抽象的、与现实世界无关的设想;相反,它是为了说明现实世界的"这个"性——或偶然性——而被提出来的思想实验。从"可能世界"出发来思考"现实世界",意味着将现实中看起来理所当然的、不可改变的事物特征还原为偶然的结果;某物在如其所是的同时,也提示着它不必如此的可能性。这里的关键在于,由此一来,如果"专名"既不能被还原为事物的描述性特征,也不能被还原为言说者的意图,那么"专名"之所以为"专名",就完全是一个关乎**交流之形式性**的问题:正是在与他人的实际交流过程中,"专名"被确定下来。当我说出"这只猫"的时候,这个表述所指涉的猫的

---

① 柄谷行人:『探究 II』,第 58—59 页。

"独特性"恰恰是在我用这个表述来与人交流(哪怕是未知的读者)的情况下得到提示的。正因如此,在不同的"可能世界"中,我完全可以设想这只猫在特征上的不同变化,而无须确定哪些性质是本质性的,哪些不是。只要交流可以实现,哪怕在"可能世界"中我用"这只猫"来指涉一种莫可名状之物,"这只猫"在"专名"意义上的指涉作用仍然不会发生变化。

同样,拥有相同名称的事物(例如同名同姓的人)尽管很多,但我们在现实生活中使用某个"专名"的时候,不需要特意说明我们以此来**意味**什么。事实上,当我们在与他人的交流中使用某个常见的名称时,根本不需要作出任何说明,他人也不会要求确认这个名称的指涉。(在特殊的场合下,也许对方的确会出于惊讶或疑惑而提问说:"你说的是**那个**柄谷行人吗?"但与其说这个问题是在向言说者请求确认"柄谷行人"这个"专名"指涉的对象,不如说是以双方共同认知的对象为前提,以这个"专名"所指涉之对象的非含混性为前提,表达自己的惊讶或疑惑态度。)

那么,如何在与他人的交流中就"专名"达成合意?我们是否要像克里普克表明的那样,将"专名"的稳定和传递追溯到某个初次的、起源性的"命名仪式"那里,追溯到某个恰当意义上的"述行句"那里,以至于所有"专名"都必然隐含一句"我在此将此命名为……"?当然不是。事实上,关于"专名"之传递的上述想象,恰恰是"专名"作为"专名"成立之后回溯性地追认的一条线索,它是"专名"发挥作用的效果而非原因。因此,克里普克那里假定的我们仿佛在其中习得"专名"的用法和意义的那个共同体(系统)本身也是交流达成合意之后产生的效果之一。关于这一点,柄谷论述道:

名称传达者和接受者的关系(遭遇)是外部的、偶然的。也就是说,这是与"其他事物"之间的关系。①

简言之,"命名"的偶然性,不过是语言交流的偶然性的一个环节;反过来说,"专名"所揭示的内容,正是我们所有的语言交流都包含的内容。在《探究(一)》中,柄谷通过对于维特根斯坦笔下著名的"语言游戏"的讨论指出,交流并不发生在既定的规则基础上;相反,交流的规则只是事后才被确立,并被回溯性地规定为仿佛一开始就存在于那里。而在每个实际交流的现场,没有什么能够保证交流双方达成合意。柄谷从而借用克尔凯郭尔的说法,将交流合意的实现称作"致死一跃"。同样,在实际的交流过程中,与其说我们在对其"起源"习焉不察的情况下使用着"专名",不如说对于"专名"的"起源"的想象本身,也是"专名"发挥作用的效果之一。"专名之所以可以固定指示,反倒是因为它带有无法在共同规范的意义上被内在化的那种关系的外在性。"②

在这个意义上,在放弃了将自己局限于系统内部,试图以内部的自我瓦解来发现"外部"的思考进路之后,柄谷选择以"专名"问题为线索而讨论"他者""外在"等主题,并不是因为"专名"天然地指向语言的"外部"(否则就退回到传统认知上的语言符号和现实指涉的对应关系上去了),而是因为"专名"之为"专名"所包含的外部的交流或交流的外在性:

---

① 柄谷行人:『探究II』,第 62 页。
② 同上,第 63 页。

> 专名看上去保存了和语言体系外部的联系，这不是因为专名支持外部对象，而是因为它含有语言体系之内无法内在化的某种外在性。①

如果说在索绪尔那里，能指和所指在各自的差异性系统中通过消极性的差异而产生积极意义的过程，需要一个"符号0"的"缺席性在场"，需要一个本身无法被表征的超越者来确保系统的封闭性、确保差异向意义的生成，那么柄谷提醒我们："专名"在我们日常交流过程中的使用和指涉，并不需要经过这样一种超越者的中介，或者不如说，超越或外在于"专名"及其现实指涉的，正是对"专名"而言不可或缺的言说者与他者的交流本身。在此，"前期"柄谷苦苦思索的问题通过一次看似简单的颠倒得到了消除：我们不需要通过彻底的"内在化"而寻求"外部"，因为所谓的"外部"无时无刻不构成我们交流、理解、认知的前提。归根结底，"前期"柄谷所批判的、封闭的符号系统所遮蔽的，并不是只有通过彻底的内部差异化才能窥见的"符号0"，而是从一开始就存在却无法被系统内在化的交流的外在性和偶然性。

柄谷的这一发现意味着什么？如果仅仅是要拥抱或赞美偶然性，强调事情本来可以是另一个样子，那么就如有的批评者所说，批评家小林秀雄早在20世纪30年代就已经触及了这个问题，而且更加"深刻"地指出了我们作为"偶然如此"的存在者的有限性和悲剧性。通过强调偶然性和差异性的不可还原性，柄谷究竟

---

① 柄谷行人：『ヒューモアとしての唯物論』，第24页。

想要说明什么?为了回答这个问题,让我们重新回到前面提到的"专名"与言说者的关系上:如前所述,"专名"不仅提示了所指涉的对象的"独特性",而且提示了言说者对于该对象的态度或位置(尽管不是言说者的意图)。不仅在我说出(例如)"柄谷行人"或"这只猫"的时候如此,当我使用"我"这个语词的时候同样如此。这里发生的情况与其说是"我"作为言说者经由"我"这个语词而被收编到一个差异性的符号系统内部,从而作为言说主体的"我"仅仅是语言的效果——在结构主义和后结构主义的背景下,这是一个非常常见的理解——不如说恰恰相反:当我使用"我"这个语词的时候,我希望借此提示的与他者之间不对称的差异性(作为言说主体的"我"并不是在通过与其他"我"的对比中得到"我"的固有的差异性,而正是通过说出"我"这个语词来显示形式性的、不可还原的差异性),无须经过某种抽象而一般的关于"自我"或"主体"的先验性规定才能得到揭示;通过言说"我",作为言说主体的"我"已经包含了无法被语言系统内在化的差异性的"外部"。重复一遍:这里说的不单是作为经验事实的外部存在,而更是对语言使用而言不可或缺的交流的外在性。

对于"他者""外部"乃至"差异"的揭示无须经过一个"缺席性在场"的超越者,这进一步意味着:对于任何话语和制度的批判和反省,不需要批判者占据一个超越性的"元立场"。在针对笛卡尔的"我思故我在"进行阐述时,柄谷写道:

> "主观"只有在笛卡尔以后的哲学中才显现出来,这如果说的是先验结构的首次显现,那么的确如此。因为如笛卡尔所说,在此之前的哲学从属于所谓"语法"。但

是，在笛卡尔那里已经发生的事情是，这种先验结构那里出现的"主体"，一旦仅仅作为认识性的主观而被积极地确立下来，那么它就消失了。①

在柄谷看来，如果我们依照笛卡尔主义的主客二分法来表达所谓的认识论主体，那么这一做法已经使得我们落入了一种围绕所谓"先验结构"而确立起来的有关认识的封闭系统之中。在这里，非常关键的一点在于，柄谷所强调的并不是所谓主体的"消失"，就像结构主义者或后结构主义者在批判"主体"时所做的那样；相反，柄谷强调的是：如果我们在使用语言时不可避免地包含着无法被语言系统内在化的、关系的"外在性"，那么在面对"批判何以可能""认识何以可能""反思何以可能"等貌似处于"元层次"的问题时，我们不必为自身的批判或反思建构额外的条件，仿佛只有从一个抽象而高高在上的"普遍性"——无论它被叫作"理性""人性"还是"精神"——出发，我们才能对种种"特殊性"作出价值评判。相反，在每一次的交流中，在每一次与他者的偶然关系中，都包含了批判的可能性，因为每一次的交流（或用柄谷强调的一个词："交通"）中都不可避免地发生着**主体位置**的"跨越"：

> 作为先验结构的主体的场所，或作为场所的主体，不是在"深处"而是在"旁边"；换句话说，必须把它称作"作为差异性的空＝间"。当然，这不是心理意识，也不

---

① 柄谷行人：『ヒューモアとしての唯物論』，第 97—98 页。

是客观空间。①

因此,柄谷指出,在笛卡尔的"我思"那里得到揭示的,便是主体的这种"作为差异的场所"——不是一个稳定而抽象的思考主体,而是一个处于不断移动中的在"交通"过程中进行思考、比较和批判的主体。不固着于某种"主体的先验结构",而是以"交通"过程中与他者的偶然关系为着眼点:在我看来,这构成了柄谷在《探究》《跨越性批判》到《世界史的构造》的一系列著作中一以贯之的思考方式和论述姿态,也是我们评价其"交换样式"时不可忽略的重要前提。

结合专名的讨论,柄谷关于"我思"的讨论告诉我们:在日常使用语言的时候,事实上我们无时无刻不在使用"专名"的意义上使用语言;我们无时无刻不与语言(的所谓字面意思)之间保持着一种无法还原的距离——不是一种物理上可勘测的距离,不是"先验主体"与经验之间的距离,不是一般性与特殊性之间的关系,而始终是作为"差异性的场所"而存在的、标志或烙印着言说者之主体性和独特性的距离。

* * *

最后,关于一组概念的译法,需要作一个说明。在《探究(二)》中,柄谷行人使用了"超越的(transzendent)"和"超越论的(transzendental)"这两个来自康德批判哲学的概念。"超越论的"源于中世纪哲学中用来表示超越事物分类的一些概念(如"存

---

① 柄谷行人:『ヒューモアとしての唯物論』,第104—105页。

在")的"transcendentalia",而在康德的《纯粹理性批判》等著作中则用来指涉一些先于经验内容,使得人类经验得以可能的形式性思考范畴;与之相对,超出理解力的认知边界的东西则被称为"超越的"。这组概念在胡塞尔的现象学中也得到了继承和发展:事物外在于意识的存在方式是"超越的",而这种存在方式在意识自身之中的构成方式,则涉及"超越论的"。

鉴于在中文语境内,transzendent 和 transzendental 在对于康德的译介过程中已经相对稳定地被译为"超验"和"先验",所以当柄谷在与康德哲学相关的脉络下使用这组概念的时候,本书遵循已有的翻译习惯,将它们分别译为"超验(性)"和"先验(性)"。在其他与康德哲学关联较弱的场合(往往只涉及"超越的"一词),本书原封不动地保留原文的汉字表达。

关于这组概念,柄谷在1988年所作的一次演讲中作出过如下说明:

> 所谓"超越论的",指的并不是"超越的",换言之,并不是站在一个元层级上进行俯视;相反,它表示的是这种做法的不可能性和不当性。所以,"超越论的"指的是自己对于自身思考中默认的、无意识地作为前提的那些条件本身进行反思。也就是说,哲学便是思想试图将那个对思想自身作出限制的体系予以阐明的活动。在这个意义上,哲学恐怕就是一种超越论式的态度本身。[①]

---

① 柄谷行人:「ポストモダンにおける「主体」の問題」,『言葉と悲劇』所収,講談社学術文庫,1993年,第361頁。

简言之,"超越的"指的是一种更高的"元层级",而"超越论的"不仅不涉及这种更高的层级,而且是对思想自身的可能性条件进行反思的批判性姿态。我认为,只要把握了这个关键点,就没有必要陷入繁复的字词考据,毕竟柄谷的工作并不是康德哲学研究或胡塞尔哲学研究。

在柄谷行人已经出版的大量著作中,《探究》或许是我个人最喜欢的两本著作。同时,这两本标志着柄谷行人思想转变或"转回"的著作,其中的问题意识和思考方式一直延续到柄谷如今的著作之中。这次承蒙陈越老师的邀请和信赖,能将两本《探究》一同译为中文——对于我自己而言,也是一项颇有意义的工作。在翻译的过程中,对于柄谷引用的诸多文献,我尽可能参照原文和已有的中译本;在柄谷所引用的日译本本身对原文的翻译偶有错误或遗漏的情况下,我在翻译引文时进行了修正或补充,对此不作一一说明。但是,由于柄谷在引用时并没有给出具体的文献页码,导致查找核对相应的译文时难免有疏漏之处,还请读者谅解。另外,我在翻译《探究(二)》的时候,参考了民间翻译组"屋顶现视研"发布在网络上的译文,在此对这些纯粹出于兴趣而无偿翻译并分享译文的译者表示感谢。

王 钦

2023 年 6 月 1 日

著作权合同登记号:陕版出图字 25-2023-093

图书在版编目(CIP)数据

探究.二／(日)柄谷行人著；王钦译. — 西安：
西北大学出版社，2023.10
(精神译丛／徐晔，陈越主编)
ISBN 978-7-5604-5225-8

I. ①探… II. ①柄… ②王… III. ①哲学—文集
IV. ①B-53

中国国家版本馆 CIP 数据核字(2023)第 189035 号

探究(二)

[日]柄谷行人 著
王钦 译

出版发行	西北大学出版社
地　　址	西安市太白北路 229 号
邮　　编	710069
电　　话	029-88302590
经　　销	全国新华书店
印　　装	陕西博文印务有限责任公司
开　　本	889 毫米×1194 毫米　1/32
印　　张	11.25
字　　数	260 千
版　　次	2023 年 10 月第 1 版　2023 年 10 月第 1 次印刷
书　　号	ISBN 978-7-5604-5225-8
定　　价	96.00 元

本版图书如有印装质量问题，请拨打电话 029-88302966 予以调换。

《TANKYUU Ⅱ》

© Kojin Karatani 1994

All rights reserved.

Original Japanese edition published by KODANSHA LTD.

Publication rights for Simplified Chinese character edition arranged with KODANSHA LTD.

through KODANSHA BEIJING CULTURE LTD.

Beijing, China

本书由日本讲谈社正式授权，版权所有，未经书面同意，不得以任何方式作全面或局部翻印、仿制或转载。

Re 精神译丛（加*者为已出品种）

第一辑

*从莱布尼茨出发的逻辑学的形而上学始基	海德格尔
*德国观念论与当前哲学的困境	海德格尔
*正常与病态	康吉莱姆
*孟德斯鸠：政治与历史	阿尔都塞
*论再生产	阿尔都塞
*斯宾诺莎与政治	巴利巴尔
*词语的肉身：书写的政治	朗西埃
*歧义：政治与哲学	朗西埃
*例外状态	阿甘本
*来临中的共同体	阿甘本

第二辑

*海德格尔——贫困时代的思想家	洛维特
*政治与历史：从马基雅维利到马克思	阿尔都塞
怎么办？	阿尔都塞
*赠予死亡	德里达
*恶的透明性：关于诸多极端现象的随笔	鲍德里亚
*权利的时代	博比奥
*民主的未来	博比奥
帝国与民族：1985—2005年重要作品	查特吉
*政治社会的世系：后殖民民主研究	查特吉
*民族与美学	柄谷行人

第三辑

*哲学史：从托马斯·阿奎那到康德	海德格尔
布莱希特论集	本雅明
*论拉辛	巴尔特
马基雅维利的孤独	阿尔都塞
写给非哲学家的哲学入门	阿尔都塞
*康德的批判哲学	德勒兹
*无知的教师：智力解放五讲	朗西埃
*野蛮的反常：巴鲁赫·斯宾诺莎那里的权力与力量	奈格里
*狄俄尼索斯的劳动：对国家—形式的批判	哈特 奈格里
免疫体：对生命的保护与否定	埃斯波西托

第四辑

*古代哲学的基本概念	海德格尔
黑格尔《精神现象学》的发生与结构（上卷）	伊波利特
卢梭三讲	阿尔都塞
*野兽与主权者（第一卷）	德里达
*野兽与主权者（第二卷）	德里达
黑格尔或斯宾诺莎	马舍雷
第三人称：生命政治与非人哲学	埃斯波西托
二：政治神学机制与思想的位置	埃斯波西托
领导权与社会主义战略：走向激进的民主政治	拉克劳 穆夫
德勒兹：哲学学徒期	哈特

第五辑

基督教的绝对性与宗教史	特洛尔奇
黑格尔《精神现象学》的发生与结构（下卷）	伊波利特
哲学与政治文集（第一卷）	阿尔都塞
疯狂，语言，文学	福柯
与斯宾诺莎同行：斯宾诺莎主义学说及其历史研究	马舍雷
事物的自然：斯宾诺莎《伦理学》第一部分导读	马舍雷
*感性生活：斯宾诺莎《伦理学》第三部分导读	马舍雷
拉帕里斯的真理：语言学、符号学与哲学	佩舍
速度与政治	维利里奥
《狱中札记》新选	葛兰西

第六辑

生命科学史中的意识形态与合理性	康吉莱姆
哲学与政治文集（第二卷）	阿尔都塞
心灵的现实性：斯宾诺莎《伦理学》第二部分导读	马舍雷
人的状况：斯宾诺莎《伦理学》第四部分导读	马舍雷
帕斯卡尔和波-罗亚尔	马兰
非哲学原理	拉吕埃勒
连线大脑里的黑格尔	齐泽克
性与失败的绝对	齐泽克
*探究（一）	柄谷行人
*探究（二）	柄谷行人

第七辑

论批判理论：霍克海默论文集（一）	霍克海默
美学与政治	阿多诺 本雅明等
现象学导论	德桑第
历史论集	阿尔都塞
斯宾诺莎哲学中的个体与共同体	马特龙
解放之途：斯宾诺莎《伦理学》第五部分导读	马舍雷
黑格尔与卡尔·施米特：在思辨与实证之间的政治	科维纲
谢林之后的诸自然哲学	格兰特
炼狱中的哈姆雷特	格林布拉特
活力物质："物"的政治生态学	本内特